HISTÓRIAS 2 DE SUCESSO

Histórias de Sucesso 2

SÉRIE
HISTÓRIAS EXTRAORDINÁRIAS DO MUNDO CORPORATIVO

HISTÓRIAS 2 DE SUCESSO

ORGANIZADORA
FABIANA MONTEIRO

1ª edição
São Paulo, SP
2017

Editora Global Partners

Rua Haddock Lobo, 684, 1º andar – Cerqueira César
São Paulo-SP – CEP: 01414-000

Organizadora *Fabiana Monteiro*
Produção editorial *Equipe Editora Global Partners*
Foto de capa *newroadboy/Shutterstock.com*
Diagramação *Marcos Jundurian*
Capa *Equipe Editora Global Partners*
Revisão *Gisele Folha Mós*
Renato Barreto

Dados Internacionais de Catalogação na Publicação (CIP)
(Câmara Brasileira do Livro, SP, Brasil)

Histórias de Sucesso 2 / Organizadora: Fabiana Monteiro. – 1 ed. – São Paulo: Editora Global Partners, 2017. – (Série Histórias Extraordinárias do Mundo Corporativo; v. 2)

Vários autores.
ISBN: 978-85-92817-01-5

    1. Administração de empresas 2. Carreira profissional – Desenvolvimento 3. Sucesso nos negócios 4. Vida profissional – Relatos I. Monteiro, Fabiana. II. Série.

17-02528   CDD-650.1

Índice para Catálogo Sistemático:
1. Sucesso nos negócios: Administração   650.1

AGRADECIMENTOS

Quando começo a refletir sobre a magnitude desta série, não posso deixar de mencionar os coautores de *Histórias de sucesso 1*, que foram os profissionais que abriram um oceano de possibilidades a todos os nossos leitores. Lembro-me do início, quando ainda não tinha todo o time pronto e, para organizar o projeto, trabalhava noites adentro.

Recordo-me também da "torcida do contra", mas, com minha confiança em Deus e em meus princípios, levei minha meta em frente. Não queria – e não podia – desistir do meu sonho! No entanto, em qualquer empresa, há pessoas que são os heróis ocultos e, nesta empreitada, houve muitos.

Jamais fui conhecida como uma pessoa a quem as palavras faltassem, mas a coisa muda de figura ao pensar em expressar os sentimentos que tenho por tantos familiares, amigos, parceiros leais e, espantosamente, altruístas. É quase impossível optar por agradecer a apenas uma pessoa, já que o esforço foi, verdadeiramente, de toda uma equipe, desde o início do trabalho.

Agradeço a minha mãe, Eliane, a meu filho, Victor, e a Antonio Carlos Lacerda, C-level da Basf, que me deu um grande apoio ao indicar a empresa 29HORAS Mídia Aeroportuária. Agradeço também aos parceiros e fornecedores, Karen Psicologia, Liliane Comunicação, PG Comunicação Visual e Célio Pagels, que permaneceram dedicados à visão de que este propósito deixará um grande legado para as próximas gerações. A meu querido amigo, Marcelo Weber, que tem uma sensibilidade e um profissionalismo pelos quais simplesmente não tenho palavras para agradecer. Obrigada por fazer parte desta história.

Todos vocês são referências em minha vida.

Fabiana Monteiro

SUMÁRIO

Prefácio 11

Apresentação 13

Adriano Lopes de Oliveira
Se Você Quer Vencer, Faça o Que os Demais Não Estão Dispostos a Fazer, e Você Terá Sucesso! 15

Alessandra da Costa Morrison
Autoconhecimento: Chave para Liderar Relações Interpessoais 21

Alvim Jorge
Aprendendo e Ensinando Como Multiplicar a Generosidade 27

Américo Martins
Transformação para Obter Resultados 34

Andrea Mendes Negrão
Desafios e Paixão pelo Trabalho e pela Vida 39

André Peixoto
Gestão de Negócios na "Era da Atitude" 45

Antonio José de Araújo Rocha
Valores e Esforço: da Marinha ao Empreendedorismo 52

Cesar Almeida
Sucesso: a Combinação de Talento e Transpiração 59

Christian Santiago
O Papel da Área de Finanças no Gerenciamento de Crises 65

Claudio Fazzinga Oporto
No Final, Nós Somos Nossas Escolhas: Construindo Empresas de Sucesso ... 72

Claudio Kalim
Saia do Conforto do Escritório e Busque Conhecer a Realidade do Seu Cliente. Entenda Aquilo Que Seu Consumidor Quer 77

Danielle Bibas
A Força Feminina no Marketing Mundial 84

Darlan Carvalho
Disciplina na Busca por Excelência 90

Domingos Ramos
Resiliência nas Dificuldades É Aproveitar Oportunidades de Crescimento:
o Que Agrega Valor 97

Douglas Costa
Forjado pela Resiliência 103

Eduardo Garófalo
Marketing: Marcas Líderes Constroem Conexões Emocionais o Tempo Todo   110

Fábio Burg Mlynarz
Quando o Empreendedorismo É Nato 117

Fábio Rito Barbosa
Da Escola Pública à Diretoria Administrativa Financeira 123

Fernando Sampaio
Definir É Limitar 129

Giorgio Pradi
Minha Vida, um Case Luxottica 138

Henry Arima
Inovação Disruptiva 144

Ideval A. Crespo Munhoz
Encarando Desafios: Quando o "Não" Se Torna um "Sim" 150

Janaina Macedo Calvo
A Melhor Parte da Vida 154

Jean-Christophe Marc
Reestruturação e Reposicionamento de uma Marca 160

Jesus Quintero
Desenvolver Pessoas para Desenvolver o Negócio 167

Laury Johnson
Os Pilares para uma Carreira Sustentável 173

Luciano André Ribeiro
Determinação: um Esporte para a Vida "Insistir, Persistir e Nunca Desistir"   179

Luis Rezende
Mais 36 pela Frente 186

Luiz Claudio Menezes
Conexão com o Time: o Segredo do Sucesso 193

Luiz Fernando Guerra
Desafios: o Caminho do Crescimento Profissional e da Realização Pessoal 199

Marcio Martinelli
A Incansável Busca pelo Novo 206

Marco Antonio Desiato
Dedicação Que Transforma Vidas 213

Martha Krawczyk
Foco, Determinação e a Força Feminina 219

Renato Halt
O Diferencial e o Autocontrole para Alcançar o Sucesso 226

Rocélio Tenório Manso
De Office boy *a CEO* 230

Rodrigo Kede Lima
Empreendendo em uma Corporação Centenária 235

Sergio Augusto
Empreendedorismo e Inovação 241

Parceiros 247

PREFÁCIO

Ontem eu falava como aquele executivo que conta sua história para muitos leitores que sonham com uma carreira de sucesso...

Neste segundo volume da série *Histórias Extraordinárias do Mundo Corporativo*, Fabiana Monteiro reúne novamente líderes das principais instituições do Brasil e do mundo, cujo resultado é uma obra igualmente rica, pois entrega aos leitores reais aprendizados de executivos com histórias de sucesso, independentemente das situações que tiveram de enfrentar para atingir os seus respectivos objetivos.

São profissionais que representam os mais variados segmentos, como os setores automotivos, bens de consumo, mercados de luxo, instituições financeiras, comunicação, tecnologia etc. Portanto, o leitor terá a sua disposição uma enorme variedade de depoimentos dos coautores que compõe a obra, podendo, assim, ampliar seus conhecimentos sobre o fascinante e concorrido universo corporativo.

Além dos inspiradores *cases*, *Histórias de sucesso 2* transporta o leitor para o mundo dos negócios, que aparentemente é tão hermético e difícil de se compreender. Porém, ao analisarmos os relatos dos executivos presentes na obra, podemos observar ensinamentos particularmente dignos de profissionais que alcançaram o topo com maestria. Tudo isso por meio de capítulos coesos, de diferentes perfis, estratégias e trajetórias.

Entretanto, não se tratam de receitas de bolo ou fórmulas mágicas, mas de táticas de como se desvencilhar das circunstâncias inoportunas para as empresas e, especialmente, para os profissionais, não importando suas posições dentro da hierarquia das instituições para as quais trabalham.

Histórias de sucesso 2 é um caminho real para vislumbrar possibilidades de adquirir o conhecimento e as ferramentas disponíveis para traçar rotas seguras rumo às jornadas de indivíduos que sonham em realizar seus desafios profissionais.

Marcelo Weber

APRESENTAÇÃO

Após a excelente recepção de crítica e público ao primeiro volume da série *Histórias Extraordinárias do Mundo Corporativo*, a Editora Global Partners lança, com muito orgulho, a continuação da coletânea: *Histórias de sucesso 2*.

Este livro segue a mesma linha do *Histórias de sucesso 1*, com relatos genuínos e de rara capacidade de gerar valores e ensinamentos, por meio de *cases* de sucesso compartilhados por executivos e demais profissionais gabaritados do ambiente corporativo.

A primeira obra reuniu um grupo muito forte de executivos e, por conta da grande receptividade, nada mais correto que viabilizar um espaço que deve continuar investindo em um nicho editorial muito interessante a uma grande diversidade de leitores.

Apesar de *Histórias de sucesso 2* possuir elementos de seu antecessor, vislumbrar a possibilidade de inserir o máximo de coautores dispostos a contar como atingiram o auge profissional é indispensável para o crescimento profissional de qualquer indivíduo – seja qual for sua escolha de carreira. Não apenas isso, pois durante o percurso todos passaram por intempéries, precisaram buscar soluções para driblar as mais sórdidas crises e tiveram de lidar com um mercado global volátil.

A semelhança com o primeiro livro pode até surgir em determinados momentos, quando abordamos as mudanças observadas no mercado, como as empresas precisaram se adaptar às novas tecnologias e como ficam os profissionais em que as carreiras se encontram em uma encruzilhada. De fato, um mundo diferenciado se apresenta, no qual a comunicação nunca exerceu papel tão importante nos rumos da economia. Esse mundo torna a agilidade dentro das instituições um ponto crucial para se almejar posições de liderança. Hoje, e cada vez mais, a sinergia entre chefes e funcionários torna-se mais importante que as hierarquias engessadas de outrora.

A garantia do conteúdo dos capítulos contidos neste volume é fundamental para que o legado de profissionais tão experientes e realizados siga em progressão. Com suas jornadas inspiradoras, muitos coautores que não estiveram presentes na obra inaugural fazem, agora, questão de levar a mensagem adiante.

Fabiana Monteiro

ADRIANO LOPES DE OLIVEIRA
Experience: Chief Financial Officer at Duchen Group

Se Você Quer Vencer, Faça o Que os Demais Não Estão Dispostos a Fazer, e Você Terá Sucesso!

> "Lutar sempre, vencer talvez, desistir jamais!"
> *(Autor desconhecido)*

Para contar a minha história, não posso deixar de lado as minhas origens e como tudo começou antes de me tornar quem sou. Vim de uma família humilde, estudei em escola pública e comecei a trabalhar desde muito cedo. Aos 13 anos vendia sorvete com os meus dois irmãos mais novos, Délio e Wender, na região de Santo Amaro, SP. Ainda me correm lembranças daquele menino tímido que se esforçava no seu primeiro trabalho.

Um ano depois, consegui meu primeiro trabalho registrado, no Grupo ABC – uma corretora de seguros. Permaneci lá durante nove meses, mas infelizmente a empresa fechou as portas – até hoje me lembro do trabalho, em que até o telefone eu tinha vergonha de atender.

O caminho seguiu e fui para a Vera Cruz Seguradora trabalhar como *office boy* da diretoria durante oito meses; saí em 1991, quando surgiu uma oportunidade na Camargo Corrêa Construções, por meio da indicação de minha gestora. Pouco tempo após a minha contratação como *office boy*, tive de assumir toda a responsabilidade de uma funcionária que preparava todos os pagamentos diários, cheques e borderôs. O setor ficou em minhas mãos mesmo sem ter a experiência necessária. Foi o meu primeiro desafio profissional. Aceitei a missão e tive todo o apoio do meu chefe na época, Paulo José Oppenheim, uma pessoa distinta, que me ajudou muito, tendo paciência e acreditando em meu profissionalismo.

Ao completar 16 anos, tive de decidir sobre como continuaria meus estudos, fazer o ginásio ou seguir para o colegial técnico. Meu primeiro interesse era pela área de Direito. Entretanto, com todo o aprendizado que tinha no momento como assistente financeiro, eu tomei a decisão de fazer um curso técnico de Contabilidade. Após tirar uma nota dez logo na minha primeira prova, cheguei à conclusão de que esse seria o caminho a ser seguido. Afinal, era um curso que se encaixava perfeitamente com o meu trabalho, com a realidade que eu vivenciava. Decidi o que eu queria para a minha carreira: ser um *controller*, e posteriormente um CFO.

Logo após ser desligado da Camargo Corrêa, surgiu ali outro desafio – agora como assistente administrativo e financeiro no Grupo Arapongas Diesel. Lá aprendi muito como profissional, pois as tarefas se dividiam por vários setores, como Concessionárias Mercedes Benz, Fazenda Produtiva, Atacadista e uma rede com três supermercados. Este grupo passava por grandes dificuldades financeiras e aprendi a lidar com o financeiro do dia a dia, "matando um leão por dia".

Além de ter sido uma época enriquecedora, também alcancei minha formação técnica, me desenvolvi mais e realmente mergulhei na área contábil/financeira, com a convicção de seguir a carreira nesta área.

Um desafio ainda maior, e aquele que iria corresponder ao meu sonho, veio no segundo semestre de 2001, em uma multinacional italiana. Quando iniciei o meu trabalho como analista financeiro administrativo na Fata Automation, tinha como objetivo zerar todos os passivos trabalhistas relativos a empresas subcontratadas para os projetos com as montadoras. Era uma responsabilidade sobre a qual não tinha conhecimento, porém prontamente a aceitei.

Além das minhas reponsabilidades, foi preciso tomar algumas iniciativas dentro da empresa que acredito terem sido essenciais; na época, elaborei o fluxo de caixa da empresa, o qual foi recebido positivamente pelo meu chefe na época, que aprovou o resultado.

Ainda no ano de 2002, antes da saída do meu chefe, assumi a posição de *controller* por indicação dele, quando passei a responder diretamente ao CEO no Brasil e ao CFO na Itália.

A convivência de relacionamento com outras nacionalidades – espanhóis, norte-americanos, italianos e alemães – foi muito rica. Lembro-me de um episódio em que vivi a dificuldade de me comunicar. Em uma das reuniões com os italianos, sem conseguir entender muita coisa, me vi perdido, mas parei, respirei e me aproximei de um dos italianos que falava bem português; ele prontamente me ajudou e as coisas começaram a fluir.

Após deixar a Fata com uma bagagem de aprendizados incrível, ingressei no grupo JBS (Swift), em 2006. Fui selecionado para trabalhar na área de controladoria em um centro de distribuição. Meu foco principal foi entender esta unidade, pois ela vinha de um período de prejuízos, e precisávamos reverter isso. Elaborei uma DRE Diária, com mais de 500 produtos, em que se media o resultado líquido de cada um deles. A DRE era acumulativa; se confrontando com o fechamento da DRE mensal, as diferenças não impactavam o resultado. Com essa DRE, foi possível trabalhar o dia a dia com os supervisores de vendas, mostrando-lhes os produtos com as melhores margens e o ponto de equilíbrio para não vender com margem negativa. Após um semestre de trabalho, revertemos o resultado da filial, reduzindo as devoluções de 10% para 2% e a margem líquida negativa de -2% para 1%.

Em 2007 fui convidado a assumir uma fábrica de *beef jerky* (salgadinho de carne) em Santo Antônio da Posse, SP. O projeto era uma *joint-venture* entre a JBS Brasil e a Jack-Link's (empresa norte-americana). Minha função era dupla, como gerente administrativo financeiro e *controller*. No primeiro dia de trabalho, tive de superar minha timidez ao ser apresentado para um grupo de 15 coordenadores/supervisores da fábrica.

Nos primeiros seis meses, meu principal objetivo foi organizar a casa, elaborar controles, relatórios e procedimentos que pudessem ser apresentados aos dois sócios, em um formato simples e objetivo.

A implantação dos relatórios resultou em redução do estoque de almoxarifado de 170 para 45 dias, e por meio da operação de hedge a unidade manteve seu ponto de equilíbrio, gerando resultado nessa operação.

Foi um trabalho duro nesse período, mas consegui ajustar as pendências entre o Brasil e os Estados Unidos. Em novembro de 2008, fiz a minha primeira viagem internacional, rumo a Houston (EUA), onde se localizava a outra fábrica. O desafio de lidar com outra língua fez com que me dedicasse a fundo aos estudos do idioma.

No segundo semestre de 2009, após uma discussão judicial entre os sócios, ocorreu o distrato da sociedade. Com o projeto encerrado, e sem trabalho para desenvolver na Beef Jerky, fui convidado pelo presidente da JBS para um novo desafio: implementar um departamento de "licitações públicas". Apesar da falta de experiência no setor, vencemos mais de 250 licitações, com 24 mil toneladas de carne vendidas somente no primeiro semestre do ano seguinte.

Meses depois, após uma reestruturação na JBS, fui desligado. Mediante o desapontamento que tive, fui atrás de minha recolocação profissional. Aceitei uma redução de 25% do meu salário, com o cargo de *controller* no Grupo Duchen, o que impactou diretamente o meu orçamento familiar. Reduzi meu padrão social, cortando alguns gastos, trocando veículo por modelo mais simples, entre outras iniciativas.

A minha entrega por resultados e a responsabilidade de assumir tarefas me fizeram buscar novos conhecimentos, sendo um fator determinante para que eu fosse convidado no início de 2011 a assumir Gelateria Parmalat e, posteriormente, a Duchen Biscoitos como CFO, e após um ano já estava com meu rendimento equiparado, e três anos depois, já ganhando quatro vezes mais em relação à empresa anterior.

No Grupo Duchen, meu principal papel era o de reorganizar a controladoria, o financeiro e a área societária, gerando credibilidade aos parceiros e instituições financeiras na busca de investidores. Nesse período, montei a estrutura contábil, tendo balanços auditados nas duas companhias. O faturamento na operação do grupo aumentou 200% em quatro anos, saindo de R$ 50 milhões, em 2011, para R$ 160 milhões, em 2016.

Entre 2012 e 2013, realizei algumas operações estruturadas no Grupo, em que viabilizei a entrada de recursos na operação por meio da *holding*, com o Banco Bradesco e UBS de Nova Iorque. O processo de negociações internacionais foi desafiador e aceitei prontamente ajuda para solução das questões pertinentes. Já em 2014, implementei a contabilidade interna, melhorando a *performance* nas informações e com maior rapidez na apresentação de resultados.

No segundo semestre de 2014, implantamos a TI interna, trazendo excelentes resultados à atualização do sistema e aos problemas diários enfrentados no cotidiano.

Após algumas divergências encontradas nos relatórios em Excel enviados pelos colaboradores, decidimos pela implantação de um BI, por meio do Good-Data, da Totvs. As informações eram extraídas do sistema Protheus e enviadas automaticamente por e-mail aos líderes em formato gerencial, com qualidade, eficácia, credibilidade e gerando redução de custos com as áreas envolvidas.

Em 2015, eu decidi entrar na área de marketing, mesmo sem conhecimentos suficientes na área. Minha primeira experiência foi na rede social: criei um grupo chamado Duchen e comecei a buscar a história da empresa. Encontrei dificuldades, porque infelizmente a história se perdeu com o passar dos anos. Mesmo assim, não desisti. Fui buscar informações em todas as possíveis ferramentas de busca. Por meio de contatos da família Duchen, consegui recuperar parte deste legado, com fotos, documentos, artigos de jornais, relíquias de antigas latas da companhia (famosas latas da Duchen datadas das décadas de 1940 até 1970).

Outro projeto de que me orgulho é o de uma parceria com a escolinha de futebol High Soccer. Conseguimos mais visibilidade para a nossa marca na TV, na internet e nas mídias sociais utilizando o ex-jogador Ronaldo, o Fenômeno, como protagonista; todo este trabalho com investimento inferior ao de mercado. O que eu quero dizer contando este fato? Apenas mostrar que é essencial estar motivado, buscando objetivos, para se manter e continuar. As empresas sempre terão problemas, sejam eles com concorrência, crises, problemas operacionais ou financeiros, e é neste momento que um líder se mostra.

Ensinamentos...

Na minha vida nunca as coisas vieram facilmente e, por isso, aprendi a valorizar cada centavo e cada momento como se fossem os últimos. Ao completar 40 anos, entrei em depressão; sofri muito, pois eu não aceitava que uma pessoa de sucesso pudesse passar por isso. Contei com o apoio da família, e jamais deixei transparecer no trabalho tudo o que passei durante quase oito meses de tratamento médico. A fé em Deus, a família e o trabalho me ajudaram muito. Continuava me dedicando ao máximo; isto serviu como experiência e, a partir deste momento, comecei a cuidar melhor de mim, fazer atividades físicas, valorizar as pequenas coisas e viver intensamente.

Meu lema sempre foi o de "lutar sempre, vencer talvez, desistir jamais!". O medo existe, mas ele não pode te atrapalhar; nunca deixo de enfrentar nenhum desafio que me é dado. Fui uma pessoa muito tímida, mas tive de perder a timidez para crescer profissionalmente. Sempre preferi ouvir a falar; de todos os colegas de sala de aula, nunca fui aquele que tirava a melhor nota de todas, repeti dois anos na escola, mas sempre fui uma pessoa bastante determinada. Quando quero algo, luto até o fim!

Eu acredito que uma fórmula essencial para o crescimento profissional é manter um bom relacionamento com todos. Eu acredito nisso. Foi por meio do relacionamento que consegui os melhores resultados na minha vida, reverti situações que já tinham sido dadas como perdidas, consegui fazer negócios e entrar em operações complicadas, mas não impossíveis, porque sempre mantive o respeito com os demais, tendo como grande virtude a paciência – ela te ajuda a resolver muita coisa.

Aproveito e cito algumas frases que não fazem parte da minha rotina:

1. Esse trabalho não é comigo!
2. Não é meu departamento!
3. Não sou pago para fazer isso!
4. Meu final de semana é para descansar!

5. Férias, por favor não me chame!
6. Não posso ficar até mais tarde!
7. Meu horário de almoço é sagrado!

Se você fizer diferente disto, há possibilidade de se destacar!

Na minha vida profissional eu aprendi que, para você crescer, você tem de fazer o que as demais pessoas não estão dispostas a fazer – faça isso e você terá sucesso. Se você fizer o que os demais não fazem, você estará sendo diferente, e sendo diferente, você aparece, e quando você aparece, você cresce!

ALESSANDRA DA COSTA MORRISON
Experience: Chief Human Resources Officer at Cia Hering

Autoconhecimento:
Chave para Liderar Relações Interpessoais

Nasci no Triângulo Mineiro, em uma pequena cidade chamada Sacramento, e sou a filha mais velha de seis crianças. Quando eu tinha sete anos, mudamos para Campinas, pois meu pai é comerciante e resolveu morar em uma cidade maior para empreender. De certa forma, isso me influenciou quando decidi estudar Administração.

Ser a mais velha de tantos irmãos me ensinou a ser independente e a me virar sozinha desde muito cedo. Tenho dinâmica para lidar com as coisas e sou muito grata, hoje, por este aprendizado.

Houve um fato muito marcante ainda na minha infância, quando, aos 12 anos, perdi um irmão em um acidente de carro. Isso mudou a minha relação com a vida. As pessoas costumam dizer que eu sou muito "zen" e, de fato, são poucas as coisas que me abalam. A única coisa que não tem solução na vida é a morte. Sou centrada e, ao longo da minha trajetória, mais intensamente nos últimos dez ou 12 anos, passei a investir no meu processo de autoconhecimento, o que fez com que a minha relação com o trabalho e com a vida mudasse. Passamos a maior parte do tempo trabalhando e eu sinto que esta é uma forma de exercer minha missão nesta vida, então preciso sentir que trabalhar é algo além de apenas receber meu salário no final do mês e de alguma forma impactar positivamente a vida das pessoas, a sociedade e a organização.

Desenvolvi uma visão da vida de que podemos muito desde que queiramos verdadeiramente, por isso é tão importante saber exatamente o que queremos, e o processo de autoconhecimento é muito importante por isso. Nem sempre podemos escolher o que acontece conosco, mas optamos como achamos melhor agir com os acontecimentos. Existe quem escolha lidar com os problemas de frente e utilizar tal experiência como aprendizado, que é o que sempre faço, e tem quem escolha se vitimizar. Minha visão da vida e da relação com as pessoas é muito intensa.

Aos 17 anos, decidi vir para a capital de São Paulo fazer faculdade. Vim morar sozinha e foi uma grande – e boa – mudança. Senti até culpa por estar tão feliz de sair da casa dos meus pais, pois temos uma relação muito boa. O episódio da perda do meu irmão nos deixou muito próximos, o que é natural.

São Paulo, para mim, foi uma descoberta e eu aproveitava tudo que ela oferecia. Embora Campinas seja uma cidade grande, tem muito menos recursos culturais. Como eu não tinha muito dinheiro – afinal, era estudante –, ficava atrás de coisas grátis, como os shows no Ibirapuera nos domingos à tarde ou as apresentações no Teatro Municipal aos domingos pela manhã. Foi um período de muito aprendizado, ampliação de horizontes e repertório, fiz amigos queridos que estão comigo até hoje.

Minha carreira acadêmica começou na Faculdade de Economia, Administração e Contabilidade da Universidade de São Paulo (FEA-USP). Escolhi fazer Administração de Empresas para ter um entendimento mais amplo de mercado, poder ter acesso a ferramentas de gestão e, também, porque tinha o intuito de evoluir depois para uma carreira de diplomata, contribuindo para estreitar as relações entre as nações por meio da resolução de conflitos e aumento da colaboração.

Durante o curso, acabei me apaixonando pela carreira em Gestão de Pessoas que, de certa forma, tem um desafio diplomático parecido ao articular as relações nas redes de negócios e contribuir para que as pessoas e as organizações encontrem seus propósitos para impactar a evolução dos negócios e da sociedade.

Carreira: assumindo riscos

Meu primeiro estágio ocorreu já no primeiro ano de faculdade, na Fundação Instituto de Administração (FIA-USP), em pesquisa de mercado, onde fiquei um ano e meio. Foi uma grande oportunidade para aprender a fazer boas perguntas e boas análises. Isso foi antes de ir para um estágio em Recursos Humanos. Tive professores muito bons nessa área e que me inspiraram muito. Eu fui "abduzida", de certa maneira, pelo RH.

Depois, fui fazer um estágio rotativo na NEC do Brasil. Nessa época, eu já tinha certeza da escolha do meu caminho e fui cada vez mais me apaixonando pela área de RH e por seu potencial de impacto, afinal, o engajamento é fator predominante na qualidade das realizações e da inovação.

Após essa experiência, entrei em um programa de *trainee* na Credicard, desta vez, já direcionada para RH, mas passaria por um período rotativo também. Foram quase seis anos na empresa, que foi uma escola, um lugar com práticas muito avançadas, um excelente ambiente e o que me motivava era o aprendizado técnico. Na época, era aluna especial no mestrado da FEA e participava de algumas disciplinas de Gestão de Pessoas, o que foi muito bom. Além disso, fiz vários cursos e tive, também, a oportunidade de fazer um intercâmbio no exterior para estudar inglês. Ou seja, foi uma época de muito aprendizado.

Quando saí da Credicard, entrei no Grupo Pão de Açúcar, numa área de Gestão de Mudança. Particularmente, não tenho muito medo de fazer coisas novas e diferentes, mas cheguei lá para fazer uma coisa e, duas semanas depois, me colocaram para fazer outra que eu teria de aprender do zero. No entanto, acredito que, quando há paixão pelo que fazemos, sempre achamos um caminho e as pessoas sempre acabam ajudando. É a vivência da "sincronicidade", segundo Carl G. Jung.

Após a última experiência, entrei em um projeto muito legal, uma *startup* do Deutsche Bank que estava sendo montada no Brasil e se chamava MaxBlue, uma consultoria financeira. Fiquei responsável pela área de RH, uma grande responsabilidade. Quando cheguei, éramos 15 pessoas; quando saí, eram 200. Tínhamos uma interface com os processos do banco, mas fomos ficando cada vez mais independentes, tanto que chegamos a fazer uma parceria com o Banco do Brasil, que comprou metade do negócio. Foi uma experiência muito enriquecedora, mas saí para fazer MBA, um objetivo que eu já tinha desde a época do Pão de Açúcar.

Decidi ir para a França fazer um programa de um ano e meio na École des Hautes Études Commerciales de Paris (HEC-Paris). Foi uma experiência que, assim como mudar para São Paulo, abriu muito a minha cabeça, porque é um programa com 120 pessoas de 40 nacionalidades. Os grupos de debate e trabalhos eram fomentados de maneira multinacional, então foi quando eu comecei a perceber que nossa visão de mundo é impactada pelo lugar onde crescemos. Comecei a perceber que tudo é relativo e a verdade é sempre parcial e depende da perspectiva e das experiências de cada um. Isso é algo que eu trouxe para a minha experiência no trabalho, pois a área de Gestão de Pessoas tem muito de articular relacionamentos e fazer com que as pessoas tenham, de alguma forma, relações nas quais elas consigam conversar melhor, divergir mais e tomar melhores decisões. A qualidade da conversa é um elemento fundamental para evoluirmos e, para isso, é necessário fazer o dificílimo exercício de silenciar as vozes internas e estar genuinamente aberto a ouvir o que os outros têm a dizer.

Nessa época, conheci meu marido. Sempre brinco que foi uma experiência "MasterCard", porque foi *priceless* e tudo já valeu por conta disso, depois vieram os filhos e é na família que temos a grande oportunidade de contínuo desenvolvimento.

Durante o *summertime* do MBA, fiz um estágio na Johnson&Johnson e acabei sendo contratada para trabalhar *full time*. Fui para a Inglaterra trabalhar no escritório regional baseado em Maidenhead, uma cidade próxima a Londres. Em seguida, fui para os Estados Unidos trabalhar no *corporate* em New Brunswick, uma cidade entre Princeton e Nova Iorque. Foi uma experiência muito rica em uma empresa muito grande e inovadora. Acredito que, antes do MBA, minha atuação era mais intuitiva e na Johnson eu aprendi a estar mais atenta às questões sutis da atuação em Gestão de Pessoas, como a cultura organizacional, o equilíbrio sistêmico, o respeito às histórias das pessoas e como é importante despertar nelas a clareza nos seus próprios propósitos e como conectá-los ao da organização. Quando isso acontece, há um engajamento muito maior por parte do time e os resultados se tornam melhores. Às vezes o resultado não chega porque as pessoas não estão conseguindo *concordar*, nada além, e muitas vezes perdemos muito tempo por isso. Aprendi a olhar a atuação da organização e seu impacto na sociedade de uma forma mais ampla.

Após a Johnson, passei dois anos e meio na Natura, uma empresa de referência na questão de transparência do seu papel com o mundo e na maneira como trabalha com a sustentabilidade integrada ao negócio. É uma empresa conceitualmente inovadora e que sempre está estudando o que há de mais avançado em sua área de atuação. Isso me trouxe acesso a conceitos sofisticados e um jeito de fazer gestão considerando a Rede de Negócios de forma sistêmica.

Há cinco anos, fui convidada a vir para a Cia. Hering, numa agenda que era, basicamente, uma página em branco na qual eu deveria estruturar uma área. Este é o *case* mais relevante na minha história profissional.

Sinceridade e busca pela melhor gestão

Na época em que me convidaram, eu queria muito engravidar e disse que só viria se não tivesse problema eu estar grávida. Claro que a pessoa do outro lado da linha me perguntou se eu estava grávida, então eu disse: "Não, mas vou ficar!". Eu estava fazendo tratamentos e não sabia quanto tempo ainda poderia demorar até que, de fato, eu engravidasse, mas sabia que, se fosse logo, eu não queria mentir para a empresa e nem sentir que não havia sido sincera quanto à minha intenção de ter filhos. Foi interessante porque assinei a carta com a Cia. Hering em novembro daquele ano, pedi demissão da Natura e comecei lá em janeiro, sendo que no Natal eu havia descoberto que estava grávida.

Meu trabalho era liderar a *startup* de um departamento dentro da Cia. Hering, uma empresa que, na época, já tinha 131 anos. Então, trazer uma nova forma de atuar, um novo padrão, novos processos e conceitos, aliados ao que a companhia precisa e, ao mesmo tempo, contribuir para a construção do próximo ciclo de crescimento da empresa é um grande desafio. Comecei com um diagnóstico, que consistiu em conversar com toda a liderança e rede de negócios, visitando todas as unidades e alinhando o Comitê de Pessoas e o CEO sobre qual era a entrega a ser feita. Parti do ponto de construirmos um modelo de gestão integrado para dar conta da complexidade do nosso modelo de negócios e construir a base para apoiar a empresa em sua evolução.

Assim, começamos desenhando o ciclo de gestão de pessoas, em 2012, que consistia em saber como atraímos, integramos, desenvolvemos, avaliamos, reconhecemos e cuidamos delas, além de ressignificar nosso modelo de negócios como um modelo em rede, interdependente e que impacta a vida de dezenas de milhares de pessoas.

No ano seguinte, iniciamos um olhar sobre o ciclo da organização integrado à Gestão de Performance, pensando em como deveríamos nos organizar para atingir nossos objetivos e como garantir que a estratégia seria conhecida e cascateada em metas para todos os gestores. Já em 2014, foi definido o propósito: Vestir a Vida!, bem como nossa proposta de valor e nossa visão para 2020. Também assumimos a capacitação para os nossos canais: franquias, lojas próprias, *web* e multimarcas, de maneira que garantisse o desenho de uma arquitetura de educação que se alinhasse ao da nossa Universidade Corporativa, o "Universo" com o grande desafio de engajar, capacitar e relacionar-se com os clientes, que são fundamentais para exercer o nosso propósito.

Entre 2015 e 2016, houve um amadurecimento de processos, o que nos deu a chance de capacitar nossas pessoas e evoluir nosso modelo de gestão. Nossa estratégia e linguagem da comunicação interna e institucional foi revisitada, garantindo uma proximidade maior com rituais e programas que buscam um nível maior de engajamento.

Todos os semestres faço uma grande reunião com o meu time, que é formado por 120 pessoas em diversas localidades. Na última reunião, olhei para elas, pensei na grande responsabilidade que tenho e fiquei me perguntando se eu seria um bom exemplo de liderança. Como profissional, sou inquieta, resiliente, curiosa e atenta ao que está por vir. Acredito em atuação protagonista, na qual fazemos, sim, toda a diferença, desde que queiramos. Não somos necessariamente responsáveis pelo que nos acontece, mas sim pelas respostas que damos a esses acontecimentos. Acredito na efemeridade da vida, não vale a pena "perder tempo" com coisas pequenas, há um sentido maior para tudo e em tudo há aprendizado. Para mim, é fundamental ter confiança. Busco trabalhar com pessoas em quem confio e que confiam em mim. Quando as pessoas acreditam nelas mesmas, podem muito. Parte do meu papel é criar um ambiente em que as pessoas possam exercer seu potencial.

Influências

Os pais são sempre uma influência; não só a questão do empreendedorismo do meu pai, mas minha mãe, por tudo o que ela viveu, é uma grande referência. E com ela não tem tempo feio com nada. Então é, também, uma grande influência. Não só as atitudes deles, mas também os valores de honestidade, integridade, transparência, coragem... Coisas que sempre estiveram presentes.

De uma forma geral, tive a sorte de trabalhar com chefes ótimos, pessoas muito queridas, em todos os estágios da minha vida, com os quais aprendi muito e com quem tenho amizade até hoje.

Fora essas pessoas, sou inspirada pelo Papa Francisco. Acho ele incrível! Porque é uma pessoa que está rompendo padrões, é uma pessoa muito corajosa, que tem uma linguagem muito simples e fala de maneira que todos entendem. Além disso, gera uma proximidade por ser carismático e tem preocupações além da Igreja, estendendo-as até as questões políticas e diplomáticas. Eu me inspiro em sua coragem e capacidade de promover mudanças. Outras pessoas que romperam padrões e que me inspiram são: Nelson Mandela, que se manteve coerente e também foi um grande transformador; e Barack Obama, que me inspira por seu carisma, a forma com que se conecta com as pessoas, a grande profundidade com que se comunica e, claro, a coragem e força que ele teve ao tentar evoluir a sociedade americana, como lutar pela mudança do sistema de saúde. Enfim, pessoas que rompem padrões de formas simples e coerentes.

ALVIM JORGE
Experience: Head Business Agrochemicals at Oxiteno

Aprendendo e Ensinando Como Multiplicar a Generosidade

Posso me considerar um profissional afortunado por estar desenvolvendo um projeto de sucesso dentro da área que sempre permeou a minha vida. Sou um executivo nato do segmento da indústria química e o mais interessante é que esta formação surgiu lá atrás, até por conta da influência de minha família. Não posso afirmar categoricamente que o caminho escolhido pelos meus pais – minha mãe mais identificada com as questões acadêmicas e meu pai focado no âmbito corporativo – tenha decretado meu futuro neste ramo, mas é inegável o quanto isso foi um ponto de partida deveras interessante, apesar de terem tentado me persuadir a uma profissão mais rentável. Sob essa ótica, posso considerar que a Química é algo que me preenche pessoalmente e como um profissional.

É importante notar também que muitas pessoas se queixam de falta de oportunidade, e não aliam talento a trabalho. Bem, no meu caso, de modo específico, destoo deste grupo, por ser um indivíduo realizado. Não somente por estar envolvido nos segmentos químico e agrícola, mas por ter construído uma carreira frutífera ainda bastante jovem, e com ocupações que foram destacadas pelos meus líderes, liderados, mentores e clientes. O reconhecimento aconteceu e só posso ser muito grato a tudo que pude semear e colher até o presente momento.

Sob um ponto de vista lúdico, sempre estive próximo da Química, algo que considero deslumbrante, pois seu papel para o desenvolvimento do mundo é imprescindível. Ora, vamos considerar que, sem todas as transformações provocadas pelos fenômenos químicos, não haveria vida. Todas as outras tecnologias que a Química promove sustentam a vida e viabilizam o processo da produção de energia, alimentação, vestimenta, preserva o ambiente etc. Claro, para quem se dedica a tão notável forma de expressão da natureza, posso divagar o quanto quiser sobre a importância e o impacto que a Química promove diariamente. Mas o maior benefício que a Química me apresentou foi construir a capacidade de gerenciar situações muito complexas, industriais, que, assim como a Química, poucos buscam entender de maneira profunda.

Sobre minha carreira, posso citar como destaque ser uma pessoa de bastante maturidade e comprometimento com os meus empregadores e liderados. Ainda em 2003, comecei na Oxiteno, uma empresa naquele momento nacional com atuação regional, onde permaneci por três anos. Posteriormente, fui desafiado a desenvolver um projeto muito interessante na DOW, filial de uma multinacional norte-americana, por quatro anos e meio. Quando deixei este trabalho e voltei para a Oxiteno, posso dizer que obtive minha grande virada profissional no negócio agrícola. Desde 2011 estou na companhia e, neste período, apresentei projetos que redirecionaram o mercado, alinhando conhecimento com meu espírito de liderança.

A Oxiteno é a líder brasileira no mercado de produtos e serviços de diversas categorias e segmentos dentro da indústria química e, por conta disso, ainda em desenvolvimento da sua imagem no mercado mundial. Basicamente, naquele momento, faltava uma estratégia que elevasse o negócio agrícola para um estágio mais avançado de atuação internacional, e com foco nos nossos principais parceiros, transformando-se em uma empresa com o foco no "foco" dos nossos clientes: B2B Farmers, ou seja, uma gigante especializada em produzir tecnologia para outras companhias fornecerem para os agricultores.

Naquele momento, a organização precisava ser redesenhada para promover o crescimento dos profissionais no caminho da especialização do desenvolvimento de tecnologias agrícolas e, ao mesmo tempo, modificar os processos para gerar mais inovação e customização em maior produtividade. Além de, obviamente, dissecar todo o organograma que transforma uma companhia química em um sucesso, por meio de medidas administrativas e ideias que agreguem diferenciais em relação aos concorrentes, com o trabalho de interação dentro das equipes formadas, os projetos de estudos e os planos de atuação para as situações inerentes aos mercados almejados.

Dentro da Oxiteno, houve uma necessidade de ousar com algumas medidas e sinto muito orgulho de poder ter participado de forma protagonista neste processo, colaborando com ideias que mudaram os rumos do negócio nos últimos anos, depois de um período não tão atraente para o nosso ramo. Ao longo deste texto, vou tratar de abordar como passamos a atuar com mais intensidade e organização, potencializando a capacidade de gerar valor em uma fase complicada da economia mundial.

Atualmente, estamos na vanguarda de serviços prestados dentro do que nos propusemos a fazer, com serviços diferenciados e uma forte atuação no mercado internacional, levando a marca de uma companhia brasileira para diversos continentes. Isso é bastante interessante, pois lidamos com situações diversificadas, levando-se em conta as diferentes culturas e estruturas que encontramos mundo afora. Neste aspecto, precisamos ser muito hábeis para elaborar soluções de impacto direto, com estratégias que sejam eficazes para atender nossos clientes dentro dos mecanismos de B2B.

Toda a vontade de mobilizar nasce da busca e construção de um propósito com o grupo, motivando para marcar a indústria, as empresas e as pessoas a convergirem naquilo que realmente gostam com o que acreditam. Em equilíbrio, eu jamais poderia pensar em atingir o *status* de um executivo da indústria química levando em conta somente minha fascinação pela disciplina em si. Eu soube estabelecer e organizar meus interesses da melhor maneira para chegar até aqui, aliando conhecimentos específicos da área, com a *expertise* de um administrador extremamente bem adequado ao mercado. Isso requer muito estudo e preparação, além de, evidentemente, uma vida dedicada à prática das funções para as quais me desafiei ou fui desafiado a realizar. Não basta somente possuir um perfil adequado ao que você se propõe a realizar se não há uma busca incessante por mais conhecimento e vivência dentro de sua profissão.

Particularmente adquiri diversas competências importantes ao participar e, sobretudo, ao ser um ótimo líder dos processos e práticas dentro das empresas pelas quais passei, até me consolidar como um líder nato dentro da empresa e indústria da qual faço parte. Ao mesmo tempo, fui multiplicando tudo que aprendi e promovendo orientação assim como fui orientado. Saber os meandros de cada área da companhia é de suma importância para que o profissional – em caso de necessidade – esteja devidamente preparado para contornar crises e estar apto a apresentar soluções pertinentes aos seus clientes, especialmente na modalidade na qual atuamos.

Tendo em vista esses caminhos, coloco em pauta a importância do processo organizacional da empresa, desde as camadas mais simples, até as estruturas mais altas. Caso uma peça da engrenagem não esteja em ordem, tudo irá falhar. Para tal, a formação da estrutura é o ponto-chave de uma instituição plenamente funcional e chegamos ao processo de formação, neste ponto, de uma organização e equipe que englobe não somente os melhores dentro de suas respectivas áreas de atuação, mas que também possuam a habilidade de agir com entrosamento e dedicação com suas devidas e diversas competências que se completam mutuamente.

Sintetizando como funciona esse modelo de trabalho, posso descrever como transformar uma fábrica em uma consultoria, na qual cada profissional tem a função de liderar o ambiente em sua arena de atuação; contudo, apenas com a completa interação entre todos podemos gerar resultados acima da média. Ainda que divergências de pensamentos ou questões pessoais possam atrapalhar o andamento de um projeto em questão, o benefício da interação – e do conflito – destes profissionais possibilita o crescimento deles, da organização e do mercado.

Costumo dizer que, para a estruturação do planejamento e no enfoque de sua próxima meta, é necessário haver simbiose dentro dos times, trazendo o foco do futuro para o presente e sem esquecer da operação corrente. Isso meramente representa a importância de que cada componente, dentro de sua área de competência, esteja preparado para ser útil no decorrer do processo. Perfis diferenciados, pinçados com muito cuidado, são importantes para o crescimento de uma indústria. Não há lugar para disputas internas por espaço, mas sim um respeito conquistado pelos resultados e pela situação. Neste aspecto, também aponto que tenho muita sorte por formar uma excelente equipe.

Muitas vezes, o líder da equipe é delegado por um superior, mas isso não impede que uma ou mais pessoas exerçam esse papel, dependendo de sua personalidade e grau de comprometimento com o processo. E quem estiver como o responsável por gerir uma equipe precisa – antes de mais nada – conhecer minuciosamente o comportamento, as qualidades e os defeitos de seus liderados. Cada time precisa ser minuciosamente composto para que a soma das fortalezas de cada profissional seja mais forte que as fraquezas aglomeradas e desequilibre o resultado positivamente. Além disso, o time deve ser hábil com os meandros do mercado e de sua concorrência.

O líder que só aspira não realiza nada. E o líder que é agressivo destrói o caminho que tenta construir. O grande desafio do líder é modelar as suas energias para liderar.

Trabalhar para entender a organização não é uma tarefa que se realiza da noite para o dia. Requer dedicação e aprendizado. Somente dessa forma o líder poderá tomar decisões sem titubear, pois ele estará ciente do que estará se passando dentro de sua célula de trabalho. É importante ressaltar também a necessidade de haver pessoas já sendo preparadas para assumir posições que demandam constante aprendizado e rápida habilidade de ensinar o time sem desatentar ao ambiente em que se encontra, uma vez que dado o nível de uma multinacional do tamanho da Oxiteno, estar de olhos atentos para tudo o que acontece ao seu redor é de grande valia.

A sorte ajuda, sim, os que estão preparados, mas, além disso, você precisa estar pronto para construir o melhor com o seu pessoal. São pilares fundamentais para a manutenção do sistema de criação e captura de resultado. Dentro da empresa, não há espaço para preciosismo desnecessário. Ou melhor dizendo, quando temos pilares devidamente estruturados, as aspirações e as metas estabelecidas irão funcionar, especialmente quando se estabelece uma relação de generosidade com o seu cliente e o time. Isso acarreta credibilidade no mercado e, por conseguinte, o crescimento da companhia.

Costumo dizer que a principal característica de adotar esse sistema de trabalho é a vantagem de escapar da volatilidade inerente à demanda de uma empresa deste porte – multinacional e com pontos de atuação em regiões bem distintas entre si, criando assim uma forma de proteger a sua estrutura. Por outro lado, a companhia sofre com uma dificuldade normal ao adotar tal estratégia, pois a incorporação de novos clientes e parceiros nem sempre significa sucesso entre os envolvidos. Há os imbróglios burocráticos, a possível falta de comprometimento de uma das partes, ou mesmo a falta de estrutura deste novo cliente ou parceiro para aproveitar todos os serviços que o negócio pode promover. Faz-se necessário reeducar essas interfaces.

Como parte pivotante da proposta de evoluir uma organização para o expoente internacional, é necessário desenvolver o aspecto cultural para se perceber as peculiaridades de cada região, cada país. Considero bastante interessante como cada país em que atuamos nos oferece posições distintas e como precisamos nos adaptar ao oferecer os nossos serviços. Claro, se vamos para determinada região, precisamos saber como agir, estabelecer toda uma logística, que engloba vários itens. Não basta se concentrar nos aspectos técnicos e achar que tudo irá transcorrer perfeitamente. A necessidade de compreender que sua companhia está estabelecendo um novo relacionamento ou uma parceria inclui um pacote de coisas, dentre as quais posso citar a sensibilidade de lidar muito bem com as diferenças culturais e ambientais que se apresentarão no decorrer dessa missão.

Peguemos a Argentina como exemplo. Apesar de ser uma nação vizinha, do mesmo continente, há peculiaridades culturais em relação aos brasileiros. Durante anos este país passou por severas restrições e agora está em um processo de redesenvolvimento econômico, após a ascensão do novo presidente Mauricio Macri. Quando falamos dos Estados Unidos, precisamos ter a paciência necessária para lidar com o gigantismo que este país possui, de sempre acharem que a tecnologia produzida lá é superior a qualquer outra do mundo. Muitas vezes, quando levamos as nossas propostas de negócios e nossos produtos para eles testarem, não é exatamente este o diagnóstico que eles têm no final das contas... Enfim, ganhamos espaço e confiança de uma potência, por enquanto, a maior de todas. É uma grande realização levar a tecnologia brasileira para eles e demonstrar que somos capazes de "surpreendê-los" com o que começamos a produzir a partir daqui.

Já na Austrália, temos um cenário bem peculiar de como eles administram com rara eficácia o poder de produção com sustentabilidade e equilíbrio, além de sofrerem demasiadamente com intempéries climáticas. Trata-se também de uma particularidade cultural. Quando investimos na Europa, já existe um ambiente mais hermético, sendo que impera a tradição de que as nações do Velho Continente mantêm uma postura mais fechada para investidores estrangeiros. Guardada as proporções, eles consideram que possuem tudo para prosperar com o que já desenvolveram, o que evidencia um mito. Assim como nos Estados Unidos, nossos produtos fazem uma diferença importante, quando existe uma postura de mente mais aberta com o mercado, deixando de lado a postura autossuficiente que por muitas vezes o europeu ostenta.

Na China, lidamos com alguma dificuldade de negociação por conta da interação muito íntima com as pessoas. Às vezes, é necessário um trabalho de paciência enorme para se fechar um negócio simples. Ao passo que, na África, os principais problemas são a infraestrutura e os problemas socioculturais. Posso dizer que – à exceção da África do Sul – a colcha de retalhos do continente impede investidas mais atraentes. A Ásia, por muitas vezes, traz boas condições no geral, mas países menores não representam um nicho no qual temos o interesse de despender esforços em troca de um retorno que tem tudo para se tornar indesejável para nós e os mercados de lá. A China ainda está bem mais forte neste sentido, principalmente pela força que a economia de lá apresentou nas últimas décadas, mesmo que esteja em processo de crescimento controlado atualmente.

Em suma, nosso diferencial é sem dúvida conseguir unificar o potencial de utilizar a tecnologia de forma inteligente, voltada para a sustentabilidade e obtenção de soluções para nossos clientes. Estamos em constante processo de obtenção de novas ferramentas para que não sejamos surpreendidos pela concorrência, mas sem deixar que isso afete nosso direcionamento de reduzir o impacto ambiental. Quando digo isso, refiro-me ao critério de ser sábio ao lidar com as maravilhas que a Química pode oferecer ao mundo.

Nossa intenção é proporcionar, ao assumir um projeto, um modelo de maior produtividade que seja preparado para se restabelecer o quanto antes, e preparar o projeto para o próximo passo da inovação que o mundo requer, seja incremental ou disruptiva. O nosso negócio está preparado para prosseguir nesta toada, ao realizar o que lhe é solicitado, ao mesmo tempo em que é uma forte potência para criar novos mercados.

Para se transformar com inovação muitas vezes é necessário transformar o ambiente antes de propor a inovação, sob o risco de a inovação nascer obsoleta.

A agricultura e a tecnologia, sem dúvida, podem transformar o mundo, basta observar, a título de exemplo, o que aconteceu com o Centro-Oeste brasileiro, que deixou de ser uma área infértil e improdutiva poucas décadas atrás para se transformar em expoente de excelência em produtividade. Nosso negócio é dedicado a ajudar nossos clientes a promover este tipo de transformação e suportar a mudança de um mercado.

Sinto-me privilegiado e honrado por ter promovido parte dessa mudança e por fazer parte de uma indústria em plena evolução, cercado pelos melhores profissionais e as melhores pessoas.

AMÉRICO MARTINS
Experience: Head of Global Partnerships at BBC

Transformação para Obter Resultados

Sou um jornalista que se especializou em transformar redações e empresas. Ao longo dos anos, fui mudando de maneira substancial minha própria carreira. Comecei na imprensa como redator e repórter de jornais, passando a atuar como produtor multimídia e só depois me reinventando com sucesso como executivo – chegando à presidência de uma grande empresa nacional de comunicação, a Empresa Brasil de Comunicação (EBC) e, depois, assumindo um posto global em uma das mais importantes empresas de mídia do mundo, a British Broadcasting Corporation (BBC) de Londres.

Tenho muito orgulho da minha trajetória, que se deu em ramos diferentes da mídia e conta com uma grande experiência internacional – construída durante vários anos de trabalho na própria BBC. Trabalhei na empresa britânica pela primeira vez de 1998 a 2010. Uma das mais respeitadas instituições jornalísticas do mundo, a BBC foi fundamental em meu processo de transformação em executivo. Quando retornei a Londres, em 2016, assumi o meu posto atual: Editor of Global Partnerships – sendo o executivo responsável por gerir parcerias editoriais da BBC em todo o mundo e em todas as mídias.

No Brasil, assumi muito cedo cargos de chefia e de edição nos veículos impressos onde trabalhei: a Folha de S. Paulo e o Jornal do Brasil. Posteriormente, fiz um investimento pessoal que mudou minha carreira: decidi estudar na Inglaterra – dando início a uma longa relação profissional e afetiva com o país. Lá, recebi uma bolsa para fazer um mestrado em Jornalismo Internacional, em 1997.

Nos anos seguintes, fiz um mestrado em Ciências Políticas e uma pós-graduação *lato sensu* em Economia. Na BBC, fiz um mini MBA e passei a gerir equipes maiores e a ter cargos de direção. Como diretor da BBC Brasil, liderei as equipes editoriais e dei início a um grande processo de renovação que levou o departamento a ser um dos maiores exemplos de operação multimídia da empresa.

Até o início dos anos 2000, a BBC Brasil, o departamento da BBC que produz conteúdo em português para o País, praticamente operava em uma única mídia: o rádio. Um processo de renovação foi iniciado na época e radicalizado por nossa equipe quando assumi o setor. A BBC Brasil deu um salto, deixando de usar tecnologias praticamente ultrapassadas no continente americano para operar em todas as mídias, com toda a equipe se habilitando a trabalhar com áudio, vídeo, TV, texto e tecnologias digitais. Isso há mais de dez anos, quando era muito mais difícil fazer tal transformação no setor. Hoje, a valiosa equipe da BBC Brasil continua se reinventando e obtendo sucessos cada vez mais expressivos.

Quando fui promovido a Editor-Executivo da empresa para as Américas, passei então a ajudar na transformação de outros departamentos internacionais da BBC, especialmente nas áreas que operam na Europa e no continente americano. O meu *case* de sucesso é mudar a forma de trabalho de equipes inteiras, fazendo com que elas sejam treinadas para ter novas qualificações e assumam novas responsabilidades, trazendo resultados muito importantes em termos de qualidade, audiência e resultado financeiro.

As mudanças implementadas levaram a BBC Brasil a ter a segunda maior audiência entre todas as 43 línguas nas quais a empresa produzia conteúdo na época. Os resultados do conteúdo em português só perdiam para o inglês, a língua da matriz e com penetração em todo o mundo. O sucesso, neste caso, é justamente essa questão de transformar a operação da equipe brasileira – que passou a operar de outra forma, produzindo um produto diferenciado e aumentando o impacto no mercado. Os resultados obtidos levaram a BBC a ampliar os investimentos financeiros e editoriais no Brasil.

Transformando equipes: a chave do sucesso

Depois de 13 anos no Reino Unido, voltei para o Brasil e me aprofundei no mercado nacional. Em 2010, recebi um convite para assumir a Superintendência de Jornalismo e Esportes da RedeTV!, uma das cinco maiores redes nacionais de televisão.

Tinha como objetivo aumentar a credibilidade do jornalismo da emissora, um dos departamentos que mais fatura na empresa. Investi, então, na proposta por considerar que a empresa investe muito em tecnologia e trabalha de uma forma inovadora no mercado.

Minha gestão na TV foi marcada por iniciativas para aumentar a audiência e o impacto dos noticiários e programas jornalísticos e esportivos da casa.

Lembro que consegui meus objetivos com a ajuda de vários colegas e com o apoio irrestrito da presidência da emissora. Minha gestão conseguiu grandes resultados do ponto de vista da renovação dos programas, amplificação e consolidação da qualidade do jornalismo do grupo. Foi um momento muito importante para a RedeTV!, pois o jornalismo fez apostas muito significativas na cobertura editorial, especialmente nas áreas relacionadas à economia e à política. Logo em meu primeiro ano de casa, a equipe do Jornalismo da RedeTV! organizou, pela primeira vez na história da emissora, debates entre os candidatos à Presidência e aos governos dos Estados. Tal movimento elevou o prestígio da emissora com os formadores de opinião. Foi uma aposta e vários nomes importantes foram fundamentais nessa estratégia, como os jornalistas Kennedy de Alencar – que, inclusive, apresentou todos os debates – e Asdrubal Figueiró, diretor de Jornalismo e meu braço direito na emissora. Enquanto estive à frente, a TV investiu muito na cobertura de assuntos relacionados ao Poder e teve excelentes resultados relacionados a credibilidade, retorno financeiro, publicidade e consolidação do prestígio da emissora.

Ao mesmo tempo, consolidei, embaixo do guarda-chuva do jornalismo, toda a operação digital da TV. Mais uma vez, realizei transformações profundas na forma de trabalho das equipes digitais, fechando parcerias importantes com portais como o UOL (líder da internet no Brasil) e aumentando significativamente a audiência e o retorno comercial da operação.

No esporte, minha gestão também foi marcada por excelentes resultados, fazendo grandes transmissões de eventos importantes como campeonatos de futebol internacionais e eventos como o Ultimate Fighting Championship (UFC) Rio – que registrou uma das maiores audiências da história da TV.

Após quatro anos de RedeTV!, assumi a presidência da EBC, a maior empresa de comunicação pública do Brasil com um orçamento de quase R$ 600 milhões por ano e com mais de 2.500 funcionários. Lá, também fiz grandes transformações e implantei modelos adotados na BBC, minha grande referência de empresa pública de comunicação. Novamente, marquei minha gestão com foco nas mudanças, nas formas de operar e na reestruturação de custos, equipes e da organização da forma de trabalho. Em menos de um ano no cargo, propus uma redução significativa nos custos e na operação da empresa – eliminando áreas que não obtinham resultado em termos de audiência. Conseguimos, assim, resultados importantes, como no caso da Agência Brasil (a maior agência de notícias do País), que triplicou sua audiência.

Em todas as empresas de mídia em que trabalhei, sempre tive como objetivo implementar mudanças para ampliar os resultados. Mas não cuido apenas da entrega de resultados de audiência e financeiro. Uma de minhas maiores preocupações é com a qualidade final do produto. No caso das empresas de mídia, isso é medido pela qualidade e originalidade dos conteúdos. Sempre trabalhei também para ampliar o impacto, a respeitabilidade e a credibilidade desses produtos e sempre repito que não tenho como objetivo entregar qualquer tipo de produto apenas para ser comercializado. Trabalho fortemente para entregar produtos de grande qualidade, que é a melhor forma de se conseguir manter a audiência nos meios de comunicação.

Trabalho em equipe para transformar o time

Optei por transformar as equipes que já operavam nos lugares onde trabalhei, sempre as valorizando. Acredito muito que o bom gestor não faz as coisas sozinho, mas sim trabalhando sempre ao lado dos colegas. Nas oportunidades de contratação, sempre procurei perfis de profissionais específicos, que tinham a capacidade de se adaptar a novas tecnologias e processos. Também sempre dei grande ênfase aos processos de desenvolvimento profissional das pessoas – lembrando que eu mesmo também aproveitei várias oportunidades para desenvolver minha própria carreira, mudando minha forma de trabalho diversas vezes.

Acredito que o grande desafio é estimular as pessoas a trabalharem de forma inovadora, conseguindo os resultados esperados. Acredito que parte da arte do negócio é transformar as pessoas e conseguir resultados mais objetivos, em vez de impor soluções de baixo para cima, sem diálogo. A liderança deve ser exercida com muito diálogo, clareza nas metas e na cobrança de resultado. É necessário ter firmeza nas cobranças, mas a liderança não deve ser exercida com imposições.

Outro ponto importante, na minha visão, é que as empresas que vislumbram resultados devem investir na formação de seus empregados, pois eles são o maior atrativo de qualquer companhia. Por isso, acredito firmemente em treinamento e em diálogo. Empresas sem pessoas qualificadas, motivadas e engajadas não conseguem atingir suas metas. Há aquelas que conseguem algumas metas no curtíssimo prazo, mas dificilmente conseguem manter a *performance* se não fizerem um trabalho muito firme de valorização de pessoal.

Em todos esses anos, lembro que nunca deixei de me preocupar com o conteúdo. Eu sou um jornalista que não está preocupado em audiência pela audiência. Estou preocupado na qualidade do que fazemos. Por isso, nunca abandonei a preocupação e o envolvimento com o conteúdo.

Quando voltei à BBC, em 2016, enfrentei o meu maior desafio profissional: criar e liderar uma unidade de negócios na empresa para fazer parcerias em várias partes do mundo. Com o título de Editor of Global Partnerships, tenho a responsabilidade pela unidade que edita conteúdo da BBC em inglês e em todas as línguas nas quais a BBC opera, buscando parcerias que financiem esse conteúdo dentro dos padrões da empresa, além de patrocínio de organizações comerciais.

Inovação e reconhecimento

Como jornalista e executivo já ganhei dois prêmios internacionais da Association for International Broadcasting (AIB), ambos pelo meu trabalho na BBC.

O primeiro, pela criação de uma operação inteira de transmissão de rádio para o Haiti na época do terremoto que atingiu o país, em 2010. Na ocasião, a BBC não transmitia para lá, nem tinha uma equipe que falasse crioulo – o idioma local. Em poucos dias, a equipe conseguiu encontrar uma forma de transmitir e suprir a necessidade de informação em um país devastado. Por conta da tragédia, houve corte de energia elétrica e todas as rádios saíram do ar. A BBC contratou uma equipe em dois dias e passou a transmitir de Miami para o Haiti. Liderei toda a administração e logística da operação. O esforço e a agilidade da BBC para transmitir para o país foram muito importantes do ponto de vista humanitário, levando informação de qualidade para a sobrevivência das pessoas atingidas pelo desastre.

O segundo prêmio foi conseguido em equipe. Trata-se de um projeto feito pela emissora britânica, envolvendo dez departamentos diferentes em uma cobertura extensiva na Amazônia, em 2008. Liderei cerca de 40 jornalistas de vários países para mostrar que a floresta só será salva ou mantida se houver desenvolvimento econômico. Foi uma das primeiras grandes coberturas multimídia e multilíngue realizadas por uma única empresa sobre o tema.

ANDREA MENDES NEGRÃO
EXPERIENCE: CHIEF FINANCIAL OFFICER AT ZAMBON GROUP

Desafios e Paixão pelo Trabalho e pela Vida

Nasci em São Paulo, filha de uma paraibana e de um paulista de Araçatuba. Tenho um irmão mais novo, sou casada e mãe de três filhos. Sou apaixonada pelo meu trabalho, pela minha família e pelo desenvolvimento de pessoas.

Meus pais são médicos e se conheceram quando faziam residência em São Paulo. Tinham muitos desafios para superar, desde a formação profissional, trabalhos e até o gerenciamento da vida na cidade grande. Essa foi uma base muito forte de valores passados para mim e meu irmão. Aprendemos sobre caráter, ética, dedicação ao trabalho e luta pelos sonhos.

Minha mãe é de origem humilde, e minha avó, uma pequena comerciante, insistia com ela que aquele não era o seu meio, que era preciso estudar para conquistar o mundo. E, de certa forma, foi isso o que ela fez. Sua garra e dedicação sempre foram um grande norte para mim. Já o meu pai é filho de militar e meu avô lutou na Itália, na Segunda Guerra Mundial. Meu pai sempre teve o sonho de fazer Medicina, e, ao se formar, veio para São Paulo. Quando pensava em ir para Londres fazer uma especialização, conheceu minha mãe e desistiu da viagem e da bolsa de estudos que recebera. E minha mãe desistiu de um namoro de oito anos! Juntos, formaram uma história ainda mais forte. Posso dizer que nasci numa família da qual tenho muito orgulho e tenho uma grande responsabilidade de continuar honrando os valores dos quais meus pais nunca abriram mão.

O ambiente da "saúde" sempre fez parte da minha vida. Às vezes, eu ia trabalhar com meus pais, pois faziam plantão e nem sempre tinham quem pudesse cuidar de nós. Quando meus pais recebiam seus pacientes, eu os observava no cuidado com eles e com suas histórias, na paixão pelo trabalho e no jeito de se trabalhar de forma leve. Foi assim que percebi que era possível juntar profissionalismo e alegria, respeitando o próximo.

Sempre fui curiosa e mergulhava nos meus desafios, para enfrentá-los e superá-los. Lembro-me de que, quando fui alfabetizada, a moça que trabalhava na nossa casa como doméstica era analfabeta. Eu pegava um caderno e a ensinava, assim como fiz com outra. Eu tinha oito ou nove anos e aquilo era uma paixão mesmo. Ficava feliz quando elas vinham agradecidas de forma emocionada me dizer que "já sabiam pegar o ônibus sozinhas". Naquela época, eu era muito tímida e lembro que, na escola, queria interagir com as pessoas e cuidar de todo mundo. Mas como poderia fazer isso sendo inibida? Minha mãe, então, me colocou para fazer vários cursos, e em cada um eu tinha uma "tribo" diferente para me relacionar. Acabou virando um hobby! Fiz até curso de manequim para perder a vergonha por meio de desfiles nas passarelas. Foi assim que comecei a me expor e conhecer outras pessoas.

Carreira

Entrar na faculdade foi, de certa forma, uma ruptura, porque meus pais eram médicos e eu decidi fazer Administração e viver uma história diferente. Apesar de achar a Medicina muito bonita, vi que havia outras formas de trabalhar com saúde e ajudar as pessoas. Acabei sendo aprovada em primeiro lugar na ESPM, no curso de Administração.

Foram seis meses naquela faculdade até decidir prestar Fundação Getúlio Vargas. Já estava trabalhando na Empresa Júnior da própria ESPM, assessorando o presidente, e tinha ficado frustrada por ter perdido um projeto de consultoria para a Empresa Júnior da FGV. Isso fez com que eu decidisse mudar de instituição, me desafiando mais uma vez. Foi quando começou minha história profissional de fato.

Na FGV, também entrei na Empresa Júnior, cheia de energia para fazer novos projetos. Não me importava se iria receber algo ou não pelo trabalho. Quanto mais projetos, mais legal era e mais eu aprendia. Acabei sendo eleita como membro da congregação da Escola de Administração de Empresas de São Paulo (EAESP) em função deste envolvimento.

Foi quando percebi que eu não queria apenas entregar os projetos aos clientes. Eu queria executá-los e "vestir a camisa" das empresas! Então, acabei indo trabalhar no Unibanco, como estagiária do segmento Corporate. Lá, um dos meus papéis era o de ajudar os gerentes de produto com apresentações de Power Point. Mas eu não me conformava em fazer apenas aquilo. Tentava extrair deles a essência do que iriam falar com seus clientes, imaginar a melhor forma de explicar aqueles produtos e colocar uma ordem didática nas apresentações. Um dia, um gerente de produto deixou que eu fizesse uma apresentação para ele para uma reunião externa. Quando ele voltou, disse que foi fantástico e assim comecei a montar apresentações para os demais gerentes de produto. Essa minha curiosidade acabou virando uma comunicação semanal do banco para o público interno abrangendo os principais produtos do banco. Era época em que os computadores ainda usavam MS-DOS, ou seja, os e-mails eram com fundo preto e letra verde. Como eu poderia fazer para chamar a atenção das pessoas daquela maneira? Aprendendo programação e descobrindo como mudar a cor da fonte, colocar negrito ou inserir asteriscos no assunto para destacar meus e-mails no meio de tantos outros.

Meu próximo desafio foi outro estágio, desta vez na empresa farmacêutica Roche, em 1998, mesmo ano em que conheci meu marido e começamos a namorar. Tive a chance de participar de um projeto de consultoria estratégica, fornecendo informações da empresa e participando das discussões do projeto. Fui efetivada em seis meses e cresci muito rápido na área. Dois anos depois, a chefe que tive na época do Unibanco me ligou com uma nova oportunidade – o desafio de assumir duas áreas novas – Customer Relationship Management (CRM) e Informações de Mercado dos setores em que o banco atuava. Foi um grande reconhecimento porque, dois anos antes, eu era apenas estagiária.

Anunciei minha saída da Roche para aceitar o desafio que o Unibanco me daria naquele momento, que era passar a ser gestora formal de pessoas e de duas áreas, e isso aos 23 anos. Essa primeira experiência de gestão foi interessante. É importante a gente perceber o que nós temos "programado" em nossa mente como padrão, reconhecer nossas habilidades, deficiências e imaturidade em algumas coisas. Três meses depois de assumir este desafio, recebi uma ligação da Roche sobre uma nova proposta. Voltei em dezembro do mesmo ano, como chefe da área em que eu nasci e me desenvolvi profissionalmente – Planejamento de Negócios.

Nunca tive a necessidade de provar nada para os outros, apenas para mim mesma. É gratificante olhar para trás e ver como fez sentido tudo o que passei. Quando voltei para a Roche, onde fiquei por mais três anos, fui ser chefe daqueles que haviam sido meus colegas e com quem tinha aprendido muito. Cheguei lá com o sentimento de cuidar de todos, podendo lutar por nossas causas e por um trabalho com significado. Foi um período prazeroso, no qual desenvolvemos um trabalho de excelência em uma área que não tinha ninguém pronto no mercado. Para trabalhar na área, precisava ter um pouco de conhecimento de negócios, de marketing, de finanças e de consultoria. Nós tivemos de formar um conceito de atender o cliente com abordagem de negócios traduzida em ferramentas, relatórios e análises.

Aprendi muito na Roche. Essa vivência de multinacional, com processos bem desenhados, discussões com impacto de médio a longo prazo e, sobretudo, a dinâmica das discussões empresariais. Eu me inspirava muito na minha gestora da época, uma pessoa de inteligência política e emocional, com valores sólidos, fibra e postura profissional.

Em 2001, meu namorado – hoje marido – Douglas, que é consultor de pavimentação de rodovias, foi trabalhar em Brasília. Nós aproveitamos para explorar a cidade e as redondezas nesta época. Às sextas-feiras, já ia com minha mala de viagem para a empresa e, após o expediente, embarcava para encontrá-lo, voltando à vida normal do escritório às segundas-feiras. Posso dizer que, mesmo sendo apaixonada pelo trabalho, nunca deixei minha vida pessoal para trás, seguindo sempre o conselho de um grande gestor que tive.

Surgiu, então, uma proposta nova, na Eli Lilly, uma empresa farmacêutica americana. Foi tudo muito rápido. A Lilly tinha mudado de estratégia e precisava criar *expertise* de preços para produtos novos, ou seja, era algo do zero. Era a minha cara: construção e modelagem. Eu nunca tive medo de não saber sobre um assunto porque eu aprendia e me aprofundava. Além disso, foi muito rico ter vivido ambientes empresariais diferentes – entrar numa empresa americana depois de passar por uma brasileira – Unibanco – e uma suíça – Roche.

Foram oito anos por lá, tempo no qual modelei a área de preços, aprovei preço de produtos novos, fiz grandes negociações e acabei me tornando uma especialista em preços na época, reconhecida pela matriz e pelo mercado farmacêutico. Construí uma carreira multifacetada, podendo perceber os vários ângulos de uma mesma empresa. O aprendizado é sempre contínuo, porque a gente nunca para de aprender. Recebi muitos treinamentos e entreguei resultados significativos, chegando a ter funcionários de diversas áreas e níveis acadêmicos, os quais eu gostava de estar sempre desafiando para que crescessem. É uma questão de plantar sementes para que um dia possam se tornar árvores frondosas.

Formei-me como Black Belt, título máximo da filosofia Lean Six Sigma, na rota profissional que a empresa havia traçado para desenvolver futuros executivos. Buscávamos projetos internos que pudessem gerar aumento de receita, redução de custos, fortalecimento da marca e produtividade de processos. Fizemos um projeto na Bélgica, no qual fui como a representante de todas as afiliadas, o que foi incrível. Participei de um treinamento intensivo nos Estados Unidos que me despertou a vontade de ter experiências internacionais. Conduzi 14 projetos com equipes multifuncionais que trouxeram um retorno financeiro significativo para a companhia nas áreas de finanças, acesso ao mercado, marketing e recursos humanos. Nessa época, eu já era casada e sempre dávamos um jeito de nos encontrar em algum lugar novo entre as viagens. Isso me proporcionou equilíbrio entre minha vida pessoal e profissional e a certeza de que não estava sozinha nesta trajetória de vida. Também nesta época recebi um *feedback* interessante do presidente da empresa. Ele dizia que meus projetos aconteciam de uma forma curiosa, sempre envolvendo todo mundo, com firmeza, liderança e serenidade. Eu sou assim, eclética e controversa, forte e, ao mesmo tempo, gentil.

Novos passos

Aos 30 anos, tive a Fernanda, minha filha mais velha, que hoje tem nove. No retorno da licença-maternidade, comecei a trabalhar como representante comercial por escolha própria, encarando um desafio totalmente diferente. Após esta experiência, fui convidada para atuar na área de Recursos Humanos, como *business partner*, cuidando de aproximadamente 400 pessoas. Foi quando engravidei de gêmeos – Eduardo e Patricia, mais um presente na minha vida. Em casa, com três filhos pequenos, fazia otimização dos processos, gerenciamento de estoque de comida, reduzia 30% da despesa só de analisar meu padrão de compra e dias de oferta e curtia muito meus filhos! Ou seja, sempre aplicando administração em tudo: do profissional ao pessoal.

Depois da segunda licença-maternidade, entrei na área de saúde animal da Lilly, onde recebi o Follow Me Award – prêmio de liderança por reconhecimento dos meus colegas. Apesar de estar aprendendo muito, decidi buscar novos ares, e foi quando encontrei um grande gestor na SGD, uma indústria de embalagens de vidros farmacêuticos e de perfumes com quase 800 colaboradores. A empresa tem DNA francês e foi adquirida por um fundo de *private equity* americano, liderada no Brasil por um engenheiro com um cérebro humanizado e visionário.

Fui contratada como CFO e diretora financeira. Era uma enorme responsabilidade. No momento da entrevista, deixei claro que não tinha medo de aprender e nem de trabalhar, mas que existiam áreas que eu não dominava dentro do escopo contratado. Ele apostou em mim e me disse que estava me contratando pela minha capacidade de aprender e pela minha flexibilidade.

Tive uma equipe grande nos três anos em que estive lá, e realmente precisava do conhecimento de todos. Foi na SGD que aprendi que um trabalho com significado envolve a pessoa por completo, na identificação com a empresa, com o seu pensar, sentir e querer. Assumi vários papéis como executiva e participei de muitos projetos, entre eles a reestruturação de empréstimos bancários, análise de produtos derivativos, negociação e compra de dólares, revisões de fluxos de caixa e estruturação de planos de negócio de longo prazo. Sabia que a única coisa que me tiraria daquela paixão seria poder estar mais presente na vida dos meus filhos, trabalhando mais próximo de casa. E foi aí que surgiu a Zambon, uma empresa farmacêutica italiana, de origem de capital fechado e familiar, com a missão de promover o bem-estar aos seus pacientes e colaboradores com um código de valores baseado em respeito às pessoas, integridade e humildade. Nela também encontrei mais um grande gestor, identifiquei-me com os valores da empresa e com as pessoas. Encontrei uma equipe da qual me orgulho muito, que me faz aprender e crescer como pessoa e profissional diariamente. Atualmente, como CFO e Conselheira, atuo nas diretrizes da Zambon e cuido pessoalmente do desenvolvimento de mais de 20 profissionais das áreas de finanças, *procurement*, tecnologia da informação e administração de vendas.

Minha razão de viver continua pautada na realização profissional, familiar e pessoal, por meio da contínua busca pelo aperfeiçoamento em todas as áreas da minha vida. Procuro alocar tempo de qualidade para meus projetos de desenvolvimento e retribuir meus aprendizados por meio de consultorias, coaching, mentoring e bate-papos. E esta é a beleza desta história até aqui: viver tudo com paixão! Conciliando família e trabalho, em empresas e projetos que engajem nossos corações e mentes. Precisei viver áreas, experiências e gestões diferentes nas empresas, para me habilitar como uma mulher executiva, focada na gestão de negócios e de pessoas, apaixonada pelos meus três filhos e marido.

Do que eu não tenho dúvida? De que me realizo por meio de uma entrega genuína e humana ao trabalho e ao desenvolvimento de pessoas, de forma não ortodoxa, eclética, curiosa e leve. Qual seria minha mensagem para este relato? Que ele possa encorajar os leitores a não desistirem de seus sonhos e da busca de suas essências, pois é possível superar desafios com excelência e integridade por meio do trabalho com pessoas.

ANDRÉ PEIXOTO
EXPERIENCE: GENERAL MANAGER AT LG

Gestão de Negócios na "Era da Atitude"

Crenças e valores

Não tenho dúvidas de que vivemos tempos paradoxais. Nunca tivemos tanta qualidade de vida alcançada com a globalização, os avanços e as transformações tecnológicas, além do acesso fácil e instantâneo a todo tipo de informação. Porém, por outro lado, vivemos um momento de ansiedade sem limites, expectativas desencontradas e doenças psicológicas como o estresse.

Esse é o paradoxo que define nosso mundo atual. O mundo nunca foi tão próspero e nunca tivemos tantas oportunidades, tantas ferramentas para buscarmos atingir nossos objetivos, porém nossa sociedade é continuamente bombardeada e afetada por incertezas e desafios. Por isso, temos uma escolha: ater-nos ao (ultra)passado e ao antigo ou nos abrirmos e explorarmos o que é novo, entendendo que, mais do que nunca, vivemos em uma era em que podemos "ser" tudo aquilo que quisermos; basta apenas planejamento, esforço e atitude. Crer que podemos é o primeiro grande passo.

No mundo corporativo dos dias de hoje, certamente nos depararemos com situações que colocarão nossos valores em xeque. A experiência que conquistei nos meus mais de 20 anos de carreira desenvolvida nas áreas de engenharia, vendas e marketing de companhias nacionais e multinacionais me permitiu concluir que todos nós devemos colocar no dia a dia profissional os valores que aprendemos em casa, com nossos pais. Acredito plenamente que se todos nós vivermos efetivamente esses valores, agiremos de forma leal e humana com os clientes, colegas e a quem quer que seja, todos os dias. Devemos sempre cumprir o que dizemos e assumir a total responsabilidade pelos nossos atos. Ou seja, se falar, faça! Se não puder fazer ou tiver dúvida, não fale. Durante toda a minha carreira busquei trabalhar valorizando minha identidade, dentro da minha autonomia de decisão. Definitivamente, tenho convicção de que "palavras" e "práticas" devem estar alinhadas. Sempre.

A seguir, eu tento resumir minha forma de trabalho, como busco lidar com meus pares, colegas, chefes e subordinados e como procuro criar um ambiente de trabalho voltado às aspirações de cada membro dessa grande família do escritório que, de certa forma, escolhemos para fazer parte de nossas vidas.

Comunicação e foco nas pessoas

No mundo corporativo atual é comum ouvirmos que os executivos que se destacam devem ser focados em resultado e que isso se trata de uma competência essencial no mercado atual. Porém, acho que, antes de focar resultado, qualquer organização deve ter foco prioritário nas pessoas. Pouquíssimos líderes atualmente têm essa sensibilidade e muitos dos gênios corporativos do nosso tempo pecam nessa questão que considero prioritária. A meu ver, trata-se de respeito mútuo e de um cuidado todo especial com a nossa comunicação. Líderes precisam ser excepcionais comunicadores.

Precisamos estar cientes de que nos comunicamos 100% do tempo, mesmo quando estamos de boca fechada e sem mandar e-mails, e devemos estar atentos a cada detalhe. Acredito que o que faz a diferença é buscarmos ser eloquentes em todos os momentos. Temos de considerar que a responsabilidade do resultado da comunicação é sempre do comunicador, ou seja, como líderes que somos, se formos mal interpretados podemos ter certeza de que a culpa foi nossa. O cuidado com postura, gestos, tom de voz, velocidade da fala, busca da similaridade com o estilo de conversação do(s) seu(s) interlocutor(es) (ou perfil do público) estabelecerão o *rapport* necessário que mostrará o respeito, a atenção e o foco com aqueles com quem estabelecemos contato. Precisamos de treino e gostar de gente, mas o domínio da arte de se comunicar com propriedade alavancará nossa empatia, nosso carisma e mostrará nossa eloquência como líderes.

O papel do líder é ser curioso sobre as pessoas. Trata-se da empatia, do respeito genuíno, de se importar e considerar as particularidades, o "jeitão" de cada integrante da equipe, suas características individuais, interesses variados, habilidades, metas, estilos de aprendizagem. Até mesmo personalizar nossas interações e *feedback* é importante para que possamos potencializar o desempenho de cada indivíduo e, consequentemente, alavancar a confiança de toda a equipe.

Com esse entendimento, também fica claro que devemos ouvi-los. Toda a equipe certamente tenderá a ficar mais feliz, alinhada e motivada se tiver a liberdade para contribuir com novas ideias, para que possa tomar a iniciativa – perfil este que, na verdade, todos nós, líderes, buscamos nas pessoas que contratamos.

Certamente os melhores líderes passam uma grande parte do tempo ouvindo sua equipe e, tão logo os problemas e desafios sejam expostos, devem fazer as perguntas certas para que as soluções sejam livremente geradas. A recompensa é poder trabalhar em um ambiente no qual a inovação e a criatividade sejam estimuladas, um ambiente que encoraje a todos a se engajarem em prol de um objetivo maior, da oportunidade de fazermos história e de deixarmos o nosso legado, aumentando a produtividade e a "pegada" de todos.

Em geral, um líder com tais características costuma ter um perfil que transita entre os estilos "paternalista" e "marcador de ritmo", porém estes estilos podem trazer riscos que devem ser contingenciados. Líderes emocionalmente inteligentes sabem que devem perdoar, mas nunca esquecer. Como diria a letra de uma música brega do John Mayer, "engane-me uma vez, o tolo é você; engane-me duas vezes, o tolo sou eu".

Planejamento estratégico

Como dizia Sêneca, intelectual do Império Romano, "não existe vento favorável para quem não sabe aonde deseja ir", ou seja, antes de partir para a execução, que saibamos o que desejamos. Isso vale para uma apresentação, um projeto de trabalho, um plano de negócios, um projeto de vida. Assim como quando temos definido o nosso propósito de vida, nós dividimos o objetivo maior em passos menores para que possamos acompanhar cada conquista, e sabendo que temos todos os recursos e as ferramentas necessários para chegar lá, com esforço e atitude, é claro, basta planejarmos detalhadamente e gerenciarmos o nosso tempo para que possamos fazer acontecer, qualquer que seja o objetivo.

Tanto no mundo corporativo como na vida pessoal, precisamos nos organizar, e uma coisa é óbvia: ninguém, mas ninguém mesmo vai fazer isso por nós. Então, é fundamental que possamos nos planejar e nos organizar. Não precisamos (e nem podemos) esperar mais por isso.

Organizar significa definir prioridades, ou seja, investir o tempo no que for significativo, buscar o equilíbrio, refletir continuamente sobre o caminho que estamos trilhando, mesmo que possamos nos dar conta de que precisamos ajustar ou até mesmo alterar a nossa rota, afinal, quem sou eu e o que estou fazendo com a minha vida, com minha saúde, como estou me preparando para poder conquistar todas as minhas ambições?

Ao longo dos anos, ao gerenciar equipes, pude observar a enorme melhora que temos quando da participação efetiva de todos os membros da equipe no alinhamento da missão, da visão da empresa, do entendimento de "onde estamos" e "para onde vamos" e, acima de tudo, da compreensão de por que fazemos o que fazemos.

Ao jogarmos abertamente com o time e entendermos nossas forças e limitações, bem como entendermos e tentarmos nos antecipar às dinâmicas de mercado e dos concorrentes, já demos o primeiro grande passo para colocarmos o trem nos trilhos.

Além disso, como condições básicas para um bom gerenciamento, seguidamente enfatizadas por Peter Drucker, as regras, metas claras e o constante acompanhamento nos farão ter a convicção de que estamos no caminho certo. Caso eventualmente possamos perceber que houve mudanças que alteraram o cenário interno ou externo, humildade, sensibilidade e agilidade nos colocarão na rota (ou até mesmo na opção por um novo caminho) com menores turbulências rumo à conquista do resultado almejado.

Execução

Execução tem tudo a ver com assertividade, ter personalidade e assumir a bronca, pois ou nós exercemos o papel de líderes ou encontrarão outro que o exerça por nós. É natural termos medo e, eventualmente, hesitarmos. Mas se buscarmos ressignificar nossas situações de risco, se considerarmos cada meta ousada como um <u>desafio</u>, esse estresse passa a se tornar motivação, alegria, oportunidade.

Execução é ação. Dessa forma, é essencial o controle e acompanhamento do passo a passo para implementar o nosso planejamento. A capacidade de "fazer acontecer" é aquela habilidade tão raramente encontrada e buscada exaustivamente pelos *headhunters*. Só tem essa habilidade o executivo que é direcionado a resultado e que não mede esforços para chegar aonde almeja.

Eu, particularmente, acredito que já deixamos para trás o que chamamos de "Era da Informação", termo cunhado por Drucker devido à mudança no perfil do trabalhador que deixava para trás, após a Segunda Guerra Mundial, a "Era Industrial". A meu ver, passamos a vivenciar agora a "Era da Atitude". Tenho convicção de que, na maioria dos casos, "transpiração" traz mais resultados do que "talento" puro, e o perfil mais almejado por nós, líderes, é aquele do profissional que não mede esforços para chegar ao resultado desejado.

Costumo dizer que o ciclo do sucesso é baseado em três Rs: Ralação, Resultado e Reconhecimento. Precisamos fechar este ciclo para que as conquistas se acumulem, para que o esforço possa continuamente ser realizado; nosso crescimento e amadurecimento sejam constantes; e possamos vivenciar uma melhoria contínua em nossas empresas.

Lidando com frustrações e conflitos

Independentemente de seu sucesso, os líderes, por terem maior visibilidade, sempre são alvo de críticas e dos mais diversos comentários, positivos ou negativos. Porém, acredito que temos de alterar o nosso *mindset* para entendermos que o importante não é o que pensam de nós, mas o que fazemos com o que pensam de nós. Ter "resiliência" no mundo corporativo, termo técnico que os engenheiros sabem de cor, não se limita apenas à flexibilidade, mas, sim, transcende a resistência às frustrações que certamente vivenciaremos por seguidas vezes ao longo de nossas carreiras. Sabendo, então, que as frustações podem alterar nosso humor, ânimo, nossa esperança e, às vezes, até mesmo a razão, cabe a nós cuidar de nos recuperarmos rapidamente, sem perder tempo com *mimimi*.

É hora, então, de utilizarmos a tão falada "inteligência emocional", respirar, estar consciente de nossas emoções, gerenciar o nosso comportamento e manter nosso equilíbrio. Lembre-se de que, enquanto a gente não responde, reage ou toma uma atitude, "a bola está com a gente" e temos o poder de tentar direcionar positivamente o rumo da questão.

Não se prender a coisas que estão além do nosso controle e buscar sempre ter uma atitude positiva fará com que as pessoas se sintam mais dispostas a se aproximarem de nós e isto nos fará mais fortes física e psicologicamente, bem como mais saudáveis do que os pessimistas de plantão, potencializando nosso desempenho no ambiente de trabalho.

Objetivos pessoais e profissionais

Considero que o nosso "lado pessoal" transcende o "lado profissional" ou, para ficar mais claro, que nossas carreiras estejam contidas e componham parte de nossa rotina pessoal.

O que em geral acontece é que <u>se as pessoas não quiserem muito</u> realizar algum objetivo dificilmente se colocarão fora de suas zonas de conforto para alcançar o que quer que seja, ou seja, devemos entender <u>o que realmente queremos muito</u>. Isso é o que fará a mágica acontecer, já que as pessoas apenas reajustarão as coisas caso realmente seja algo com que se importem profundamente para, então, perseguirem tais objetivos com disciplina.

Talvez, em um dado momento da carreira, possamos nos perceber sentados no escritório pensando que aquilo que estamos vivendo não é nem de longe aquilo que gostaríamos, o tipo de vida que teríamos escolhido. Certamente já aconteceu com todos em um determinado momento das nossas carreiras.

O que nos leva a pensar que talvez possamos ter feito algumas escolhas que tenham nos levado até essa situação desconfortável.

Mas nunca é tarde demais! Só não dá para esperar que as oportunidades caiam do céu. Se "queremos mais" do que os outros, devemos "fazer mais" do que os outros... E aí entra algo imprescindível para chegarmos lá: a disciplina. Apenas a disciplina nos trará a consistência que precisamos para conquistar nossos objetivos.

Entendo que ser bem-sucedido demanda esforço e também entendo que, infelizmente, a maioria das pessoas é preguiçosa e acaba por optar por não crescer, aprender e se desenvolver. E se precisamos "querer muito", que, então, queiramos as coisas que nos aproximem do nosso propósito de vida, da nossa real identidade. Caso não tenhamos certeza do que "queremos muito", precisamos nos perguntar por que queremos aquilo. Definamos, então, as nossas metas e tenhamos bastante disciplina que não haverá erro!

Vencerão aqueles que cultivarem a disciplina. Não que isso seja fácil. Só acho que não temos de ficar esperando o momento certo, as condições ideais para começar um projeto, para buscar o que realmente queremos. Não espere ter vontade de fazer. O momento certo é agora. Comece já! Certamente iremos nos sentir bem e com energia logo depois de agirmos.

E que não nos frustremos se, quando as coisas começarem a dar certo, muitos atribuírem nosso sucesso pura e simplesmente à sorte. Certamente, como diria Thomas Jefferson, "quanto mais trabalhamos, mais sorte temos". Por isso acredito que, com ética, atitude, sensibilidade e planejamento, nós faremos a diferença e, pelo exemplo, inspiraremos todos aqueles com quem convivemos.

Ninguém nasce com o patrimônio da felicidade e, definitivamente, a vida é desafiadora. Vida é construção, é dar um passo de cada vez. É entender que, para conquistar um espaço no mundo, é preciso ralar muito. Fazer o que acreditamos, ser fiel aos nossos valores, trabalhar duro, não tolerar injustiça ou falta de respeito, não deixar que tomem decisões por nós, sonhar alto, perseguir nossos sonhos, ser gentil, ajudar a todos que pudermos sem querer ou esperar algo em troca, levar a vida de modo leve, numa boa, sorrir sempre, tornar as coisas divertidas... Ser feliz!

Por fim, agradeço àqueles que, como chefes, colegas, pares ou subordinados, têm contribuído de forma significativa para o meu amadurecimento e continuam me inspirando em minha trajetória de vida. São eles: Alvaro Luiz Silva Dias, Ana Luiza Guimarães Peçanha, Edison Tito Guimarães, Georges

Ghanem, Fábio Bittencourt, Marcelo Morais, Fernando Mendes, Luiz Cabral, Toshio Murakami, Ivo Lufti, Sidney Ichi, Claudia Alabarce, Namjo Song, Kyusup Shin, Kevin Cho, Jake Ha, Cesar Byun... Gratidão extra aos inseparáveis amigos e quase irmãos Anderson Bruno e Raimundo Ribeiro e, sobretudo, a Monique Peixoto, minha esposa sempre participativa; a Eduardo e Jurema Peixoto, meus superpais; a Zezé Peixoto, minha madrinha; e a Renata Peixoto, minha irmã e mãe do querido Daniel.

ANTONIO JOSÉ DE ARAÚJO ROCHA
Experience: Executive Director at Mar-Brasil Engenharia Offshore

Valores e Esforço: da Marinha ao Empreendedorismo

Sou filho de comerciantes paraenses que vieram para o Rio de Janeiro criar seus três filhos. Tenho dois irmãos mais novos e desde cedo senti o peso de ser o primogênito, que decide antes e não tem ninguém para se espelhar. Hoje, sou um orgulhoso pai e avô.

Tornei-me militar com formação em engenharia e, por vários anos, trabalhei como Oficial da Marinha do Brasil em diversas tarefas e cargos, até criar minha própria empresa, a Mar Brasil Engenharia Offshore, voltada à operação de navios, à execução de projetos de logística e a treinamentos na área de empresas de óleo e gás e terminais portuários.

Chegando ao mundo

Até hoje guardo algumas lembranças iniciais da minha vida que me ajudaram a formar conceitos que foram úteis para tudo que fiz depois. Na minha infância, todas as manhãs, meu pai acordava muito cedo para comprar gêneros frescos no centro distribuidor mais próximo a sua mercearia. Naquelas ocasiões, ele se esmerava em escolher as melhores frutas e hortaliças, os mais viçosos legumes e ficava feliz quando os seus fregueses notavam isso. Mais tarde, meus pais tornaram-se donos de lanchonetes com refeições ligeiras, tendo o mesmo capricho com os ingredientes usados para elaborar os pratos servidos.

Os resultados comerciais positivos deles possibilitaram uma vida familiar mais confortável para todos nós, mas me impressionaram mais pela forma como foram obtidos – com trabalho duro e forte senso de qualidade. Esses conceitos me orientaram durante toda a minha vida profissional.

Meus pais também me marcaram fortemente pelo senso de dedicação e visão de futuro, que associava o sacrifício ao sucesso, resultado de foco e de muito trabalho. Nada nos foi dado de graça, e o cotidiano da minha infância e juventude foi uma aula sobre a relação entre causa e consequência.

Chegando na Marinha

Após estudar em escolas públicas – naquele tempo de excelente qualidade – consegui ingressar na Marinha do Brasil para cursar o equivalente ao Ensino Médio de hoje. Como era comum naquela época, ingressar no Banco do Brasil e na Marinha eram objetivos de todos os jovens da classe média, e representavam um futuro seguro e conferiam um bom *status* social aos seus membros.

No início, tive muitas dúvidas e dificuldades para me identificar com atividades navais, que foram se dissipando na atmosfera de descobertas e aprendizado que aquele novo mundo me apresentava. Aprendi a nadar, navegar pelas estrelas, velejar e, principalmente, a liderar equipes treinadas para cumprir missões, às vezes fáceis, às vezes difíceis.

Após seis anos, tornei-me um Oficial e comecei a descobrir o mundo além da minha pátria, o qual nunca havia acessado devido às modestas condições da minha família.

Assim como na escola, a minha formação na Marinha sempre me brindou com uma convivência respeitosa e inspiradora com os valores do Brasil, com olhar de cidadão pleno de direitos e deveres e de servidor público dedicado à solução dos nossos problemas.

O comando de um navio é um dos maiores objetivos de qualquer Oficial da Marinha, uma oportunidade de aplicar todos os conceitos assimilados desde os bancos escolares até os adquiridos com a convivência com colegas mais experientes. Também é uma experiência de liderança.

Comandando a Corveta Mearim, tive a chance de conhecer as entranhas da Amazônia. Por meio de operações militares ou em apoio cívico-social, que chamávamos de ACISO, tive contato com as comunidades ribeirinhas, para quem os navios são os únicos vetores de médicos e dentistas que possuem. Vi também como as queimadas transformam a atmosfera local, mantendo-nos navegando em um denso *fog* por vários dias. Mas também pude constatar com alegria que a natureza ainda é forte e, pacientemente, resiste à tentativa destruidora dos homens, como que a convencê-los de que estão errados na sua permanente e estúpida agressão.

No comando da Mearim também pude navegar e operar com unidades da Marinha francesa em águas caribenhas, além de efetuar operações de resgate e salvamento (*search and rescue*) no Norte e no Nordeste do Brasil. Durante um ano e meio, senti-me plenamente realizado. Mesmo com os riscos e as dificuldades inerentes ao Comando, ficaria mais tempo lá, se me fosse permitido.

Houve uma segunda experiência marcante nessa fase, em Alagoas, pequeno Estado brasileiro cujo território possui inúmeras praias, mangues, vários rios navegáveis e, obviamente, muitas lagoas. Como Capitão dos Portos de Alagoas, fui responsável por manter a segurança de navegação neste cenário, que possui 42 colônias de pesca, inúmeros hotéis e pousadas com embarcações, um sistema fluvial e lacustre para transporte de carga e pessoas, fazendas marinhas, inúmeros faróis e dois terminais portuários de constante movimentação. Além disso, Alagoas já produziu três Presidentes da República e tem seus políticos entre os mais conhecidos do País, pelo bem e pelo mal.

Nesse ambiente, a Capitania dos Portos tem de trabalhar com as normas da Marinha em contato com a sociedade civil e totalmente direcionada a atender as pessoas, sem atrapalhar a economia estadual, mas controlando essas atividades para que se mantenham dentro da Lei. Um dos problemas de corrupção recentemente descoberto foi a questão de haver indícios de fornecimento de carteira de pescador para que pessoas estranhas à atividade pudessem receber seguro-defeso, que é pago pelo governo federal aos pescadores e catadores de mariscos, no período em que a pesca fica proibida para permitir a procriação. As capitanias dos portos e suas agências são as origens das informações para emissões dessas carteiras, o que lhes impõe ter máximo controle do cadastro de pescadores e catadores de mariscos, e da sua respectiva emissão de carteirinhas que dão o direito ao seguro-defeso.

O trabalho na Capitania de Alagoas envolvia vários outros aspectos, todos em prol da comunidade civil. Também em momentos de calamidade, os recursos da Capitania eram requisitados pelo poder público estadual, como ocorreu em uma enchente em agosto de 2000 que atingiu 38 municípios do Estado. Pela contribuição para essa operação humanitária, o Governador me agraciou com o título de "Comendador da Ordem do Mérito dos Palmares".

Enfim, trabalhar na Marinha brasileira foi um motivo de orgulho e oportunidade de evolução. Desde a difícil disputa para nela ingressar até minha passagem para a reserva naval no último posto como oficial superior em 2003, vivenciei experiências incríveis e diversas, com alto nível de profissionalismo, sempre em contato com equipes de excelência e com o estado da arte tecnológico.

Chegando no mercado

Por razões pessoais e financeiras, em 2002 decidi que, tão logo possível, deixaria a Marinha, o que me levou a buscar mais qualificação voltada para o mercado em que eu pretendia trabalhar. Fui, então, convidado para cursar, como bolsista, o MBA de Certificação de Sistemas de Gestão Integrada da Escola Politécnica da UFRJ, que iniciei em 2003.

Além do *networking* proporcionado pelo curso, passei a ter uma visão integrada da gestão corporativa de grandes empresas, privadas e públicas, o que me foi muito útil para tudo o que fiz a seguir.

Antes do final do MBA, já tendo deixado o serviço ativo militar, fui chamado para liderar a transformação da Cooperativa dos Profissionais do Poder Marítimo – Coomar, que no modelo inicial servia de apoio a profissionais aposentados que prestavam algum serviço técnico ou de consultoria, em uma empresa com capacidade para participar e ganhar licitações envolvendo reparo, manutenção, treinamento e movimentação de carga de navios. Como CEO, neste *job* eu e minha diretoria vivenciamos um ótimo rendimento, uma vez que, em apenas um ano, tivemos um crescimento do faturamento de 472% em relação ao ano anterior. Eu me envolvi e me dediquei muito a este projeto, com a minha equipe. No fim, foi bastante realizador.

Após um ano na presidência da Coomar, fui abordado pessoalmente para realizar diversos outros serviços de consultoria. Além disso, alguns contratantes tinham restrições legais para cooperativas de trabalho coletivo. Daí nasceu a ideia de criar a Mar Brasil Engenharia Offshore, para estabelecer contratos de variados objetivos, e em curto prazo, que na Coomar demorariam a ser analisados pela diretoria, antes de serem iniciados.

Desde então, a Mar Brasil assumiu contratos de consultoria com diversos clientes, desde a certificação de alguns terminais portuários no Brasil, até a direção comercial regional do grupo holandês Damen Shipyard para projetos militares no País.

Destaco aqui a direção de um projeto logístico para atender a um contrato com as duas maiores empresas de dragagem do mundo – as holandesas Van Oord e a Boskalis, que foram contratadas pela Petrobras para estabilizar dutos submarinos na Bacia de Campos. Em consequência, assinei com eles um contrato para fornecer todos os materiais e meios necessários ao abastecimento, o que incluía obtenção de transporte, gerenciamento de estoque e logística de embarque dos materiais nos navios do projeto.

Trabalhando com duas empresas holandesas, eu estava sob pressão de duas certificações, já que as duas empresas e a estatal de petróleo tinham padrão rígido e detalhado de *performance* estavam sempre ali, vendo cada grama a mais e cada minuto a menos. Ademais, era um projeto que tinha tudo para ter problemas, pelo tamanho e complexidade. A quantidade de diferentes *stakeholders* e subcontratados oferecia inúmeros riscos, alguns difíceis de controlar diretamente.

Além disso, eu não tinha patrimônio para obter uma carta de garantia que as holandesas me pediam. Mas em dois ou três meses, os estrangeiros viram que o projeto estava funcionando e acabaram por dispensar a carta, que teria um custo equivalente a boa parte do meu lucro total no projeto. Até hoje, posso dizer que este foi meu maior desafio – trabalhar para um grande projeto da Petrobras, sendo uma empresa pequena, que iniciou com três funcionários e que, ao final do projeto, já contava com 115.

Com muito trabalho e com ajuda de uma equipe muito competente e comprometida, não tivemos nenhuma perda ou acidente e o projeto foi muito bem-sucedido, o que nos rendeu, além do lucro proporcionado pelo projeto, uma elogiosa avaliação pelo desempenho global.

Essa vivência com grandes projetos e com empresas multinacionais me levou a alargar horizontes, que culminaram com a minha contratação em 2006 pela Technip, multinacional francesa de engenharia e produtos para óleo e gás, na qual permaneci trabalhando por nove anos, três como consultor e seis como Company Security Officer (CSO). Porém, a queda do preço do barril de petróleo no mundo e os problemas que a Petrobras sofreu aqui no Brasil abalaram o mercado, provocando grande impacto para os projetos e oportunidades no setor, o que inspirou as empresas do setor a fazerem um grande *downsizing*, uma vez que todos neste mercado nacional eram muito dependentes da estatal. Assim, ao final de 2015, chegou ao fim o meu contrato com a Technip, proporcionando-me voltar à Mar Brasil para reiniciar consultorias independentes.

Atualmente, desenvolvo projetos com empresas de logística nacionais e com grupos de investidores estrangeiros, especificamente portugueses, para operar no médio prazo terminais de gás no País. Também realizo representação comercial de produtos e equipamentos para portos e terminais marítimos e fluviais na América do Sul. Tenho ainda em gestação um projeto de treinamento de gestão de crises e continuidade de negócios, com foco em emergências em grandes corporações, que é um assunto sobre o qual me sinto seguro e capacitado diante da minha experiência plural neste tema, em diversos estágios da minha vida.

Chegando à maturidade profissional e pessoal

Alguns *cases* profissionais me tornaram mais apto para os cargos que exerci, dentro e fora da Marinha, e me ajudaram a entender, do ponto de vista empresarial, como lidar com um amplo espectro de interesses distintos e focar os resultados pretendidos pelas organizações. Ora, trabalhar com tantas responsabilidades e variáveis certamente é uma escola de *management*.

Profissionalmente, reconheço com satisfação que consegui sair da cultura da formação militar, na qual fazia parte de um mercado protegido e estável, para me firmar no mercado empresarial, que é mais sujeito a riscos de muitas outras variáveis, inerentes ao perfil empreendedor.

Ao longo da vida, inspirei-me observando chefes, pessoas das minhas diversas equipes, clientes e destaques no mercado. Essa inspiração veio de duas formas: o que eu deveria fazer e o que eu nunca deveria fazer. Ou seja, referências ótimas e algumas não muito boas, mas que sempre me ensinaram muito.

Claro que as primeiras inspirações são Deus, o conceito de pai e mãe e a questão de trabalhar com ética, mas tenho uma noção muito forte de que resultado só vem com esforço. Aquela frase em inglês *"no pain no gain"* faz muito sentido, tenho absoluta certeza disso. Jogo muito pouco na loteria, porque sempre achei que nunca ganharia dinheiro na sorte, mas sim trabalhando.

Criei boas referências no mundo empresarial, completei projetos com sucesso, tornei-me amigo de antigos parceiros, fiz *networking* com o cérebro e com o coração. E valeu muito a pena.

Pessoalmente falando, tenho muito orgulho de ter mantido os valores básicos em um mercado eivado de tentações para rupturas com eles. Também cultivei os valores passados por meus pais – foco e sacrifício – e que consegui passar aos meus filhos. Família é um conceito que me alegra, estimula e realiza. O contato com cada um dos membros da minha família me acrescenta visões e percepções que, às vezes, não consigo captar sozinho. É um laboratório de experiências com pessoas nas quais confio e que muito me ensinam.

Tenho duas filhas do primeiro casamento que brindaram minha vida com um neto cada e um filho do segundo casamento que hoje tem 18 anos e está cursando um *college* nos Estados Unidos. Minhas duas filhas são diretoras de empresas, sendo uma no Rio e outra na Irlanda, e são independentes. Porém, meu filho ainda é uma das minhas inspirações a continuar "pedalando".

Estou certo de que as nossas atividades profissionais precisam ser focadas, mas é muito importante que sejam vistas como um dos vetores da nossa vida. Trabalhamos para ganhar dinheiro, ficar felizes e realizados – mas também para viver o sucesso e os resultados –, aprender com o que deu certo e errado, de modo a nos tornar pessoas melhores para aproveitar a vida.

O trabalho e os desafios dele decorrentes ainda me atraem, mas atualmente projeto uma vida com mais qualidade para os próximos anos. Comprar um barco a vela, participar de regatas e realizar viagens nele estão nos planos de curto e médio prazos. Fazer um doutorado ou outro mestrado também são ideias que me estimulam. Mas fazer tudo com satisfação, por opção e não por nenhum tipo de pressão.

Afinal, ser bem-sucedido na vida não é só ser bem-sucedido profissionalmente. A coisa mais importante é que tudo isso seja harmônico e de qualidade, que se curta as pessoas, a vida. Que haja vida, e não apenas vida profissional.

A vida é curta – curta a vida!

CESAR ALMEIDA
Experience: Latin America VP & General Manager at Honeywell HBS LATAM

Sucesso: a Combinação de Talento e Transpiração

Sou o Cesar, carioca, filho de pai militar e de mãe professora. Nesse contexto, é claro que meu pai gostaria que eu seguisse a mesma carreira que ele, mas eu tinha outras aspirações.

Educação era algo extremamente importante na minha casa. No Ensino Médio, fiz técnico em Eletrônica em uma escola federal que nos preparava muito bem para o vestibular, apesar do curso ser técnico, o que muitas vezes era o suficiente para as pessoas que decidiam não entrar na universidade e seguiam uma carreira técnica. Entrei na faculdade para estudar Engenharia Eletrônica logo após me formar no curso. Na minha família, a única pessoa que estava nessa mesma área era a minha irmã mais velha.

Eu era muito jovem, mas, em certo ponto, decidi parar o curso e estudar Estatística. Mais uma vez, houve mudança de ideia e planos e retornei ao início. Com isso, somente aos 28 anos me formei em Engenharia, quando já era casado e tinha três filhos.

Carreira

Comecei ainda garoto, na Burroughs Corporation, que posteriormente passou a se chamar Unisys, uma companhia dos Estados Unidos. Na sequência, trabalhei em uma multinacional francesa chamada Bull, que me trouxe bastante aprendizado no quesito cultura. Depois, entrei em uma consultoria pequena, que também foi muito bacana, pois estar em uma pequena empresa depois de ter trabalhado em algumas muito grandes faz você entender realmente o que é "vender o almoço para comprar o jantar", sendo ótimo para a formação do profissional. Acredito que essa seja uma experiência que todo executivo deveria ter.

Porém, essas foram posições mais técnicas; minha carreira executiva de fato começou na Siemens – minha grande escola – em que ocupei vários cargos.

Ainda no Rio, cheguei na empresa para ser o responsável por algumas contas especiais. O *business* da Telecom Enterprise era dividido em cinco negócios:

infraestrutura, serviços, governo, mercado financeiro e indústria. Fui cuidar de algumas contas do mercado de infraestrutura, e lá fiquei por pouco mais de dois anos. Logo em seguida, passei a liderar aquele time, com vários Account Managers espalhados por todo o País. Foi quando me mudei para São Paulo.

Em 2003, fui convidado para assumir uma *business unit* com a responsabilidade pelo P&L.

Era uma área chamada *Electronics Assembly*, na qual, com muito sucesso, permaneci até 2008, quando me chamaram para um novo desafio: a Siemens havia comprado uma empresa de alarmes monitorados. Um negócio com base em serviços, gerador de caixa, com *working capital* negativo, mas que, após a incorporação, passou a não apresentar os mesmos resultados anteriores, sem crescimentos e com rentabilidade baixando ano após ano. Dois dos melhores executivos que conheci na organização já haviam passado por lá e até resolveram alguns pontos, mas não conseguiram o resultado almejado. Voltaremos ao caso depois.

Continuei por mais quase três anos, responsável por duas unidades de negócios na Building Technologies, até ser chamado para dirigir "corporativamente" a conta da Petrobras. Na época, era a maior conta da companhia na América Latina. Aquela posição pedia alguém com experiência como diretor da área de negócios, que conhecesse a estatal e sua dinâmica de decisões e contratações e que também estivesse pronto para se mudar para o Rio. Seria necessário interagir com todas as áreas de negócio da companhia que transacionavam com a Petrobras ou com as EPCs, criando estratégias e relacionamento que aumentassem o *wallet share*.

Lembro que, quando conversei com o presidente da companhia na época e este me convidou àquela posição, agradeci, informei que pensaria sobre a oportunidade e escutei daquele executivo, talvez o de maior *drive* com quem eu já tenha trabalhado: "Cesar, você é um soldado da companhia e soldados vão aonde a guerra está, não havendo o que pensar". Atendi prontamente e ali percebi que alguns convites no mundo corporativo são, na realidade, ultimatos.

Aquela experiência foi superenriquecedora, principalmente em termos de *networking*. Não só com a Petrobras e todas as EPCs, mas também na Alemanha, com muitos dos CEOs das diversas áreas de negócios com interesses na estatal. Mas o tipo de atividade não me completava como executivo, sentia falta de uma posição "de linha" e, principalmente, do meu *staff*. Atividade muito corporativa, bem diferente de uma responsabilidade P&L. Seria o trabalho perfeito, mas não para quem julgava que ainda tinha "muito carvão para queimar" como executivo, então busquei me abrir mais para o mercado.

Surgiram alguns convites, entre os quais o da Johnson Controls, uma posição para liderar comercialmente todos os *businesses* da Building Efficiency (Sistemas de Automação, HVAC, Refrigeração Industrial e Serviços). Posição excelente, que vinha com um brinde: a sucessão do CEO/GM Brasil na época, que em dois anos substituiria em Miami o VP/GM da América Latina. Aceitei e voltei para São Paulo, montamos uma estrutura excelente. O *networking* adquirido na época de O&G e o acesso aos grandes EPCistas que atuavam em grandes projetos de infraestrutura nos permitiram grandes vitórias, inclusive um prêmio pelo maior projeto já vendido na América Latina. Mas uma *joint-venture* da organização com uma outra grande empresa na área de HVAC trouxe no pacote um novo VP. Sem aquele "brinde" que era o plano de sucessão em um curto prazo, acelerei meu plano de mudança, me abrindo mais uma vez para o mercado. Rapidamente veio um convite externo, e com ele dois grandes aprendizados. O primeiro: planos de sucessão são sensíveis e suscetíveis a mudanças com o *business*, então esteja sempre consciente e não aposte todas suas fichas neles; e o segundo: mudanças de planos podem ser muito positivas, trazendo oportunidades melhores que as originais. No final de maio de 2016, juntei-me à Honeywell HBS para liderar o *business* em toda a América Latina.

Durante a minha carreira, aprendi que, numa definição simplista, nada mais somos que a "caixa de ferramentas que carregamos conosco". Nela existem soluções apropriadas ou muito próximas da solução de vários dos problemas com os quais nos deparamos. Tão grande é a caixa, tão preparado é o executivo! Vamos completando nossa "caixa" com as nossas experiências, com o nosso *networking* e também com nossas formações ao longo de nossas carreiras. À medida que vamos nos deparando com situações profissionais que dependem de soluções e decisões nossas, recorremos à nossa caixa de ferramentas. O entendimento de que precisamos ir nos ajustando aos diferentes problemas com os quais nos deparamos ao longo da nossa vida profissional denota maturidade de gestão.

Um destaque para uma parte importante de nossa caixa de ferramentas: nossa formação. Poderíamos até citar alguns exemplos de executivos que obtiveram muito sucesso com pouca formação, mas são raros e quase impossíveis nos dias de hoje. Invista em sua formação e aproveite, pois é um *relax* voltar a ser estudante de tempos em tempos. Uma titulação pode ser a diferença em um processo disputado por dois executivos gabaritados. Tive a oportunidade de fazer três MBAs *in company*, um pela Fundação Getúlio Vargas, um pela Duke e outro pela Fundação Dom Cabral. Se quiser ter excelentes professores e aproveitar o *networking*, um dos valores agregados nas formações, escolha boas escolas.

Como executivos, estamos inseridos em uma "máquina de moer carne", o que significa que estamos sendo a cada dia apertados, espremidos, para fazermos mais com menos, e aqui me lembro de uma outra analogia que sempre uso com novos executivos: mentalize um equilibrador de pratos que víamos antigamente em circos. A partir de um determinado ponto da nossa vida, é justamente isso que fazemos: equilibramos diversos pratos simultaneamente. O grande segredo não é imaginar que nenhum prato cairá, mas sim saber exatamente qual o prato não poderá, nunca, cair.

Falando em novos executivos e mesmo os *mentees*, tenho muito orgulho de ter ajudado alguns deles a crescer, com compartilhamento de conhecimento, troca de exemplos e com doação de tempo. E como aprendemos nas sessões em que somos os mentores! Bom para eles, excelente para nós.

Família

Na minha primeira experiência profissional, logo que entrei no estágio da Burroughs, meu pai expressou a preocupação de que eu iria tirar o foco dos estudos, já que não havia necessidade de trabalhar ainda. Como ele era um ex--oficial da Aeronáutica, tinha muita vontade de que eu fosse aviador, parte da elite da Força Aérea Brasileira. Mas o ingresso em uma escola técnica, e não na Epcar, levou-me a outros caminhos. Tenho três filhos que escolheram o caminho da Engenharia, então acredito, sim, que mesmo que não seja de forma explícita, mas pelo exemplo, em alguns casos exista certa influência dos pais na seleção da carreira dos filhos. No meu caso, o exemplo do Seu Jayme surge mais pela ideia de servir e ajudar os outros. Com 93 anos, ele ainda dirige seu carro três vezes por semana até o clube para jogar suas partidinhas de voleibol. Aquele "coroa" é uma inspiração e exemplo para mim todos os dias. Exemplo como pai, marido, como força e dedicação ao trabalho (após a FAB, ele continuou trabalhando até os setenta e cinco anos) e principalmente por estar sempre pronto para ajudar os outros.

Eu comecei a faculdade e o estágio da formação técnica simultaneamente aos 18 anos, como disse. Então, conheci a vida universitária e a vida profissional juntas, e sabemos que naquela época os cursos de Engenharia nas universidades federais eram diurnos. Dificuldade adicional para conciliar as atividades. Foi nesse mesmo período que conheci minha esposa, Simone.

Em dois anos e meio namoramos e nos casamos. Era julho de 1985. Eu, com quase vinte e dois anos, e Simone, com dezenove. Em fevereiro de 1987, nasceu o Bernardo. Um filho muda a nossa vida para sempre, jargão batido mas que, no nosso caso, representou algo além: acelerou nossa maturidade de forma ímpar. Nascido um molecão forte e totalmente saudável, mas que, por conta de uma "displicência médica", nos fez conhecer toda a luta diária de uma UTI neonatal. Uma barra pesada para um casal tão jovem, que, apesar de toda a força de família e amigos, viveu o batizado de seu filho na UTI, pela indicação de um dos médicos, muito católico, para que o "menino não morresse pagão". Três meses, diversas transfusões e duas cirurgias depois, estávamos todos juntos em casa. Mais algumas lições aqui: como pudemos aprender com aquele pequeno guerreiro, que parecia tão frágil aos nossos olhos. É preciso sempre celebrar pequenas vitórias.

Depois de um ano e três meses de vida do Bernardo, veio o Frederico, nosso segundo filho, e, mais um ano e meio após, veio o caçula, Eduardo. Hoje é bacana se sentir ainda jovem e ter os filhos andando por conta própria. Não há regra ou receita, mas, no fim, foi bom ter iniciado a família cedo. Muito bom ser parte da transformação das minhas crianças em homens, em cidadãos do bem.

Case

Existem executivos que começam e terminam sua trajetória profissional na mesma área, tornando-se *experts*, até ícones na área escolhida. Existem outros, que rodam e aprendem negócios distintos, tendo a capacidade de adaptação rápida, de identificar os pilares essenciais de cada *business* e o uso de ferramentas apropriadas para cada negócio. Incluo-me neste segundo time.

Informei que voltaria ao *case*, e gostaria de compartilhar o *turnaround* de um *business* B2C (*business to consumer*) completamente diferente de outros que rodei até hoje. O negócio já foi vendido pela Siemens, uma empresa pela qual criei carinho e respeito, mesmo não tendo sido a primeira onde trabalhei, nem a última, mas a que considerei minha grande escola. A empresa havia feito a aquisição da maior empresa de alarmes monitorados do Brasil à época. Após a integração da companhia à Siemens, o *business* nunca mais teve a *performance* anterior à sua aquisição. Fui convidado para fazer o *turnaround*.

Dois profissionais supercompetentes já haviam passado pelo negócio, mas a rentabilidade não retornava aos padrões anteriores. Confesso que aquele era um estímulo adicional para mim. Executivos são vaidosos, por mais que alguns insistam em dizer que não o são. Na época, eu estava em uma área chamada Electronics Assembly, curtindo o "boom" provocado pelo crescimento exponencial do número de celulares, na indústria de manufatura de eletrônicos, mas topei o desafio. Montei um time de primeira e fizemos um completo *change management*. No espaço de dezoito meses, conseguimos inverter a curva de queda para subida da rentabilidade do negócio. O time reestruturado com novos diretores e gerentes e com um engajamento acima da média encontrou alguns *blocking-points*, quebrando paradigmas, e com inovação e novos serviços acelerou a volta à rentabilidade desejada. A recuperação deste *business* permitiu sua posterior venda e consequente recuperação do capital investido.

Sucesso: depende de suor e transpiração

Se deseja ter sucesso, trace seu objetivo e estabeleça também objetivos de sucesso intermediários. Isso é importante porque permitirá que celebre cada passo conquistado, pois, se você olhar somente o ponto final, talvez o caminho pareça longo demais. Esses pontos intermediários mostrarão se você está no caminho certo e que, com persistência e determinação, você chegará lá. Trabalhe muito, pois seu sucesso será a combinação de seu suor e talento.

CHRISTIAN SANTIAGO
Experience: Chief Financial Officer Latin America at Intersmart AS

O Papel da Área de Finanças no Gerenciamento de Crises

No ano de 1989, preparei-me para investir fortemente na minha formação acadêmica, pois identifiquei uma grande afinidade com o Colégio Naval, uma escola militar equivalente ao Ensino Médio, em uma das instituições mais bem-conceituadas da América Latina. O intuito era o de me tornar um dos 200 melhores estudantes do Brasil, e a admissão é feita por meio de um concurso que anualmente conta com mais de 25 mil candidatos. Com muita dedicação, obtive êxito em ingressar no curso.

Após ser admitido no Colégio Naval, localizado em Angra dos Reis, no Rio de Janeiro, prossegui com o meu objetivo de investir com afinco nos estudos e atingi uma excelente classificação, sempre me mantendo entre os top 15 da instituição. Isso possibilitou enriquecer a minha formação acadêmica, com a experiência de ser o líder de pelotão responsável por comandar não só meus pares de ano, como também os de menor hierarquia.

Essa minha passagem pelo Colégio Naval, entre 1990 e 1992, foi muito importante para alavancar minha carreira, ao enfatizar a disciplina e demostrar que o alto investimento acadêmico – em especial, os estudos de cálculos matemáticos – são pilares fundamentais para o sucesso. Além disso, esse período marcou também o início de minhas habilidades como líder, que foram fundamentais para o meu desenvolvimento profissional.

A contínua dedicação aos estudos

Ao sair do Colégio Naval, fui buscar uma carreira na qual desenvolvesse o meu lado na área de Humanas, mas que tivesse também uma carga alta de Exatas. Portanto, escolhi cursar a faculdade de Administração de Empresas. Ainda mantendo o objetivo de investir em uma escola de altíssimo padrão, optei pela Fundação Getúlio Vargas (FGV), porém, como já havia uma autonomia obtida no Colégio Naval, tive de buscar formas de custear o meu estudo. Mais uma vez, por meio de dedicação e comprometimento, na FGV consegui ser aprovado em um fundo de bolsas, que funcionava como um financiamento sem juros, no qual os alunos se inscrevem semestralmente. Os recursos devem ser pagos após a formatura – semelhante aos programas atuais de financiamento estudantis – mas sem juros. Assim, realizei este investimento com recursos próprios, já que paguei parte da FGV durante o período normal e a outra parte após conseguir me formar. Na FGV, obtive média global acima de 8,0, ou seja, uma nota que representa a média dos 10% *top performers*.

Em 2006, voltei para a FGV, com a intenção de realizar o mestrado profissional em Administração de Empresas. Novamente, fiz um alto investimento acadêmico para sedimentação e assim aprofundar os meus conhecimentos. Como fui o segundo melhor aluno do mestrado, tive a possibilidade de fazer o mestrado duplo na Universidade de Chicago Booth School of Business. Lá, especializei-me em derivativos, análise quantitativa de séries temporais e em estratégia empresarial – conhecimentos muito importantes para exercer minha função na área de finanças atualmente.

A escolha pela carreira: ser bom com números e pessoas

A carreira nas finanças é algo bastante complicado de se lidar, pois o profissional que se dedica a esse segmento necessita de competências não só de Humanas, mas principalmente de conhecimento matemático. E agregar áreas tão distintas apresenta diversas demandas, especialmente disciplina e foco em todas as funções exercidas. Nesse sentido, o desenvolvimento precoce de habilidades matemáticas no Colégio Naval, bem como a graduação e o mestrado na FGV e na Chicago Booth, são os maiores fatores do meu sucesso na carreira. Além disso, o fato de possuir capacidades específicas para atuar com finanças e as competências de liderança e gestão de pessoas sempre estiveram presentes em meu cotidiano profissional.

Os primeiros passos como profissional das finanças

O Unibanco marcou o início da minha experiência profissional como analista financeiro de *performance* de fundos de pensão e carteiras de clientes de alta renda. Por ser uma atividade em que havia necessidade de entender profundamente os instrumentos financeiros, inicialmente me incumbiram da tarefa de lidar com a jornada no mercado de capitais, tanto de renda fixa, quanto de renda variável, e derivativos. Para executar tais funções, era necessário o estudo profundo para obter o conhecimento de todos os instrumentos, ou seja, os papéis de renda fixa, como um CDB, uma LTN, uma LFT, uma NTN, e papéis de renda variáveis, tais como ações, debentures além dos derivativos como SWAPs, futuros ou opções.

Em 1997, o Bacen determinou que as gestões de recursos de terceiros deveriam ser segregadas da gestão dos bancos; dessa forma, foram criadas as atuais gestoras de recursos de terceiros das instituições bancárias. Assim, o Unibanco segregou não só a parte jurídica, como também houve separação física das atividades de recursos, cumprindo com as novas determinações legais. Já em 1998, o Bacen instituiu que as gestoras de recursos deveriam ter uma área de controle da gestão de risco. Para tal, fui convidado a fazer parte da criação e implantação do controle de riscos, que foi estruturada da seguinte forma:

- Risco Legal – Criação de controles que aderissem à regulamentação (CVM, Bacen etc.).
- Risco de Crédito – Implantação de uma política de crédito formal e criação do controle de limites.
- Risco de Mercado – Criação de controles adequados para a medição de *Value at Risk* (V@R), Dear, Stress Test.
- Risco Operacional – Criação de controles que minimizassem os erros operacionais.

Em função do meu conhecimento em finanças, fui encarregado desse desafio – o responsável por criar os mecanismos de controle com o desenvolvimento de políticas, limites e relatórios de desvios.

Primeiros desafios e aprendizagem

A implementação de uma área de controle de riscos foi bastante desafiadora, mas o passo seguinte em minha carreira foi me integrar à parte do seleto grupo responsável pelas fusões e aquisições do Unibanco, no auge da consolidação do sistema financeiro, entre 2000 e 2003. Assim, assumi a coordenação de processos complexos de aquisições, estando presente em mais de 300 operações de fusões e aquisições do conglomerado Unibanco marcadas pelos seguintes fatores:

- Êxodo dos Bancos Estrangeiros (Ex.: Bandeirantes, Boa Vista, Ford, Fiat, BBVA, Sudameris, BNL, Loyds, Bank of America).
  - Coordenação das equipes de *due diligence* (levantamento e análise de todos os riscos associados a uma aquisição de um banco), análise do investimento e recomendação de valores de aquisição e estrutura das operações.
  - Operações vencedoras na aquisição: Banco Bandeirantes e BNL (R$ 1,2 bilhão e R$ 100 milhões respectivamente).

- Consumer Finance (Ex.: Losango, Fininvest, Walmart, PontoCred e LuizaCred).
    - *Valuation* e análise completa do investimento e recomendação de faixa de valores.
    - Operações vencedoras na aquisição: Aquisição do Banco Fininvest (R$ 980 milhões) e Hipercard (R$ 630 milhões), *Joint Venture* com Ponto Frio e Magazine Luiza (R$ 100 milhões e R$ 40 milhões respectivamente).
- Bancos Estaduais (Ex.: Banespa, Banestado, BEG, BEC e BESC).
    - Líder e representante legal do Unibanco perante o Bacen / Consórcio de Venda (gestão das informações do *data room*), *valuation* e análise dos investimentos.
- Outros Setores (Internet, Telecom, Imobiliário, Energia etc.).
    - *Valuation* e análise completa do investimento e recomendação de faixa de valores.

Assim, como foram processos competitivos, houve um intenso aprendizado, o que agregou muita experiência à minha carreira.

Ao voltar de Chicago, em 2009, para ocupar um cargo no Itaú, fui alocado para a implementação de uma área de investimentos do banco, em Capex e Opex. Sem dúvida, foi a responsabilidade mais desafiadora e transformadora da minha carreira. Naquele momento, uma nova visão de finanças no Itaú passou a ser tomada nas decisões dos investimentos em tecnologia, abertura de agências e aquisições, com o controle de investimentos. Isso se deu por meio da análise financeira como fator central para os ajustes adequados.

Contornando a crise com decisões criativas e dinâmicas

Atualmente, eu sou o responsável pela área de finanças da ScanSource, empresa importadora e distribuidora de produtos de tecnologia, na qual a área de finanças passou a ser um fator crítico do sucesso. Isso devido ao fato de que a gestão de riscos e de informações precisas foi fundamental para tratar com solidez a crise que ocorria no Brasil no período entre 2015 e 2016.

A ScanSource é um dos principais *players* globais de distribuição de valor agregado, que atua na distribuição de soluções de Comunicação Unificada e Colaboração, Infraestrutura de Redes, Infraestrutura para Data Center, Segurança da Informação, Segurança Física, Cloud Computing e Computação, na América Latina. Com o objetivo de ampliar as oportunidades dos negócios dos canais parceiros, a empresa possui uma oferta atualizada e ampla, seguindo o conceito de *one-stop-shop* de produtos e soluções.

O meu ingresso na ScanSource ocorreu em junho de 2013, como uma proposta de me desafiar profissionalmente e de ingressar no mundo das finanças de empresas. No fundo, trata-se de um cenário bastante distinto do ambiente bancário. Entretanto, por estar inserido no mundo de tecnologia, é um setor bastante dinâmico e complexo. Tais características sempre me levam a melhorar a cada dia – buscar mais conhecimento. Ao lidar com tecnologia, é imprescindível que haja foco para estar sempre preparado para compreender as novidades que estão prestes a surgir no mercado.

Evolução da estratégia de *hedge* cambial:

Fase 1 – Por projeto.

Fase 2 – Por projeto mais 50% estoque.

Fase 3 – Cobertura de 50% da exposição cambial, mas com contratação por projeto.

Fase 4 – Cobertura de 100% de exposição cambial com rolagem mensal do *hedge*.

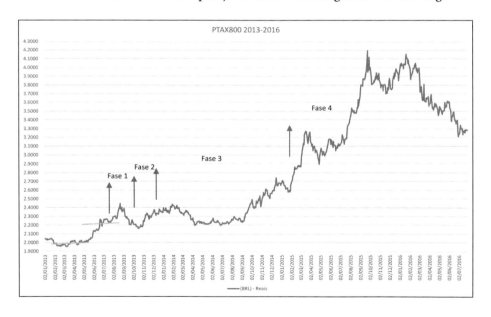

Estratégias para lidar com o mercado

No segundo semestre de 2013, o patamar do dólar saiu de aproximadamente R$ 2,00 para R$ 2,20, e para uma posição de exposição de passivos em USD 20 MM de dólares significou uma perda cambial de aproximadamente R$ 4 MM. A partir dessa situação, houve a motivação para se criar estratégias de protecionais de variação cambial, para qual preparei análises, que suportavam a existência de ter um custo de *hedge*. Porém, a mitigação de risco compensava este custo.

A estratégia de proteção à exposição cambial passou por quatro fases distintas, sendo que se iniciou com uma iniciativa tímida de efetuar *hedge* para projetos acima de USD 1 milhão, porém seu efeito foi limitado, pois a sua eficácia era determinada por projetos e com uma proteção de margem financeira, o que de certa forma gera um descompasso. Na segunda fase, houve a inclusão da proteção de parte do estoque. Já na terceira fase, criou-se uma política de *hedge*, com o intuito de se ter entre 50% a 70% de cobertura da exposição cambial. E, finalmente, foi implementada uma nova política de *hedge*, com 100% da exposição cambial contábil.

A minha função até a terceira fase era de acompanhar e analisar as estratégias utilizadas. E, posteriormente, passei a ser o responsável pela tesouraria e pelo *hedge*. Assim, ao assumir a tesouraria em fevereiro de 2015, coloquei em prática a estratégia de 100% de *hedge* cambial. Por meio dessa abordagem, abandonando a admissão por projeto, teve início a contratação de 100% da exposição independentemente do prazo de pagamento, mas com uma metodologia de rolagens mensais. Essa estratégia é bem aderente, pois o prazo de pagamento, que é de aproximadamente dois meses, permite uma minimização da separação entre passivos e ativos de uma forma bastante harmônica.

Assim, no ano de 2015, marcado por uma fase extremamente instável e com expectativas negativas por parte dos consumidores, empresários e economistas, o papel de finanças e a gestão eficiente de risco foram fundamentais para estabilizar os resultados da empresa com a maior mitigação de risco possível.

Dessa forma, o controle e o domínio de riscos cambiais, com a nova política de *hedge* cambial, geraram resultados positivos. Em vez de cobrir 50% da exposição de USD 20 MM, ao implementar o *hedge* cambial de 100% da exposição, a estratégia mitigou o risco cambial. A ScanSource evita uma perda estimada entre R$ 7 MM e R$ 9 MM (exposição não coberta de USD 10 MM com dólar que estava em R$ 3,30 e foi para o patamar de R$ 4,10) com essa ação de controle, o que agravaria ainda mais a situação em um ano de perspectivas negativas. Concomitantemente, foi executado um programa de reduções de custos de pessoal, com ganhos de produtividade em *compliance*, utilizando as melhores práticas de SOX.

Mudanças necessárias e soluções práticas

Sob o aspecto de finanças, houve uma profunda mudança de práticas e processos, de forma que foi fortalecida com os fornecedores a imagem da

ScanSource, com as negociações diretas de simplificações operacionais, como centralização de pagamentos, em vez de realizar tais operações quinzenalmente. Entretanto, com um cumprimento muito rigoroso do combinado, sem nenhuma falha, e com o controle e domínio total do ciclo de pagamentos.

Além disso, foi realizado com sucesso o *compliance* em todas as áreas, de forma que as demonstrações financeiras estivessem com uma aderência total à realidade financeira da empresa.

Após as modificações, foi necessário o início de um novo ciclo de melhorias e aumento de eficiência, com a intenção de otimizar novamente os resultados. Assim, a estratégia não só influenciou o setor de finanças, mas outras áreas por meio de controles adicionais, como o estabelecimento de níveis de serviço, de acordo com a despersonalização dos atendimentos e redefinições de papéis e responsabilidades.

O processo de transformação precisou ser perene, mas ao mesmo tempo suave, de maneira que as boas características não fossem perdidas. A execução de uma estratégia brilhante de ser uma empresa de distribuição de tecnologia *full stack*. Ao mesmo tempo, a empresa aumentou a sua presença em fornecedores-chave como a Cisco, a HP, e a Dell, além de ter aumentado de 78 para 106 fabricantes.

O planejamento estratégico impecável, com uma execução muito bem realizada – além do suporte financeiro da matriz – possibilitou à ScanSource enfrentar a crise brasileira de forma bastante consistente e em melhores condições do que seus concorrentes diretos. O mais importante não é somente ter a estratégia e a gestão atuando em sintonia, mas também preparar equipes com gestores muito qualificados e comprometidos com eles mesmos e com a companhia.

CLAUDIO FAZZINGA OPORTO
Experience: Chief Executive Officer Brazil at Rituals

No Final, Nós Somos Nossas Escolhas: Construindo Empresas de Sucesso

Comecei minha carreira trabalhando na ExxonMobil, quando me formei. Eu cuidava da área operacional, em operações e logística. Foi uma grande escola profissional, onde aprendi muito sobre processos e atenção aos pequenos números. Logo depois, fui para a consultoria de estratégia aqui no Brasil, trabalhando em projetos no país, nos Estados Unidos e na Europa. Quando se trabalha com consultoria, você não é efetivamente um executivo. Trabalha-se muito no *high level* de consultoria, de estratégia, de planejamento, mas não se executa a ação. Na verdade, você entrega na mão do executivo que o contratou e espera que ele vá fazer acontecer.

Saindo da consultoria entrei no Unibanco. Na época, meu sonho era ter um "P&L" próprio, então conheci uma pessoa que me indicou para uma posição na Natura, que me daria a oportunidade de, no futuro, ser o responsável por uma operação fora do País, o que me faria ser dono de um "P&L" e responsável pela internacionalização da marca, fazendo o planejamento para diversos países. Ou seja, não fui para a empresa por conta da indústria de cosméticos e, sim, pela oportunidade de ser um executivo de fato. Na verdade, nunca passou pela minha cabeça entrar nessa indústria. Cheguei a ser alvo de brincadeiras de amigos engenheiros, consultores e amigos de banco. Até dentro da minha família passei por isso. Meu pai é engenheiro civil e dizia "Vai fazer creminho agora? Que história é essa?".

Acontece que, quando estava na faculdade de Engenharia Civil, na Unicamp, fiz uma especialização em pontes estaiadas em Tóquio. Passei um ano no Japão estudando, então meu pai realmente achava que eu seria um engenheiro, mas, de repente, eu estava na Natura "fazendo creme". Obviamente, uma área é totalmente diferente da outra. Eu fui para a área de internacionalização, que é quase planejamento, e tive pouco contato com a produção. Foi o meu primeiro contato com essa indústria, que é apaixonante em diversos sentidos. Você trata de autoestima e beleza da mulher, que é um ser que, se você tem irmã, filha ou namorada, você acha que conhece, mas sobre o qual quanto mais se estuda, menos se sabe. Isso é muito legal, estar em um mercado em que todos os dias se aprende. Então eu, que era um engenheiro, consultor, um cara de banco, extremamente quadrado, duro, fui parar em um meio extremamente feminino e falar sobre coisas das quais nunca tinha falado. Os cinco anos de Natura me deram uma dimensão muito diferente da vida.

Foram quase dois anos fazendo a internacionalização da marca, mais de 33 planos de negócio. Definimos três países onde a empresa poderia potencialmente ir: Rússia, Estados Unidos e Inglaterra. A operação nos Estados Unidos foi a primeira aprovada. Isso foi de 2006 para 2007 e o presidente da Natura na época, Alessandro Carlucci, que é uma pessoa por quem tenho grande carinho até hoje, me disse que eu não iria tocar a operação porque eu não tinha, efetivamente, conhecimento como executivo ainda. Ele me mandou para a região Norte e Nordeste do Brasil para pegar um pouco o "jeito". A melhor coisa que ele poderia ter feito. Foi aí que tive meu primeiro contato como executivo de fato. Foi ótimo, um grande aprendizado, pois eu só tinha experiência analítica, com números, planilhas, análises e, do nada, passo a cuidar de 350 mulheres na venda direta. Essas promotoras respondiam para 50 gerentes, dos quais 47 eram mulheres. Um universo totalmente diferente do que eu estava acostumado.

No primeiro mês, achei que seria fácil, porque tinha feito 33 planos de negócio, tinha todos os modelos matemáticos e financeiros. Eu estava em Recife, sentei à mesa e detalhei os números, escrevi, apertei o botão e "faça-se a luz, daqui a três semanas eu vejo o que acontece". Só que, após esse tempo, eu vi que os números estavam todos errados. Foi um fiasco tudo o que eu havia planejado. Então, pensei "Estados Unidos vai dar errado!". Certamente minhas planilhas deviam estar com problemas! Liguei para o Carlucci e falei que era melhor parar a operação. Ele riu e me disse que foi por isso que ele havia me mandado para o Norte e o Nordeste do Brasil em vez do mercado internacional. Ele falou: "Você se esqueceu das pessoas. Sem elas, você não faz nada do que está querendo fazer. Vai para o campo, vai falar com as gerentes, vai falar com as promotoras, vai ver como é a vida real". E foi o que eu fiz, passei quase três meses seguidos rodando o Norte e o Nordeste. Conheci uma mulher, que era quem mais vendia o perfume Kaiak no Brasil inteiro. Ela saía por volta das cinco horas da manhã, de charrete, no interior da Bahia, com seis caixas de 25 frascos e ia vender nos sítios e roças. Ela vendia muito, mas muito mesmo. Eu tinha de ver a vida dessas pessoas, o que as motivava a vender. Não adianta falar em crescer 18% ou 15%, isso não as motivava. Eu comecei a entender o lado humano dos números e trouxe isso para a planilha, porque, no fim das contas, o número não mente. Enfim, transformei a região, e trouxe grande crescimento para a empresa em apenas um ano. E fiz isso juntando o que eu sabia de números com a humanidade da questão da motivação. Meu estilo de liderança é mais "vem comigo", de fazer acontecer junto, despertar o melhor de cada um, e este é o meu propósito, fazer as pessoas se sentirem valorizadas. Eu peguei um time "patinho feio" e transformei em um de altíssima *performance*.

Em 2008, com os problemas que os Estados Unidos estavam enfrentando, a empresa decidiu não investir mais lá. Então, me mandaram de volta para São Paulo com um escopo um pouco diferente, que seria cuidar da unidade de negócios da cidade, como diretor de unidade de negócios, que seria fazer basicamente a mesma coisa que fiz com o Norte e Nordeste, mas com escopo ampliado. A Natura é uma empresa que admiro até hoje, onde eu fui muito feliz. Gosto do conceito, da marca e dos produtos. Eu achava que ia ficar lá para o resto da vida, aí veio O Boticário... E o que parecia ser apenas uma outra proposta tornou-se o *case* da minha vida.

Ação é a chave fundamental para qualquer sucesso

Por seis meses, fiquei namorando O Boticário. Isso foi em 2009, uma época em que a Natura tinha 27% de *market share*, enquanto O Boticário tinha seis. A primeira era vista como uma empresa inovadora, criativa e crescia 25% ao ano, e eu já estava lá há cinco. Já a outra era uma empresa com cara de velha, com produtos antigos, "da vovó", precisando ser reinventada. Para mim, estava tudo bem, não tinha por que sair de uma empresa grande para outra menos inovadora. Durante minhas conversas com a empresa, falei com os diretores e os donos e em nenhum momento me disseram o que eu faria lá. Por razões óbvias, eu acreditava que eles queriam que eu fizesse a venda direta, a parte de criar consultoras e venda porta a porta, já que O Boticário era uma empresa com um modelo de negócios que abrangia franquias em shoppings e na rua, distinto do que era feito na Natura. Minha ideia lógica era a de que, se estavam me procurando, queriam entrar na venda direta.

Passados seis meses, os donos da empresa me disseram que não podiam me dizer o que queriam que eu fizesse. Um mês depois, em julho, recebi um telefonema deles, e fomos jantar. Foi feita então a proposta para mim.

Eles me disseram que a rede tinha 2.300 lojas e acreditavam que não tinham mais espaço para crescer muito neste ponto, portanto queriam ir para a venda direta, mas não com a marca "O Boticário", e sim uma nova, com novos produtos, novas pessoas, tudo novo. Então, minha missão seria criar tudo do zero. No dia 19 de agosto de 2009, comecei na empresa e descobri que apenas nove pessoas lá dentro sabiam desse projeto. Em Curitiba, eu tinha uma sala como Diretor de Projetos Especiais.

Assim, iniciou-se a maior aventura da minha vida, quando comecei, de fato, o meu *case*, que é a construção de uma empresa nova. O Artur e o Miguel, os donos da empresa, me deram toda a liberdade do mundo com capital, desde que eu comprovasse o retorno do investimento. No final das contas, a marca, que era para ser somente de venda direta, se tornou multicanal, ou seja, além da venda direta, lojas e *e-commerce*. Foram seis meses desenvolvendo o que se tornou a Eudora. Depois, foram mais doze meses desenvolvendo produtos e canais. No dia 11 de fevereiro de 2011, lançamos a marca Eudora para a imprensa. Já tínhamos 184 produtos, quatro lojas montadas, estoque pronto e a venda direta em Minas Gerais e São Paulo armada para começar a vender. Eu tinha montado um escritório em São Paulo de dois mil metros quadrados, já contava com 64 pessoas contratadas e nada havia vazado para a imprensa. Em apenas três anos, estávamos com 564 funcionários, 484 produtos, faturando dezenas de milhões de reais. Foi um enorme sucesso e eu era um dos responsáveis por aquilo, juntamente com uma equipe fantástica comigo.

Montando uma equipe de sucesso

Comecei buscando pessoas que eu já conhecia, com quem tive contato no passado, muita gente da Natura. Mas também busquei quem não tinha nada a ver com o mercado de cosméticos, que trabalhavam em banco, consultorias, de competências diferentes. Conseguimos um empréstimo do BNDES por inovação em serviços, não em produtos, porque nosso projeto foi considerado o mais inovador nesse quesito. Disseram que éramos o Google dos cosméticos. No escritório, montei uma plataforma baseada na que vi na própria empresa do site de buscas, nos Estados Unidos e em várias que visitei no Vale do Silício. Tínhamos Wii para o pessoal jogar, mesa de ping pong, de futebol de botão, sala de criação... Isso porque, durante o processo de *startup*, varávamos a madrugada trabalhando e ninguém do lado de fora podia saber. Os funcionários ficavam engajados, porque criamos um ambiente no qual todo mundo dava um pouco de si, todo mundo foi um pouco autor. A média de idade da equipe era de 26 anos e eu tinha 36.

Quisemos montar uma empresa inovadora de verdade, em vários sentidos. De produto, conceito e para quem estava trabalhando lá dentro. O sentimento era de desafiar o *status quo*. Todos nós preferíamos ser os piratas do que nos juntarmos à Marinha. As pessoas se ajudavam em diferentes áreas, Processos se juntava com Produtos que ajudava Logística, por exemplo. Eu tinha todo mundo integrado, fiz um *open space*, um ambiente muito descontraído. Isso fez boa parte do sucesso da empresa, porque as pessoas davam o sangue e conseguimos fazer a *startup* em pouco tempo e com produtos de excelente qualidade.

Ganhamos diversos prêmios de perfumaria e outras categorias. As embalagens eram, 98% das vezes, o que é chamado de *standard*, que é uma embalagem igual para todos os produtos, mas com uma etiqueta diferente para cada. Porém, isso costuma fazer com que o valor percebido pelo consumidor tenda a ser menor. Apesar disso, nas pesquisas de opinião, descobrimos que a Eudora era percebida pelas pessoas como superior ao Boticário, mas nossos produtos eram, em média, 20% mais baratos do que os da marca.

Também quebramos barreiras em relação ao canal porque desenvolvemos lojas, e a ideia inicial era apenas a venda direta. Mas acontece que, quando o conceito da marca me pedia para ter loja, não dava para ter só porta a porta. Conceitualmente era importante, mas seriam apenas umas quinze ou vinte lojas no Brasil inteiro, bem diferente das 3 mil d'O Boticário. Além disso, o desenvolvimento de produtos dentro da empresa era de dois anos, e conseguimos fazer em apenas um. Em 2014, a Eudora já tinha três anos de vida, estava rodando e eu já tinha deixado meu legado. Era só uma questão de fazer ajustes e continuar. Por isso, era hora de seguir em frente, rumo a um novo desafio.

No segundo semestre daquele ano, fiz consultoria para algumas empresas. Nesses seis meses, fui abordado por muitas *private equity*, porque geralmente pensavam que, se eu tinha trabalhado com *startup* e tinha dado certo, era a pessoa perfeita para trabalhar com eles. Porém, eu não achava que era o momento ainda. Então, eu decidi fazer consultoria e ajudar as empresas que estavam iniciando seus projetos.

Fazer uma nova empresa pode se tornar algo viciante. Se você realmente quer fazer alguma coisa, você encontrará um jeito. Se não quiser, encontrará uma desculpa. Por isso, acredite no seu potencial, mesmo que você não tenha visto os resultados. Afinal, o sucesso não é medido onde você começa, mas onde você termina. E no final, nós somos nossas escolhas!

CLAUDIO KALIM
Experience: Chief Executive Officer at Africa Zero

Saia do Conforto do Escritório e Busque Conhecer a Realidade do Seu Cliente. Entenda Aquilo que Seu Consumidor Quer

Nunca havia pensado em ser publicitário, até entrar em contato com o que a profissão representava. Na juventude – influenciado pelos filmes – havia pensado em seguir uma carreira voltada ao Direito. Entretanto, pelo fato de gostar de defender meu ponto de vista, e toda a imagem que eu havia criado por meio de influências, naquele primeiro momento esse foi o curso escolhido.

Após uma conversa com uma colega que estava perto de se formar em Direito, ela comentou que se pudesse optar por um próximo curso seria o de Publicidade e Propaganda. Isso despertou a minha atenção. Com a curiosidade aguçada, resolvi pesquisar sobre o assunto e acabei me enveredando para essa carreira. Paralelamente, sentindo a necessidade de ter contato com algo mais teórico e, vindo de uma família na qual todos estudaram Economia, também cursei essa faculdade. De manhã, eu me dedicava à Publicidade e Propaganda, na ESPM, e à noite, estudava Economia, na USP. Foi uma época muito exigente e produtiva, em que pude desenvolver meu potencial em duas faculdades prestigiadas.

Ao término do primeiro ano do curso de Publicidade, comecei um estágio na agência de publicidade Ênio Mainardi Propaganda. Minha primeira função no segmento da publicidade foi na área de criação. Desenvolvia títulos para *outdoors*, sendo que nosso cliente era a Perdigão. Dentro da agência, notei que tudo girava ao redor do Ênio, e assim me aproximei dele. O Ênio gostava da ideia de ter um rapaz novo, com vontade de aprender e que o admirava. Participava das reuniões e dos processos da empresa. A partir dali, tive a certeza de que essa era a minha vocação: participação, influência e liderança nos processos, além de demonstrar conhecimento em todas as áreas da agência, onde trabalhei por cerca de um ano.

Não espere as coisas caírem do céu, vá atrás dos sonhos

Em 1996, houve um processo seletivo na ESPM para trabalhar na J. Walter Thompson (JTW). Tratava-se da primeira turma de *trainees*. Para a área de atendimento foram selecionadas duas pessoas: eu e a Didi Wagner, que hoje é apresentadora de TV. Dentro da JWT, tive contato com uma empresa mais estruturada, contratos de multinacionais, clientes como a Nestlé, a Unilever, a Kellogg's, e consegui algo mais próximo do que a gente vive hoje. Participei diretamente do lançamento de um chocolate da Nestlé, o Kit-Kat. A Yopa era nossa cliente e fornecia sorvete para a agência; eu ficava com a chave da geladeira, ou seja, a distribuição para a galera do escritório ficava por minha conta!

Assim que acabou meu período de trainee na JWT, tive a chance de trabalhar durante um ano em uma agência menor, mas bem interessante, a Lage'Magy. À época, a empresa tinha como sua principal cliente a Cachaça 51. Portanto, com três anos de carreira, eu possuía a experiência de ter atuado em três lugares diferentes. Hoje, ao analisar um currículo, penso que esse é um detalhe importante, pois se a pessoa trabalhou em muitos lugares sendo jovem, significa que pode ter uma visão mais ampla do mercado.

Faça da melhor maneira possível aquilo que o cliente precisa para ter o melhor resultado

Posteriormente, trabalhei na Fischer & Justus, uma empresa consolidada, que possuía vários clientes importantes, como a Brahma. Comecei a trabalhar no departamento de Comunicação Total. Uma das atribuições que meu departamento detinha era de pensar em ações diferenciadas para a Brahma durante a Copa do Mundo da França, em 1998. Lembro que naquele período não existia ainda a internet banda larga do nível que utilizamos hoje. Criamos toda uma estrutura de grande porte para lidar com essa ação. Colocamos em prática o uso de fax, computadores, telefonia... Todo o possível, que funcionasse como um centro receptivo para a imprensa, muito próximo à concentração da Seleção Brasileira.

A ideia era que os jornalistas fizessem as entrevistas e visitassem a Casa da Brahma. Além desse ambiente, criamos um Bar Brahma em frente à Torre Eiffel. Para embarcar para a França e participar de todo o projeto, fiz muito esforço para aprender francês em três meses – era a condição para participar do projeto.

Aos 23 anos, por ser muito responsável e focado, já contabilizava a experiência de ter passado por quatro empresas. Pouco depois, aceitei o convite para ingressar na Editora Abril, por intermédio de uma pessoa que havia sido meu chefe na Fischer & Justus. Passei algum tempo na Abril e participei de alguns projetos interessantes, ligados às áreas de esporte e música. Posso dizer que foi uma experiência breve, mas frutífera. O trabalho mais importante que desenvolvi foi o Super Surfe, campeonato brasileiro de Surfe, uma marca que eu criei e fez bastante sucesso.

Não se preocupe em errar. Os erros fazem parte e você vai errar muito, mas aprenda com eles e os conserte o mais rápido possível

Com o "boom" da internet, muitos jovens publicitários receberam propostas de emprego dizendo que era possível ficarem milionários. Tive um convite para colaborar na Internet Security Systems, uma empresa estrangeira, para assumir como diretor de marketing, com 25 anos. Essa foi minha segunda experiência fora de uma agência. Não foi um período tão enriquecedor, pelo fato de não terem me oferecido exatamente o que me fora proposto. Insatisfeito, resolvi regressar para o mercado que já conhecia bem.

Iniciei uma nova etapa, em uma agência "pulsante", com vontade de crescer. Certamente, essa foi a melhor experiência que tivera até então. Contávamos com clientes poderosos, como a Nike, a Sony, o Morumbi Shopping, além de lançamentos imobiliários, com o êxito de vender em 24 horas todo o lote. Além disso, foi nessa agência que eu conheci diversos profissionais como a Ana Lucia Serra, que contribuíram para minha formação como profissional de atendimento. Havia também o Tomás Lorente, para mim o melhor diretor de arte da propaganda brasileira.

Aprender a trabalhar em equipe é uma das mais importantes habilidades que adquiri na agência. As coisas simples poderiam ser observadas nos detalhes. Esse procedimento era o que deixava o *job* incrível, diferenciado. Fazer fluir a informação de forma rápida e fácil, até pela questão do espaço físico, pois não havia uma parede sequer no escritório. Com toda a equipe realmente muito engajada, diversas coisas sobressaíam e passei quatro anos na companhia. Foi quando recebi a proposta para colaborar na Africa Propaganda.

Duas coisas me atraíram muito para aceitar esse desafio; uma delas era trabalhar com um cliente de prestígio, um dos maiores anunciantes do País; no caso, o Banco Itaú. O segundo fator foi a oportunidade de atuar com o Nizan Guanaes, que considero um gênio, extremamente visionário. Definitivamente, ele enxerga anos à frente dos demais.

A primeira campanha da qual participei foi a criação de *outdoors* personalizados – uma campanha do Banco Itaú, que é lembrada até hoje. Não se tratava somente da magnitude dos clientes, mas também da oportunidade de realizar projetos incríveis. Havia um *mix* de seriedade da equipe, com o prazer de desempenhar o trabalho. Poder me desenvolver em um ambiente agradável, produtivo, ao lado de profissionais como o Nizan, além de outros companheiros renomados, foi um período enriquecedor e prazeroso.

Um *case* inesquecível: a força da marca que não precisa ser mencionada

Certamente um *case* de sucesso marcante em minha carreira foi uma campanha memorável desenvolvida para o Banco Itaú em 2006. Tratou-se de um filme produzido para a Copa do Mundo chamado "Inconfundível". A ideia foi a de produzir o filme sem mencionar a marca do banco – nada que indicasse que se tratava da instituição Itaú. Isso se deu por meio de uma chamada impactante: "Você sabe muito bem qual é o banco feito para você". A grande dúvida durante a reunião de aprovação consistia em saber se havia sido uma boa ideia não mencionar o nome do banco. Alguns disseram que era melhor refazer, citar o nome, outros opinaram que não seria necessário. O vice-presidente do Itaú resolveu chamar a secretária, pedindo que ela assistisse ao filme, sem informá-la sobre o objetivo da discussão. Ao término do filme, ela disse que era muito lindo e bem produzido. O vice-presidente explicou que faltava menção ao nome do banco – e ela replicou que realmente não fazia diferença, pois o filme tinha a cara do Itaú, possuía a identidade da instituição. O executivo, portanto, aprovou a ação.

A importância de estar próximo ao cliente

Em 2007, assumi como o responsável pela conta da Vale do Rio Doce, uma empresa emblemática, mas que não possuía a cultura de comunicação em massa. Isso se explica, basicamente, por ser uma companhia que não vende apenas produto no varejo, mas sim precisa vender reputação para as pessoas. Precisávamos gerar campanhas institucionais. O primeiro desafio era saber lidar com o segmento dessa empresa, afinal, trabalhar com cervejarias, montadoras de automóveis e bancos, que o público em geral tem contato em seu cotidiano, é uma coisa. É bem diferente atender uma empresa cuja maior parte do mercado consumidor possui somente uma noção distante da identidade real do seu cliente. Isso gera outro desafio, pois como não era tão popular para os "criativos", não despertava tanto a atenção, e a missão era elevar isso. Efetivamente, isso refletia no tamanho da conta dentro da agência. Para isso, foi necessário um extenso estudo – algo de que eu gosto muito: conhecer a empresa a fundo. A questão geográfica atrapalhava, pois a Vale fica no Rio de Janeiro. Percebi a necessidade de estar presente ou relativamente próximo ao cliente. Viajava várias vezes por semana, ficava na empresa e conversava com todos os departamentos, não somente com o marketing e comunicação, com o intuito de entender a instituição. Dialogando, oferecia soluções para atender às necessidades de cada setor. Isso acabou triplicando a conta no período de um ano. Participamos da mudança da marca Vale do Rio Doce para Vale, e uma consultoria internacional foi contratada para a pesquisa da nova marca. Após a definição, realizamos a campanha em cerca de 50 dias, sob sigilo absoluto. Foi uma grande experiência, amparada por uma campanha internacional a partir do Brasil, e com ações simultâneas em 30 países, com respeito aos seus respectivos idiomas e culturas.

Não fazíamos somente filmes e anúncios; outra campanha célebre foi a "Brasil que Vale" – 50 episódios filmados pelo Cacá Diegues. A campanha trazia a imagem de dois meninos ao redor do Brasil, mostrando a contribuição social da Vale, destacando ações como a restauração dos azulejos do São Luís, no Maranhão, até a plantação de mudas de mata atlântica no Espírito Santo. Não adianta fazer publicidade somente sentado na cadeira, na frente do computador, procurando soluções na internet e mandando e-mails. Você precisa estar onde o cliente está e vivenciar a sua realidade.

Prêmios e imprevistos

No mesmo grupo, agora na DM9, observei uma nova maneira de trabalhar, a "criação" tinha uma força maior. Não trabalhava junto com eles, e sim para eles. A Intel estava fazendo a concorrência para sua conta global – como eu já os conhecia e havia trabalhado com eles, fiquei como o responsável. Eles pediram para pessoas do mundo todo participar. Eu atuei nesse *Pitch* perto de São Francisco, nos Estados Unidos. Representantes da China, Inglaterra e os líderes de Nova Iorque e de São Francisco. Lá eu percebi que não é muito diferente do Brasil; talvez em alguns recursos e na organização. A apresentação era na sexta-feira de manhã. No dia anterior, estávamos repassando o projeto quando perguntaram se alguém conhecia o local da apresentação. Uma mulher do time de Nova Iorque pegou o notebook com fotos da sala e o modelo do projetor. A campanha era da mesma cor do fundo da apresentação, ou seja, não sabíamos se conseguiríamos ter visibilidade da apresentação adequadamente. E não tínhamos tempo para mudar tudo. Deram a ideia de comprar a maior TV, com a melhor resolução possível em uma loja. Na manhã seguinte, estávamos com uma TV de 70 polegadas preparada, mas não foi necessário, pois a apresentação foi perfeita e ganhamos o *Pitch*. Foi um momento importante para ver a forma que eles trabalham no exterior, como eles lidam com os imprevistos.

Voltei para o Brasil e retornei à agência Africa. Sempre fui ligado a novos negócios, prospecção. Eu gostava de conhecer, falar com muitas pessoas, e foi dessa maneira que desenvolvi mais habilidades. Permaneci nesse setor de novos negócios e me encontrei como profissional. Fiquei à frente do escritório do Rio de Janeiro e, um ano depois, me convidaram para trabalhar na Africa Zero, como diretor geral em uma agência nova, onde me deparei com perfis diferentes de clientes. Percebi que estava atuando como um gerador de negócios. Após um ano e meio, triplicamos o faturamento. O modelo foi bem aceito, os recursos eram adequados, com proximidade dos executivos. E tudo com a vontade de crescimento e desenvolvimento dos clientes. Lá desenvolvi um lado empresarial em que, apesar de não ser o dono, atuo como o gestor.

Nesse ínterim, fundei o Grupo de Atendimento em 2013, cuja ideia é trabalhar a formação do profissional de atendimento. Percebemos que os líderes das principais agências atualmente são profissionais de atendimento. Pessoas mais ligadas aos negócios e que possuem bom relacionamento com os clientes, com a possibilidade de virarem gestores. É cada vez mais difícil encontrar bons profissionais no mercado – trabalhamos a cada ano com palestrantes e cursos internacionais para formar novos líderes. Fui diretor financeiro e na atual gestão fui eleito Presidente do Grupo de Atendimento. Recebi o prêmio da Associação dos Profissionais de Propaganda (APP) como Profissional de Atendimento do Ano. Temos de aprender sempre – não gosto de olhar para trás para falar da minha carreira, pois acredito que tenho muito a realizar ainda. Uma frase do Nizan Guanaes sintetiza bem o que penso: "Tenho muito respeito pela minha ignorância", o que demonstra um perfil de humildade. Isso é plena consciência de que eu não sei tudo, não tenho como saber tudo. Mas a busca incessante por conhecimento, por meio de aprimoramento, sempre estará presente.

Propaganda não é arte, propaganda é negócio

Boas ideias dão resultado, não é só o bonito pelo bonito. Mas é possível ter arte nos negócios – existem grandes obras de arte a serviço dos negócios. As pessoas precisam comentar na rua. A propaganda atual é mais abrangente, voltada para o dia a dia e, por conta da tecnologia, temos uma interação maior. Hoje, você propaga uma ideia e tem uma interação muito mais rápida com o seu *target*. É uma responsabilidade enorme, pois tem de ser mais assertivo – você fala diretamente com o público-alvo e recebe o *feedback* quase que instantaneamente.

Seja curioso, goste do que faz e corra atrás. O profissional do atendimento não faz nada sozinho, é essencial ter um bom relacionamento com as pessoas, não só com os clientes, mas internamente também; do porteiro ao presidente da empresa. Precisamos ser bons ouvintes para conseguir expor nossas ideias com clareza. Tenha sempre algo para desestressar. Tenha um momento para você.

Melhor do que exaltar glórias alcançadas, é se preparar para o próximo desafio. Quando você possui um sonho, não é para trás que deve olhar, nem desanimar com os imprevistos, mas, sim, manter-se firme até concretizá-lo. Os aprendizados adquiridos precisam iluminar a mente do indivíduo a todo instante. O conhecimento é a melhor ferramenta para rejuvenescer as pessoas, forjar profissionais qualificados e, acima de tudo, proporcionar qualidade de vida.

DANIELLE BIBAS
EXPERIENCE: CHIEF BRAND COMMUNICATION & CONTENT OFFICER GLOBAL AT AVON

A Força Feminina no Marketing Mundial

Desde que me conheço por gente, sempre fui ambiciosa. Desde muito jovem me sentia impulsionada a crescer, tanto na vida pessoal quanto na minha carreira. Tinha uma vontade muito grande de viajar, conhecer o mundo e me tornar uma alta executiva e profissional de sucesso.

Para começar falando das minhas influências, é necessário, obviamente, citar meus pais, que estão casados há 45 anos, o que é bem raro de se ver hoje em dia. Minha mãe é brasileira e meu pai é francês. Ele trabalhou por muito tempo com engenharia e, como sempre foi uma pessoa *gourmet*, quando se aposentou, abriu um restaurante e se dedicou bastante aos vinhos. Ele me dizia que, se eu quisesse me destacar profissionalmente, eu teria de ser a melhor, porque ninguém se lembra de quem foi o número dois, o segundo lugar, quem ganhou a medalha de prata. Existe um lado didático na máxima "o que vale é participar", mas chega uma hora na vida em que, se há a vontade de se destacar, devemos ser realmente bons.

Além dos meus pais, algumas pessoas foram modelos de liderança nos quais me inspirei para construir a minha carreira. Um deles é um tio, Joaquim Castro Neto, que foi presidente de banco aqui no Brasil. Ele estudou na Fundação Getúlio Vargas, assim como eu, e também começou como estagiário. Cresceu por mérito próprio e, eventualmente, tornou-se presidente da companhia.

Outro modelo para mim foi uma líder que conheci quando morei na Europa, no meio da minha carreira. Seu nome é Elizabeth Ronn. Em determinado momento, ela foi a responsável pela disciplina de marketing dentro da Procter & Gamble quando eu trabalhava na divisão de *fabric & home care* da empresa. Certa vez, ela me disse, "Danielle, você pode ter tudo, mas não ao mesmo tempo". Isso significa que terão épocas em que a vida profissional irá muito bem, mas a pessoal não, e vice-versa. É uma questão de maturidade entender que a vida passa por ciclos.

Mais tarde na minha carreira, quando morei no Canadá, tive um chefe chamado Tim Penner. Ele foi um dos maiores exemplos que tive sobre balanço de vida pessoal e profissional. Tim era muito focado, entregava resultados e estava sempre demandando mais do time, mas, no fim de semana, ia para a casa de campo ficar com a família e raramente trabalhava. Seus horários também eram balanceados. Estas são coisas que considero muito importantes, e só conseguimos chegar neste ponto quando temos um nível de disciplina altíssimo.

Carreira

Comecei a trabalhar aos 15 anos, em lojas. Mas meu primeiro emprego dentro da minha área foi quando fiz estágio em marketing no Unibanco. Nessa época eu estudava na FGV e trabalhei no banco por um ano e meio. Foi incrível, pois cresci muito rápido lá dentro. Mas eu estava vendendo serviços, o que, na época, começo dos anos 1990, não era a coisa mais importante dentro do Marketing. Hoje em dia, vender serviço tem um *glamour* tão grande quanto vender produto, mas naquela época, não.

No meu período dentro do Unibanco, um dos aprendizados que tive foi que, não apenas o trabalho em si, mas o ambiente onde se trabalha também é importante. Eu adorava as pessoas com quem trabalhava, e isso faz uma grande diferença no seu dia a dia e bem-estar.

Passei pelo processo seletivo da Unilever, que já era a grande empresa de bens de consumo no Brasil. A dificuldade é que ela já era, naquela época, uma companhia enorme, com muitas pessoas, onde a carreira geralmente se desenvolve mais lentamente. Numa empresa gigante, para você se sobressair, demora e é necessário ter paciência.

Também fui entrevistada pela área farmacêutica da Johnson & Johnson, que era e continua sendo uma das áreas mais lucrativas da empresa, mas não me identifiquei muito com as pessoas que me entrevistaram. Acredito que toda vez que vamos em uma entrevista de emprego, é importante olhar para o entrevistador e se perguntar "eu quero ser como ela ou ele daqui a alguns anos?".

Uma área que me interessava muito era a de Consultoria, pelo desafio intelectual que propõe, mas a ideia de trabalhar 24 horas por dia, sete dias por semana nunca me agradou. A vida fora do trabalho é algo muito importante para mim. Então apareceu a Procter & Gamble.

Quando entrei na P&G, a empresa era muito pequena no Brasil, mas era uma gigante de marketing no exterior e uma grande escola. Então fiz uma aposta, que foi ir para a empresa pequena. Fiz isso porque, caso eu crescesse dentro da companhia, seria muito mais rápido do que em uma maior, mais estabelecida aqui.

Na Procter, aqui no Brasil, o alto da minha carreira no quesito aprendizado foi com o Jorge Mesquita. Ele foi, acredito, o melhor chefe que já tive. Digo isso porque ele é uma pessoa que tem tanto o lado do negócio, como a capacidade de liderar pessoas e times que nunca vi igual. Geralmente conhecemos pessoas que são muito boas no negócio, mas não necessariamente tão boas como líderes. A maioria é oito ou oitenta. Ele foi um dos chefes que mais me ensinou e que continua sendo um modelo para mim. Hoje ele é o Presidente mundial da divisão de consumo da J&J.

Meu grande *case* na P&G aqui no Brasil foi quando lancei o Ariel, que é a maior marca de detergente da empresa no mundo. A Procter tinha comprado toda a linha de detergentes da Bombril e decidiu trazer para o país sua marca mais forte para brigar com o Omo, que na época era a marca *top of mind* #1 do Brasil. Passamos um ano e meio pesquisando qual era o melhor programa de marketing da empresa no mundo para cada elemento do plano. Foi uma pressão enorme, porque todos os olhos estavam virados para a nossa equipe, mas também um aprendizado imenso. Tivemos o resultado de um ano em apenas seis meses. Já no começo dos anos 2000, aconteceu uma desvalorização muito grande de alguns mercados, o que fez com que a empresa precisasse mudar totalmente seu plano de investimento, inclusive aqui no Brasil.

Nessa época, eu gerenciava uma categoria muito grande na companhia, então havia duas opções: ou seria promovida, ou enviada para o exterior. Também nesse momento, o time brasileiro tinha uma visibilidade muito grande dentro da companhia, então recebíamos muitas visitas internacionais. O presidente da categoria de *fabric care* na época, Paul Polman, veio para cá para um *business review*. Ele estava liderando a criação de um time global na Europa, e eu consegui conversar com ele para pedir uma vaga nesse time com a ajuda do meu chefe. Na verdade, eu estava no lugar certo, na hora certa. Depois disso, consegui uma entrevista interna e acabei sendo convidada para participar do time, que na época era baseado em Bruxelas. Isso foi bem no início da globalização dentro da P&G.

O primeiro aprendizado que tive com isso foi a questão de como tentamos gerenciar ou influenciar nossa própria carreira. É claro que não temos total controle do que acontece, mas, como o próprio Polman diz, a primeira coisa é saber o que você quer. Muitas pessoas são apenas como uma folha que é levada pelo vento. Isso é algo comum em grandes multinacionais, e não é necessariamente ruim, mas o problema é que ir apenas para onde a empresa quer que você vá acaba, por vezes, tendo um peso muito grande na sua vida pessoal.

A segunda coisa é comunicar o que você quer a quem possa ter uma influência sobre isso. No meu caso, eu era bem avaliada dentro da companhia e ele estava buscando alguém que representasse a América Latina no time global, então a partir do momento em que comuniquei o que queria, tive a chance de conseguir, e deu certo.

Em terceiro lugar, é necessário ser bom no que faz, para que escolham você ao invés de outro. Não adianta apenas querer crescer, é necessário entregar resultados para que a empresa veja que você merece ser escolhido.

Quando entrei no time global, o início foi bem difícil. Cheguei na Bélgica e não conhecia ninguém, então precisava fazer novos amigos, criar uma nova rede social. Além disso, por mais que, neste tipo de situação, a gente chegue indicada, muita gente na empresa nunca ouviu falar de você e há aquele sentimento de "quem é essa fulana?". Isso trouxe uma necessidade de provação grande, pela segunda vez, mesmo estando na mesma companhia.

Cerca de um ano e meio depois, eu estava namorando e adorando morar na Europa, então surgiu uma vaga na diretoria, mas aqui no Brasil. Foi um momento de difícil escolha, mas eu senti que meu tempo no velho continente ainda não havia terminado.

Para tomar essa decisão, fui conversar com um francês que já havia trabalhado no Brasil e também na Europa e que tinha sido meu chefe na Procter, mas já havia saído da empresa. Ele conhecia os dois lados da situação e conseguiu me dar uma perspectiva neutra, porque ele não tinha nada a ganhar se eu ficasse lá ou voltasse para o Brasil, o que não acontecia se eu falasse com pessoas que estavam trabalhando comigo. Tomei a decisão assumindo o pior cenário das duas opções e decidi ficar por lá. Seis meses depois, muito antes do que esperava, fui promovida e acabei me tornando empregada da Procter europeia, saindo de vez do braço brasileiro da empresa.

Eu tinha acabado de fazer 30 anos e, com essa promoção, entrei como Diretora Júnior no *headquarter* europeu, que ficava em Genebra. Era uma área diferente da qual estava antes, então havia todo um novo aprendizado dentro do escritório, além de estar num novo país novamente. Ou seja, muita coisa ao mesmo tempo, o estresse foi imenso.

Meu novo chefe me disse que, nos primeiros cem dias no novo cargo, eu poderia fazer todas as perguntas que quisesse para entender o negócio, até as mais estúpidas, pois era algo esperado. O problema seria se eu fizesse tais perguntas depois desse tempo, porque aí as pessoas começariam a me olhar torto. Então eu sentei e escrevi todas as questões que me vieram à cabeça sobre o novo desafio e a nova categoria, e nos três meses seguintes aproveitei para sanar as dúvidas e absorver como as coisas funcionavam. Isso fazia parte de elaborar o tal do "100 day plan".

Genebra é uma cidade muito pequena, onde a maioria das pessoas mora quando está casada e com filhos pequenos. Durante minha estada lá, eu casei com meu namorado e, posteriormente, me separei. Eu ainda era muito jovem e a maioria das pessoas que eu conhecia na empresa era casada e com filhos. Quatro anos depois, eu estava solteira novamente, ou seja, em um estágio na vida diferente daquelas pessoas. Quem estava no mesmo estágio, costumava ser muito mais novo na empresa, e ninguém queria convidar a grande diretora para tomar cerveja na sexta-feira à noite. Foi uma fase muito difícil, pois eu viajava três vezes por semana, às vezes fazia *day trips*, que era algo extremamente exaustivo. Genebra é incrível, mas acredito que morei lá na época errada da minha vida. A parte profissional estava incrível, mas a pessoal estava em frangalhos. Foi quando decidi que precisava sair para encontrar um novo balanço entre minha vida pessoal e profissional.

Então, chegou a hora de conversar com o meu chefe. Fiquei muito nervosa, afinal, eu tinha um *job* enorme e muito bom nessa época, como assim eu não o queria mais? Conversei com ele, expliquei a situação e ele entendeu. Parecia que eu tinha tirado um peso de 20 quilos dos ombros.

Surgiu uma oportunidade no Canadá, que era na direção oposta do que praticamente todo mundo dentro da empresa estava fazendo, já que eu estava saindo do escritório regional e indo para um local. Fui promovida, me tornei *managing director* de saúde e beleza da P&G canadense, em Toronto. Essa foi a primeira vez que eu tive um time tão grande, com todas as funções se reportando para mim. Foi incrível e foi minha entrada no mercado de beleza, o que, sendo uma mulher vaidosa, é algo bem bacana. Na vida pessoal e social, acredito que foi o melhor equilíbrio que tive na minha carreira até então, pois conheci muita gente nova, fiz uma rede de amigos muito grande e ainda estava bem no emprego, com novos e grandes desafios e aprendizados. Isso comprovou para mim que trabalho é um pedaço da vida, não ela toda.

Com o tempo, comecei a ficar com muitas saudades do Brasil. Eu já estava há quase 12 anos fora, sentia falta da minha família, meus pais estavam ficando mais velhos, e foi numa fase em que o País estava crescendo muito, entre 2008 e 2009. Eu pretendia continuar no ramo de beleza, e entrei em contato com alguns *headhunters* que conhecia, contando que estava pronta para voltar. Então surgiu a Avon, que é uma empresa líder em beleza na América Latina e muito bacana. O *job* era regional e me daria a chance de voltar a entrar em contato com os outros países latino-americanos. Além disso, a América Latina é a região número um da empresa, o que afeta o grau de investimento e foco no negócio.

Ademais, a Avon era conhecida por promover um ótimo balanço entre carreira e vida pessoal, afinal, é "The Company for Women". E para fechar com chave de ouro minha volta, engravidei durante o processo de seleção e, com a empresa sabendo, mesmo assim, fui contratada. Essa aceitação foi algo emblemático para mim, que me disse muito sobre a cultura da companhia, logo no início.

Eu sabia que algumas coisas seriam difíceis, pois fiquei 15 anos na mesma cultura da P&G, e estava voltando para o Brasil grávida, para trabalhar em uma nova empresa e depois de mais de uma década fora. Teria de mostrar serviço em seis meses, pois iria ficar cinco de licença-maternidade. O primeiro ano e meio de volta foram muito difíceis, mas passou e, aos poucos, me adaptei de volta ao Brasil e à nova cultura corporativa.

Vejo que agora é um momento da minha vida no qual há um balanço entre profissional e pessoal muito bom. A Avon é uma empresa em que realmente há muitas mulheres em posições altas, o que faz uma diferença brutal no dia a dia feminino, porque o importante é que você entregue resultados, e não quantas horas você fica no escritório. Hoje em dia tenho um cargo global, sendo responsável por toda a comunicação e desenvolvimento de conteúdo da companhia baseada no Brasil. Tenho um time na Inglaterra, um em Nova Iorque, um aqui e um em Manilla, ou seja, meu *modus operandi* de trabalho é videoconferência. O local de onde me conecto para trabalhar é meio irrelevante, o que me proporcionou uma flexibilidade de trabalho enorme. O importante é ter *wi-fi*, e não aonde estou. Viajo todos os meses, uma vez por mês, geralmente por uma semana. Passo 25% do meu tempo fora do Brasil, mas minha rotina está estabelecida, e a rotina na minha casa é adaptada a isso.

Estou muito feliz e me sinto privilegiada por poder exercer um cargo global baseada no Brasil e com um trabalho focado em empoderamento feminino, o que me dá um propósito muito mais estimulante para trabalhar.

Ainda tenho muitos anos de trabalho pela frente, afinal, minha filha só tem seis anos. Espero poder continuar aprendendo e vivendo novas experiências aqui pelo Brasil e pelo mundo.

DARLAN CARVALHO
Experience: Supply Chain Director at Vigor

Disciplina na Busca por Excelência

Liderando desde a adolescência

Nasci em Concórdia, uma simpática cidade situada no Oeste de Santa Catarina, região berço da indústria de aves e suínos no Brasil. Comecei a trabalhar desde muito cedo e, aos 15 anos, ingressei na Sadia como *office boy*, e aos 19 anos já figurava como encarregado de seção. Eu possuía um senso de responsabilidade acima da média para a minha idade – sempre colocava o trabalho em primeiro plano, chegava muito cedo e, normalmente, era o último a sair. Fazia questão de trabalhar aos sábados, também gostava de desenvolver tarefas que não pertenciam ao meu *job description* oficial. Esta forma de agir chamava a atenção das pessoas e, principalmente, dos chefes, visto que, aos 21 anos, fui convidado a assumir uma área com mais de 100 pessoas. Fui o chefe de setor mais novo da história da Sadia, um grande desafio na época.

Em vários momentos, eu acreditei que não estava suficientemente preparado para a função. Foi justamente neste cenário que pessoas diferenciadas passaram a fazer parte da minha vida, como o professor Veroneze (Daci), a quem recorri quando acreditei que "não daria conta" da nova atribuição e estava disposto a declinar da promoção. Com alguns conselhos e uma alta dose de palavras motivacionais, o "barco seguiu" e a história de uma liderança jovem começou a ser escrita naquele momento.

Metodologia da Qualidade Total (TQC): a grande aliada

Nos anos 1990, iniciou-se no Brasil a Era do Total Quality Control (TQC), uma ferramenta de gestão largamente utilizada no Japão e que revolucionou a indústria automobilística. Essa técnica permitia resolver problemas de forma estruturada, implementar processos eficientes, fazer a gestão com base em indicadores e treinar pessoas nas tarefas críticas. Em outras palavras, permitia ao gestor utilizar ferramentas científicas de gestão no seu dia a dia, diminuindo com isso os "achismos" ou os métodos de "tentativa e erro". Foi nessa fase que me tornei um verdadeiro apaixonado pelo método – estudei profundamente as técnicas ensinadas pelo professor Falconi.

Para solucionar os problemas, aplicava a ferramenta de Metodologia de Análise e Solução de Problemas (Masp) e cheguei a ter uma carteira de 17 problemas sendo resolvidos em um mesmo momento por meio desse método. Além disso, implantava também o recurso do 5S (Seiri, Seiton, Seiso, Seiketsu e Shitsuke) nas áreas sob meu comando, sendo que também fui o instrutor desta ferramenta para os demais setores da companhia. Padronizava os processos pelo Padrão Geral de Sistemas (PSGs) e Padrão Técnico de Processos (PTPs), treinava pessoas nas tarefas críticas por meio das Instruções de Trabalho (ITs) e, para gerenciar a *performance*, utilizava os Key Performance Indicators (KPIs).

Todas essas ferramentas foram grandes aliadas para mim, já que, com 25 anos, fui convidado a incorporar em minha área uma equipe médica de 50 profissionais. Um desafio e tanto, pois seria nomeado o primeiro gestor "não médico" do setor, mesmo com um alto índice de resistência da equipe. Tornei-me uma *persona non grata*. Todavia, a ajuda técnica de alguns poucos aliados e as ferramentas da Qualidade Total fizeram com que a confiança da equipe mudasse. Os médicos falavam de forma técnica e eu respondia de forma gerencial, apontando fatos e dados, pois, como diria o professor Falconi, "contra fatos não há argumentos!". Foi um período curto o suficiente para conquistar o time, que no início se demonstrou resistente à minha gestão.

A hora de fazer as malas

Na década de 1990, uma grande novidade estava acontecendo no Brasil. Começava-se a se falar em "logística", já disseminada nas indústrias multinacionais, mas muito pouco nas instituições brasileiras. Na verdade, todos praticavam logística, mas não de forma integrada – com conceitos técnicos, indicadores avançados e gestão de toda a cadeia. Foi neste cenário que, em 1996, fui convidado para estudar a "logística da Sadia". Além da metodologia da qualidade total que seria usada, alguns meses antes tivera contato forte com o tema por meio da participação de um projeto de competitividade em transporte para o negócio de frangos da empresa. Após oito meses de estudo, com muita oportunidade identificada, e o projeto aprovado pelo conselho de administração, criou-se oficialmente a "Vice-Presidência de Logística", com sede em São Paulo, cuja função de "Gerência de Distribuição Primária" fui responsável por assumir, aos 29 anos. Em 1998, me mudei para a capital paulista.

Inovar, acreditar e persistir

Desde cedo, percebi que uma meta me acompanharia para o resto da vida: a "redução de custos", e realmente isso vinha se confirmando ano após ano. Na logística não é diferente; geralmente é a terceira ou quarta conta mais relevante de uma empresa. Também aprendi nos estudos dos quais participei que tínhamos uma baixa produtividade dos ativos e da mão de obra, dado que considero ainda uma realidade no Brasil. Foi por meio dessas análises que decidimos implantar alguns projetos relevantes para o cenário logístico brasileiro da época:

Carretas maiores: todas as carretas frigoríficas não eram apropriadas para *pallets*; as poucas que existiam no Brasil comportavam somente 24 *pallets*. Criamos, juntamente com engenheiros da Randon, a carreta frigorificada de 28 *pallets*, que passou a ser referência para o país – hoje já temos 30. Naquele momento, havia uma desconfiança muito grande dos transportadores, e até mesmo da equipe de vendas da Randon, mas com fatos e dados provamos a ambos a viabilidade técnica e financeira.

Produtividade: até hoje, no Brasil, assistimos a uma fila interminável de caminhões esperando para carregar ou descarregar. Foi visando mudar essa realidade que implementamos projetos de alta produtividade, reduzindo os custos para a empresa e aumentando a receita para o transportador, resultando em uma quebra de paradigma.

Multimodalidade: quem disse que não era possível transportar produtos refrigerados por trem? É verdade que no Brasil – diferentemente do que vemos nos Estados Unidos e na Europa – não temos vagões de trens preparados para isso. Resultado este do erro estratégico dos nossos governantes ao destruir a nossa malha férrea, que no passado funcionava com êxito, sendo um dos meios responsáveis pela colonização do país. Adaptamos um comboio de trem, que possuía seis plataformas com *containers* de transporte marítimo, e um gerador na última composição, reiniciando o transporte frigorificado por trem no Brasil. Lembro-me de que, na primeira viagem, colocamos uma composição "dormitório" para que nossos técnicos pudessem acompanhar a operação durante todo o trajeto. Essa iniciativa reforçou um valor de "determinação", e demonstrou que a forma de fazer mais fácil não é necessariamente a mais viável economicamente.

Cabotagem: iniciamos a cabotagem de produtos refrigerados no Brasil. Em relação a este sistema de transporte, ressalto que precisamos abrir este mercado para empresas de bandeira internacional, para que possam operar com a otimização dos navios de longo curso. Somos ineficientes neste modal e não utilizamos todo o potencial que os mais de sete mil quilômetros de costa marítima nos oferecem.

Momento delicado

Como comecei muito cedo em cargos de liderança, houve em determinado momento uma falta de evolução. Havia desafios com promoções laterais bastante interessantes, mas não crescia de forma hierárquica. Neste momento, e com este cenário, houve a fusão da Sadia com a Perdigão. Foi um período tenso para todos – estávamos falando do principal concorrente. Para contar uma longa história de maneira resumida, fui o escolhido para ser o Diretor de Logística do Mercado Interno da BRF. Iniciava-se ali uma nova fase para mim.

Uma decisão muito difícil

Já em 2011, atuava como Diretor de Logística da BRF, comandando um verdadeiro exército de pessoas – sendo cinco mil colaboradores e mais de 14 mil motoristas e ajudantes, administrando um *budget* que poucas empresas no Brasil conseguem ter em seus faturamentos anuais. Neste mesmo ano, fui convidado para um novo desafio ao assumir a área de *Supply Chain* da Vigor. Mudei, então, para um novo projeto, surgia ali um novo desafio, um novo cenário, após 29 anos de Sadia e BRF. Um ato de muita ousadia naquele momento, o qual não precisei fazer muito esforço para praticar, pois a cultura empresarial fazia parte dos meus valores. É como música para mim. Trabalho me divertindo, faço o que realmente gosto de fazer, com dedicação e harmonia.

A excelência operacional – *case* Embu das Artes

Ao longo de todos esses anos, desenvolvemos uma técnica bastante simples em busca da excelência. Vou relatar aqui o *case* do Centro de Distribuição de Embu das Artes, o principal sítio logístico da Vigor. Decidimos aplicar este conceito em todo o processo, desde o envio de produtos das fábricas, até a entrega final para os nossos clientes, denominando o projeto de "Vigor 100% – Rumo à Excelência".

A metodologia consiste em fazer um diagnóstico da situação atual, entender as causas reais das anomalias encontradas, discutir com as lideranças as causas possíveis, elaborar planos de ações (identificamos mais de quinhentas ações), implementar as ações, treinar exaustivamente o time envolvido, implementar KPIs e a disciplina no *check*. Discutíamos o andamento do projeto uma vez por semana, éramos disciplinados com o cronograma e obstinados em implantar os melhores processos. Para colocar em prática tais medidas, também fizemos visitas a outros centros de distribuição no Brasil.

Os resultados vieram de forma impactante – todos os indicadores apresentaram melhoras significativas. Acredito que temos alguns indicadores que são referências no Brasil. Também observamos um crescimento importante da equipe e atingimos em cheio a motivação das pessoas. Essa metodologia é hoje aplicada em todos os nossos sítios, por todos os nossos gestores e virou uma "cartilha" a ser seguida.

Valorizar a equipe

Em todos os momentos, tive o privilégio de trabalhar com uma boa equipe, que, desde o início da minha carreira, mesmo não sabendo exatamente o que queria dizer "cultura organizacional", acreditava nos mesmos valores. São pessoas simples, comprometidas, determinadas, que colocam a mão na massa, trabalham e se comportam como donos, uma vez que não toleram desempenho medíocre. Todo profissional da sua equipe precisa ser desafiado, estimulado e, também, ajudado. Falo em ajuda porque vejo muitos chefes cobrando exaustivamente de seus subordinados resultados que não aparecem (com tanta facilidade como gostariam); consequentemente, são trocados por outros teoricamente mais qualificados. Os resultados nem sempre mudam. É neste momento que precisamos entender que há algo mais determinante que simplesmente a pessoa que está administrando. Por vezes, cobramos coisas que nem nós sabemos exatamente o que deveria ser feito para mudar, e é aí que entra o trabalho em equipe; é neste momento em que a soma das experiências, da criatividade e do debate fará a diferença. Nem todo gestor tem tempo ou paciência para isso, o que é uma pena, pois muitas empresas ficam anos "tentando", "trocando", e não aproveitam o tempo adequado para entender o problema, ao analisar as causas de forma correta, para decidir o que fazer de maneira realmente assertiva.

Possuo um imenso orgulho de muitos profissionais que trabalharam e trabalham sob a minha liderança. Hoje, o Brasil conta, na área de *Supply Chain*, com muitos diretores e gerentes que tive a honra de ensinar e com quem pude aprender um pouco sobre gestão e liderança. Eu costumo falar em rodas de amigos que o PIB da logística refrigerada no Brasil nasceu no mesmo ninho. Todos trabalharam juntos e, por muita sorte, em algum momento das suas carreiras tive a oportunidade de contribuir de alguma forma. Quero aqui deixar registrado meu sincero obrigado a todos eles.

Atualmente, atuo como Diretor de *Supply Chain* na Vigor, empresa que aprendi a admirar pela qualidade dos seus produtos, com uma veia inovadora muito grande, com pessoas competentes e uma cultura organizacional que se encaixa muito bem naquilo que eu acredito de verdade.

Quando faço uma reflexão de todos esses anos, liderando equipes e gerenciando pessoas, acredito em algumas características que realmente me acompanharam e que continuam presentes nos dias atuais. Uma delas é a simplicidade – não sou de complicar as coisas, procuro ser prático e objetivo e coloco a mão na massa. Outra atitude que considero importante é tratar os assuntos da empresa como se eu realmente fosse o dono, realizar as coisas que precisam ser feitas com determinação, sem complacências. Acredito que, dessa forma, certamente você estará fazendo o seu melhor.

O futuro

Observo hoje que muitos de nossos jovens possuem um potencial intelectual excepcional, alguns muito novos, com vinte e poucos anos e já com experiências internacionais, boa formação acadêmica, e todos, sem exceção, superconectados às mídias sociais. Todo esse conhecimento é bom, porém vejo que tais competências não são suficientes para atingir o sucesso se não acompanhadas de uma grande dose de ATITUDE. Costumo falar que atitude é melhor do que conhecimento. Não há crescimento profissional sem entrega de resultados. Para que isso aconteça, é preciso arregaçar as mangas e fazer acontecer todos os dias de forma rápida, com qualidade e sem superficialidades (foco em detalhes).

Outro ponto que me preocupa ao ver esses jovens cada vez mais conectados virtualmente é a falta de contato pessoal. Há obviamente os aspectos positivos e produtivos, mas o perigo está neste excesso e consequentemente na falta do relacionamento direto e pessoal. Ninguém lidera por mídias sociais em organizações empresariais; como vamos influenciar nossos liderados? Como vamos motivá-los a fazer o seu melhor? Nada substitui o contato, o saber ouvir, entender e usar o nosso poder de argumentação.

Minha mensagem para as futuras lideranças é que potencializem essa vantagem competitiva que as novas gerações estão vivenciando e que tenham em mente que a peça-chave de toda organização está nas pessoas e na atitude; as escolas geralmente não ensinam como lidar com isso, mas todos podem adquirir esta habilidade, basta querer, ter atitude para fazer diferente.

Sinceros agradecimentos

Ao Dr. Zoé e à Dona Odila, que acreditaram em mim e muito me ajudaram na minha trajetória acadêmica. À minha mãe Nair, pelo exemplo de garra e determinação; ao meu pai José; à minha avó Ironda; aos meus irmãos Adinan e Marcelo, por todo apoio. E, em especial, agradeço às pessoas que mais estiveram ao meu lado neste tempo todo, durante os períodos positivos e mesmo de dificuldades: à minha esposa Sandra, que eu amo muito, e aos meus lindos filhos, Bruna e Luís Fernando.

DOMINGOS RAMOS
EXPERIENCE: CHIEF FINANCIAL OFFICER BRAZIL AT DHL GLOBAL FORWARDING

Resiliência nas Dificuldades É Aproveitar Oportunidades de Crescimento: o Que Agrega Valor

Sempre buscando aproveitar da melhor maneira as oportunidades que foram surgindo ao longo de meus 24 anos de carreira, comecei minha jornada em uma empresa multinacional de origem francesa de *commodities* agrícolas e hoje ocupo a posição de Diretor Financeiro de uma importante empresa alemã de Logística. Neste período, desenvolvi diferentes atividades e diversos projetos, sempre em grandes companhias que me proporcionaram a oportunidade de crescer e desenvolver minha carreira a cada dia.

Exercitar a resiliência me ajudou a transformar o improvável em oportunidades e me fortalecer nas dificuldades, afinal, a combinação de talento, dedicação, sorte e obstinação costumam dar forma ao sucesso.

Mas não posso falar da minha carreira sem antes falar da minha infância, que é quando tudo sempre começa.

O início

Cresci na periferia de São Paulo, como o caçula de nove irmãos. Meus pais não tiveram a oportunidade de estudar tanto quanto eu. Minha mãe é dona de casa, e meu pai era operário de uma indústria gráfica. Para complementar a renda, ele fazia "bicos" de eletricista. Nunca passamos fome nem nenhuma situação extrema, mas também não tínhamos nenhum tipo de luxo. Foi uma vida simples, mas a educação era muito valorizada. Meu pai sempre foi muito exigente com relação à educação e acredito que isso foi o que me trouxe até aqui. A partir do momento em que aprendi a valorizar a educação, muitas portas foram se abrindo. Devo o que sou hoje a este início.

Em casa, todos começamos a trabalhar com a mesma idade, quinze ou dezesseis anos, não tanto para ajudar, mas sim para que cada um pudesse ir trilhando seu próprio caminho e criando sua própria independência, ao ganhar seu próprio dinheiro e escrever sua própria história. Esse pensamento de ambos, tanto do meu pai quanto da minha mãe, de primeiro nos conscientizar da nossa realidade e, segundo, de mostrar que o caminho para progredir e criar uma prosperidade era estudar, deu certo.

Outra coisa em que acredito é que, por ter começado em uma empresa multinacional, acabei tendo uma visão mais ampla na questão de crescer profissionalmente. Além disso, tive o privilégio de encontrar muitas pessoas na minha caminhada. Várias delas tiveram uma realidade muito diferente da minha, de outra classe social, ou tiveram experiências diferentes no caminho delas, criando referências. Isso começou a plantar em mim uma vontade de também ter aquela vivência e experimentar algo novo. E foi o que acabei fazendo.

Em 1998, tive a oportunidade de morar fora do Brasil e ficar um ano nos Estados Unidos. Era início do Plano Real, a paridade das moedas era de um para um, e eu aproveitei isso e o fato de que tinha uma reserva monetária, pois já trabalhava há seis anos. Então, peguei todo esse dinheiro que tinha guardado e fui estudar inglês.

Nos Estados Unidos fiz estágio em um hotel em São Francisco. Com isso, aprendi muito bem a língua e, quando voltei, retornei para a mesma empresa em uma posição melhor.

Após dois meses do retorno ao trabalho, surgiu uma nova oportunidade, dessa vez, na Holanda, na controladoria do escritório de Rotterdam. Naquele momento, a pessoa que melhor dominava o inglês no escritório de São Paulo era eu, pois havia acabado de voltar dessa temporada fora, então me ofereceram o desafio. Foi uma experiência ímpar.

Quando a experiência de vida vale mais do que o material

Antes de decidir fazer minha primeira viagem para os Estados Unidos, dois momentos foram marcantes. Um foi quando fui falar com meu pai sobre a ideia de fazer essa viagem, e ele me disse algo que nunca vou esquecer: "Eu saí do interior da Bahia para vir para São Paulo, porque eu sabia que lá eu não teria condições de desenvolver, criar ou conquistar nada. Foi uma grande mudança, mas o que me trouxe para cá foi coragem. Então, a decisão é sua, se você tiver coragem de enfrentar a vida, vá. Se não tiver, fique". Ou seja, para mim aquilo foi quase como um tapa na cara me dizendo para ir e construir minha própria história.

O outro foi quando um amigo me disse o contrário do meu pai. Ele falou que, com o dinheiro guardado, eu poderia comprar um carro e ficar "numa boa" por aqui. Naquele momento, eu senti que não era o que eu queria nem o que me movia. Não é conquistar um, dois ou quantos carros forem, mas sim o que eu consigo agregar em termos de cultura. Nesses dois anos que fiquei fora do país, agreguei muito nesse ponto e muitas portas se abriram por conta disso.

Em 1998, saber falar inglês era um diferencial, mas ainda se pensava muito que terminar o colegial já era o suficiente. Eu acredito que podemos escrever uma história muito diferente quando nos focamos não nos bens materiais que se pode acumular, mas sim nas diferentes experiências. É uma questão de crescimento humano também. Nos estudos, além de me formar em Administração de Empresas, fiz uma pós-graduação em Controladoria pela USP e, mais recentemente, um MBA pela Universidade de Pittsburgh. Quando me formei na faculdade, eu já tinha uma carreira construída, só faltava o diploma. Tranquei a faculdade para ir para os Estados Unidos e, logo que voltei, tranquei novamente para ir trabalhar na Holanda.

Quando fui para lá, havia uma questão política muito forte dentro da empresa. Então cheguei em um ambiente completamente hostil, não fui muito bem recebido.

No início, eu não sabia como lidar com aquela situação. Foram mais ou menos três ou quatro meses até que as pessoas começassem a me aceitar. Eu sabia que tinha um trabalho para realizar, então a primeira coisa que procurei fazer foi ter paciência e deixar que o tempo me ajudasse de alguma forma a conquistar a confiança das pessoas. Eu tentei separar um pouco as imagens do Domingos e da empresa, procurando entender um pouco como funcionava a cultura e o estilo europeu, que é muito direto e sabe separar melhor as coisas. Então, passei a ser muito menos emocional e me tornei mais racional. Enquanto estava no trabalho, buscava focar nele e não deixar que a hostilidade se transformasse em barreira.

Acredito que, à medida que o tempo foi passando, as pessoas começaram a entender que eu não tinha, de fato, nada a ver com a briga política que existia. E, assim, começamos a criar um convívio e, consequentemente, um elo de confiança. Em todas as situações de conflito, busquei ser justo e creio que isso fez com que eles vissem que eu estava ali para ajudar, independentemente das razões que me levaram até lá. Acho que, outra coisa que teve a ver também, é que fui enviado para lá para fazer o treinamento da pessoa que seria contratada e, por duas vezes, o contratado não aguentou a pressão e pediu demissão. Somente na terceira tentativa, e depois da minha recusa para o cargo, foi que contrataram alguém que foi treinado e se manteve no posto.

Foi interessante porque, no final da minha temporada por lá, a equipe queria que eu ficasse. Optei por voltar, porque ainda eu tinha de terminar a faculdade e mais uma série de coisas. Mas o que aprendi nesse período vale muito mais do que apenas um ano, realmente parece que vivi dez anos em apenas doze meses, por conta da intensidade. Não é fácil acordar longe de casa, dos amigos, da família, ir trabalhar, se motivar a isso sabendo que você não está em um ambiente em que necessariamente gostam de você. Ainda assim é preciso manter a disciplina de fazer as coisas corretas e da maneira que você acredita que devem ser feitas. Quando vemos o reconhecimento das pessoas e que, no final, mesmo o chefe que não me aceitava passou a me querer dentro da equipe, isso mostra que tudo valeu a pena.

Em todas as empresas nas quais trabalhei, houve momentos marcantes. Mas acredito que, o ponto comum de todas é que ajudei as outras pessoas a *pensarem*, que é algo que falta em muitas grandes companhias. Digo isso porque as pessoas estão acostumadas a *executar*, estão constantemente no piloto automático, e em todas as empresas busquei fazer com que as pessoas entendessem o porquê de elas fazerem o que faziam, e a partir deste entendimento, se desenvolverem. Isso faz com que a *performance* melhore e o ambiente também, porque as pessoas começam a se sentir mais úteis. Para mim, essa sensação é incrível, pois sinto que as ajudei a caminharem para a frente.

A armadilha do poder

Para se manter no topo, o primeiro passo é não criar apego, pois ele acaba sendo uma armadilha. Com o poder, vem euforia e medo. Conviver com este poder é um dos grandes desafios. Eu sempre olho para minhas raízes, de modo que me mantenha ciente disso, o que se tornou um tipo de refúgio. Meus pais ainda moram na mesma casa e, quando preciso voltar um pouco "pro chão", é para lá que volto. Não cheguei aonde cheguei porque fui colocado, mas sim por um processo de conquista e quero que isso seja aproveitado da melhor maneira. Nunca passei por cima de ninguém e isso me dá segurança de estar na posição onde estou. Eu **estou** na posição, mas ela não me pertence. Se amanhã eu não estiver neste lugar, lidarei com isso de uma maneira natural. A frustração existe, mas precisamos aprender a viver com isso. As dificuldades estão aí para nos fazer crescer também.

Tive o privilégio de trabalhar em companhias imensas, de terem acreditado no meu trabalho e, então, fiz a minha parte: o melhor possível. Acredito que sempre estive no lugar certo na hora mais propícia e vejo isso como uma mistura de sorte com talento. Acho que tudo isso tem muito a ver com o início de tudo, dos conselhos que recebi dos meus pais e amigos, que me ajudaram ao longo da caminhada, além da educação que tive, que me ajudou a encarar tudo com naturalidade, mesmo quando as coisas não eram fáceis. As dificuldades me deram mais força para continuar a fazer o melhor. Trabalhar em grandes empresas traz o ônus e o bônus. No meu caso, passar por situações de discriminação racial, por exemplo, é uma situação complicada, mas eu tenho plena ciência de que, em todas as companhias, quem me discriminou foram as pessoas, não as empresas, e foi a minoria. Em todos os grupos, pude crescer e a cor da pele nunca foi um impeditivo para que eu alcançasse uma posição mais alta. Isso me ajudou a separar o pensamento das pessoas e o pensamento das empresas. Todas as viagens e experiências que tive também me ensinaram a entender e a conviver melhor com as diferenças, então qualquer situação discriminatória pela qual passava não era tão relevante, e eu focava naquilo que era, de fato, importante. Mas, a partir do momento em que via que os valores da companhia eram diferentes dos meus, aquele não era um bom lugar para estar.

Liderança

Em minha formação, li dois livros que me influenciaram muito. Um foi a autobiografia de Martin Luther King, e o outro, a autobiografia de Malcolm X. Ambos tinham um único lema, porém, duas formas diferentes de chegar ao mesmo lugar. O mais comum era o fato de que, para chegar aonde se queria, era preciso estudar e ser o melhor no que fazia. Eu acho que esses livros de fato transformaram o meu pensamento quando tinha meus 16 ou 17 anos e me ajudaram a delinear um pouco aquilo que eu queria fazer. Isso fez com que eu não me abalasse com as adversidades que encontrei no caminho, porque o foco era outro, era ser o melhor. Passei a viver muito menos com o negativismo e entrar num círculo virtuoso.

Para mim, ser líder é mover as pessoas para a frente. Fazer com que todos remem para o mesmo sentido. O mais comum é ver cada um remando para um lado, e é muito difícil conseguir conscientizar as pessoas de que é necessário que a força seja conjunta para um mesmo objetivo e que o concorrente não está dentro, mas fora da companhia. O sucesso de cada um depende diretamente da contribuição de cada um, de como se lida com as situações. Ter problemas e dificuldades faz parte da vida, o que não faz é a omissão. Eu sempre digo que prefiro lidar com os erros das pessoas do que com a omissão delas, porque só erra quem quer fazer. Quem não quer, não erra, mas também não faz, não sai do lugar.

Em uma grande empresa, o chefe acaba sendo um espelho, e o bom é ter um espelho que reluz, que as pessoas olham e de quem tiram a motivação de acordar todas as manhãs, ir trabalhar e entregar o melhor delas, ainda que seja em situações de dificuldade. Hoje, vivemos em uma situação diferente no País com a crise, e o papel do líder neste caso é levar tranquilidade para as pessoas, até para que elas saibam que, se elas fizerem a parte delas, estaremos muito mais próximos de sair mais fortes dessa situação. Somos uma empresa prestadora de serviços e precisamos entender a necessidade do nosso cliente e, a partir disso, trazer formas de resolver o que for necessário. Isso agrega valor a quem nos contrata e cria uma fidelização. É preciso integrar todas as áreas, e não ter várias separadas. As pessoas precisam conversar, se elas não tiverem a segurança de falar, principalmente aquilo que os outros não querem ouvir, não há a possibilidade de se mover para a frente. No geral, perde-se muito tempo justificando, como uma autoproteção, e dedica-se muito pouco à resolução do problema, e é necessário inverter essa lógica. Tivemos uma experiência singular, decisões difíceis, como reduzir o quadro de funcionários, ao mesmo tempo em que vimos florescer grandes talentos que de fato trouxeram soluções criativas aos nossos clientes, contribuindo ativamente para a realização dos desejos de nossos clientes nos mais diversos setores.

Se no início da minha carreira me perguntassem o que é sucesso, eu diria que era chegar ao mais alto posto de uma empresa e ganhar muito dinheiro. Mas, com o tempo, minha concepção mudou. Para mim, hoje, sucesso é ver as pessoas felizes e saber que elas estão conseguindo o que almejam. Na medida em que tive a oportunidade de viver com os extremos, poder ajudar os outros a chegar aonde querem se tornou meu principal papel como líder. Tenho muito orgulho de tudo que conquistei, mas, hoje, me traz mais felicidade ajudar quem está começando, ou mesmo quem está recomeçando.

Se eu pudesse aconselhar a mim mesmo no início da minha carreira, eu diria para não ser tão imediatista, deixar as coisas acontecerem e desfrutar cada momento antes de pensar no passo seguinte. Eu tinha uma ansiedade muito grande, então não consegui saborear todas as conquistas que tive ao longo do tempo.

Em um primeiro momento, quando olhei para a minha carreira e vi aonde cheguei, tive uma certa surpresa, porque eu não imaginava que as coisas aconteceriam com tanta rapidez. Mas eu sinto que foi uma combinação de tudo e ainda falta muita coisa a ser conquistada. Nos primeiros dois anos como CFO, eu me questionava muito sobre o que poderia ainda conquistar, aquele sentimento de "e agora?". Levou um tempo para que percebesse que isso não era o final. Há sempre um *grand finale* e eu acredito que ainda tenho muito o que agregar, não somente à organização, mas também e principalmente às pessoas.

DOUGLAS COSTA
Experience: Chief Marketing Officer/VP Brasil Kirin

Forjado pela Resiliência

A minha formação em Marketing, pela Pontifícia Universidade Católica de São Paulo (PUC-SP), nunca me impediu de ser um autêntico homem de negócios. Sempre corri atrás de aprimorar meus conhecimentos e, para tal, cursei diversas especializações no Brasil e fora do País. Basicamente, um passo inicial para estar apto a concorrer de igual para igual com executivos de alto padrão – eu estava ciente da necessidade de agregar ferramentas diferenciadas ao meu currículo. Ao mesmo tempo em que trabalhava duro, mantive o foco nos estudos. Atualmente, estou me preparando para chegar ao cargo de CEO, para estar devidamente preparado quando chegar o meu momento de assumir uma instituição.

Em termos profissionais, já acumulo diversos prêmios, de vários *cases*, no decorrer da minha trajetória de quase 20 anos no segmento de bens de consumo, principalmente no ramo de bebidas. Mas é interessante pontuar como obtive sucesso em todas as empreitadas nas quais estive envolvido. Não tenho dúvidas de que trilhei um caminho muito mais calcado por atitudes práticas, com ampla experiência em empresas familiares, de médio para grande porte. Sou um profissional cujo perfil é o de se dedicar intensamente aos interesses do meu ambiente de trabalho.

Fui lapidado dessa forma, por instituições que contavam com um caráter mais agressivo para concorrer com as grandes multinacionais, o que, obviamente, nunca é uma missão das mais tranquilas. Nunca fui um profissional somente de grandes multinacionais – nas quais a pessoa passa a ser apenas mais uma peça dentro de um tabuleiro de xadrez. Sou um profissional de ação, um *adviser*, e por conta dessa característica, acabei me tornando referência no momento de a empresa precisar de um posicionamento mais enfático, ao lidar com a imprensa, fundos de investimento etc. Sou como uma "fonte de consulta", ou seja, com as habilidades adequadas, sei como administrar questões externas.

O meu começo aconteceu em uma empresa de caráter familiar, voltada para a fabricação de cachaça, a maior no setor de bebidas destiladas do Brasil, isso na década de 1990. Era uma empresa de enorme relevância, que exportava para quase 50 países, e ocupei mais de cinco posições dentro desse grupo, desde analista júnior, até chegar ao ponto de representar a empresa no mercado externo. Com essa promoção, fiquei à frente das duas principais marcas que tínhamos em nossa linha de produção, responsáveis por 85% do nosso faturamento anual.

Foi um aprendizado muito bacana, um grande *case* de sucesso, afinal, atingimos praticamente 50 países com uma bebida muito consumida no Brasil e que acabou rendendo lucros imensos também para a exportação. Era um produto desejado lá fora, por ser tipicamente brasileiro, e o associamos até à imagem da Carmen Miranda – uma diva com identificação imediata com o País. Essas campanhas deram resultados excelentes, especialmente ao utilizar a cachaça, associada com elementos típicos brasileiros. Claro, foi um grande desafio; não apenas levar a nossa marca para o consumidor estrangeiro, mas também de iniciar e concluir com o devido sucesso o plano de expansão no mercado interno, principalmente no Nordeste.

Evidentemente, alcançar todos os objetivos traçados desde o começo não se dá sem uma preparação, com toda a equipe pronta para dar o passo adiante, pertinente para qualquer grande companhia. No meu caso, quando cheguei à empresa, havia apenas um plano de realizar esse processo, porém, conseguimos competir com a forte concorrência diante de outras duas fortes marcas de bebida daquela região. Esse plano de expansão geográfica culminou inclusive com a construção de uma fábrica no Recife, e o legal foi ter participado de todas as etapas do projeto, logo em meu início de carreira. Desde então, pude perceber que possuía as qualidades necessárias para seguir adiante, com novos desafios.

Depois recebi dois convites, e optei por ingressar em um conglomerado, do qual fazia parte a rede de distribuição dos produtos do Grupo Schincariol. Fiquei um ano responsável pelo ramo de distribuição de bebidas, e foi nesse momento que obtive um aprendizado de campo mesmo, todo o processo de logística, com visitas aos pontos de venda, algo crucial para levar a companhia adiante dentro do nicho de bens de consumo. Neste caso, estou citando um grupo com um mercado consumidor enorme. Porém, a Schincariol e o grupo responsável pela distribuição resolveram se separar. A Schincariol iniciou o processo de colocar em prática sua própria estratégia, ampliar a gama de distribuição, de concessão de seus produtos, ao passo que a outra família também apresentava suas ambições mercadológicas.

Mudança de rumo

O *know-how* em distribuição de bebidas da empresa que eu representava resultou no surgimento do Grupo Petrópolis, por meio da compra de duas cervejarias de pequeno porte. Isso trouxe como desafio assumir a posição de executivo responsável pelo marketing e pelo relacionamento com o mercado e *stakeholders*. Minha competência nesse início de trabalho era reestruturar todo o segmento do meu departamento e da distribuição dos produtos. Na verdade, após o rompimento com a Schincariol, continuamos com o mesmo pessoal, ou seja, já havia o entrosamento adequado para não perdermos terreno diante da concorrência. Foi dessa forma que permaneci no Grupo Petrópolis por cerca de 13 anos.

A primeira dificuldade com que precisamos lidar foi proporcionar mais qualidade aos nossos produtos. Mas nossa meta de atingir o mercado de maneira impactante envolvia um trabalho de dez anos. Embasada nesse planejamento, a empresa passou a adquirir popularidade em decorrência da boa qualidade das cervejas produzidas. Chegamos a operar com 180 distribuidoras, cobrindo praticamente quase todo o Brasil, estando presente em mais de 750 mil pontos de vendas.

Sem dúvida, um dos grandes *cases* de sucesso do Grupo Petrópolis foi a criação do selo de proteção nas latas de bebidas, isso em 2002. A ideia de proteger o bocal das latas era inovadora e, por meio de uma parceria, o projeto se tornou viável. Todo o processo operacional exigia detalhes e foi um grande desafio; esperávamos receber "ataques" da concorrência por nossa ousadia. Uma vez colocado o selo, não havia como mexer mais no produto, e o nosso preço teria de continuar competitivo. Precisávamos que o público comprasse e aprovasse. Foi exatamente o que aconteceu: a cerveja era boa, de alta qualidade e ainda apresentava um diferencial de marketing, com o selo de proteção. No mercado de cervejas, com a alta escala de produção, qualquer alteração na linha de produção pode gerar custos e queda na rentabilidade. Esse foi um *case* bem especial, pois, dali em diante, partimos de 0,1% de *share* de mercado em 2002, para cerca de 13% em 2014, o que é muita coisa. Até 2008, eu ocupava a posição de gerente nacional de marketing da companhia, assumindo depois como diretor, graças aos resultados gerados pelas ações de marketing.

A "explosão" do TNT

Somente o selo de proteção não era o suficiente e não foi o único *case* bem-sucedido do grupo. Passamos também a incrementar nossa linha de produtos, aumentando o portfólio, com a introdução de *long necks*, cervejas diferenciadas, design arrojado para as embalagens, e fomos desenvolvendo nossa estratégia de inovação com influências de muitas viagens de *benchmark* pelo exterior. Além disso, apostamos em bebidas energéticas – que estavam em evidência em todo o mundo –, utilizando uma marca própria, o TNT, com o nosso próprio sabor. Utilizamos uma estratégia similar à de uma fabricante de energético, e o nome que criamos era forte, tendo como apelo a questão da explosão, da energia... Enfim, o nosso produto, lançado em 2009, teve excelente aceitação, atingiu um faturamento bruto na casa dos R$ 150 milhões, em um período de apenas quatro anos. Atualmente, o TNT está entre as três marcas de energéticos mais vendidas no País.

Montamos um verdadeiro time de personalidades esportivas, capacitando-as para falar sobre o produto, para gerar o conteúdo necessário e, dessa forma, atingir também a internet. A intenção era demonstrar que o energético não somente é uma bebida utilizada para "baladas", mas que também apresentava potencial para esportistas e para as pessoas comuns como fonte de energia para as atividades diárias. O conceito era atingir o público comum, quebrar o tabu de que a bebida não poderia ser utilizada no dia a dia. Com essa estratégia, conseguimos registrar a marca em outros países do mundo, alcançando as Américas, Ásia e Europa e consolidando o nosso produto. No final de 2009, fomos procurados por algumas equipes de Fórmula-1, e fechamos uma parceria para o GP do Brasil, que rendeu outro projeto perfeito para a companhia, com um retorno estrondoso de milhões de dólares. Após essa primeira incursão pela maior categoria automobilística do mundo, acertamos um contrato de patrocínio de longo prazo com a Scuderia Ferrari e, portanto, abrimos o mercado externo para a marca definitivamente.

Esse foi um grande *case*, já que, de uma prancheta de escritório, erguemos um nome de grife em quatro anos. Tudo muito bem amparado por ações publicitárias e com total apoio de uma escuderia "mística", que na época contava com o Felipe Massa e o espanhol Fernando Alonso. Em 2013, colocamos carros de F-1 nas ruas do Rio de Janeiro, no Aterro do Flamengo, com um público de aproximadamente 200 mil pessoas. A própria Ferrari assegurou que foi o maior evento de demonstração de rua realizado com um parceiro. Com o TNT Street Racing, ganhamos o maior prêmio de *live marketing* do Brasil naquele ano e, com tudo isso, abriu-se um leque inteiro para todo o grupo. Saímos da serra de Petrópolis, fabricando cervejas, para fincar nossa marca no Brasil e em mercados poderosos no exterior, com nosso portfólio bem diversificado. Em termos de participação de mercado, ficamos entre as grandes.

Driblando a concorrência com criatividade

O desafio para angariar uma fatia do mercado com uma verba pequena foi resolvido, inicialmente, com muita assertividade. O direcionamento estratégico era fazer o básico, sem inventar demais. A empresa tinha o *know-how* de distribuição, o marketing bem realizado. Muitas empresas investem milhões e milhões em publicidade e simplesmente se esquecem de requisitos básicos, dos pontos de vendas. Fizemos uma escala de valores por meio de estudos pontuais, investindo a nossa verba em pontos cruciais para crescer, trabalhando comunicação estratégica e abordando regiões que certamente dariam retorno. Crescer de forma gradativa: esse foi o grande desafio para fazer frente aos concorrentes já consolidados. Além do selo promocional, o produto e o preço eram bons, e assim pressionamos os gigantes do setor. Tudo isso com o apoio incondicional da família controladora da empresa, de perfil arrojado e empreendedor. Isso permitiu que construíssemos uma das maiores empresas do segmento, num cenário que parecia estar totalmente monopolizado.

Choque de realidade

Depois dessa longa e proveitosa experiência dentro do Grupo Petrópolis, no qual pude aprimorar diversas competências, acabei me transferindo para a Brasil Kirin, em 2014, na posição de Vice-Presidente de Marketing e Inteligência. Não posso dizer que não consegui desenvolver *cases* importantes dentro da empresa, mas com um grau de dificuldade maior do que os anteriores, pois se tratava muitas vezes de redirecionamento da estratégia e recuperação de mercado. A companhia atravessava um período de queda no mercado e mais uma vez precisei ter fôlego para realizar todos os planos de reestruturação. Foi difícil a transição de uma empresa totalmente brasileira para uma de cultura japonesa. Um processo de adaptação e aprendizado intenso, mesmo com o nível de senioridade que eu já havia atingido.

No Grupo Petrópolis, o estilo de gestão me permitia ter autonomia para tomar decisões e desenvolver as atividades pertinentes, ou seja, não perdia tempo com pormenores e assim continha o ímpeto da concorrência das multinacionais. Sem oportunidades de crescer, criar novos *cases*, o caminho mais simples foi o de me desligar antes de completar dois anos de empresa.

Conheci bem as operações da Kirin Holdings no Japão, Austrália, diferente da realidade que enfrentávamos no Brasil, em que os processos eram mais complexos, e havia o desafio de enfrentar rejeição de algumas das marcas em mercados potencialmente importantes. Foi um ponto de desenvolvimento muito grande para mim, entretanto, as dificuldades encontradas no mercado brasileiro dificultavam a busca por resultados mais impactantes. Digo isso baseado no fato de ter transitado por companhias familiares, outras de médio para grande porte. Muitas vezes, o pensamento é o de que uma multinacional pode suprir qualquer barreira, mas não é bem assim que funciona. Às vezes, a estrutura e a governança da instituição acabam atrapalhando. A gestão de uma companhia precisa estar de acordo com o mercado no qual a empresa está atuando, se adequando, por meio de adaptações, não o contrário. O certo é moldar a cultura interna alinhada ao perfil do seu *business* e este tem de respeitar à dinâmica do mercado e atender aos anseios do seu público consumidor. Eventualmente, isso se torna um verdadeiro choque cultural, principalmente em algumas multinacionais.

O dono da marca é o consumidor

As pessoas precisam o tempo todo, desde o início, saber administrar as suas carreiras; não basta "cair de cara" no mercado e aguardar que o sucesso surja repentinamente. Assim como a empresa planeja o lançamento de um produto, o profissional necessita estar preparado para compreender as tarefas e as dificuldades que surgirão durante sua jornada. O indivíduo também precisa saber lidar com as intempéries, dentro de companhias familiares e mesmo ao ingressar em uma multinacional. É importante saber lidar com todas as suas experiências, sem ter preconceitos com os primeiros aprendizados, especialmente quando se trata do período em que o profissional é mais testado em termos de exigência. Isso associado ao aprendizado prático, "enfiando a mão na massa". Costumo dizer que o bom profissional da área comercial é um bom marqueteiro, assim como um marqueteiro é bom quando compreende e atua dentro da dinâmica comercial. São segmentos complementares. Um ponto importante para o crescimento profissional é a chance de vivenciar experiências diversificadas.

O dono da marca é o consumidor e não há outra maneira de pensar. Outra coisa interessante é que as empresas familiares proporcionam muitas lições de disciplina, pois o profissional normalmente se reporta diretamente ao proprietário, ao passo que, na multinacional, o processo é muito mais burocrático. O *mix* dessas experiências serve de modelo para os profissionais das áreas de negócio das empresas. O profissional de marketing precisa de bastante resiliência. Os investimentos acadêmicos, do trabalho de campo e de mercado resultam na compreensão do mercado. A técnica e a experiência geram fatos embasados e resultados expressivos.

Trajetória forjada com resiliência

Eu fui me descobrindo durante a minha carreira, percebi que havia vocação para o marketing, o meu perfil é muito dinâmico, penso "fora da caixa", gosto de atuar com rapidez. Entendo que o meu histórico ajudou a moldar essa questão de trabalhar nesse segmento de bebidas, o que é fundamental para estar preparado para seguir em qualquer outro nicho de bens de consumo. A partir do momento em que lidei durante tanto tempo com esses produtos, pude aprender a observar a necessidade de ser ágil, pois a demanda é enorme e exige entrega e capacidade para não perder espaço no mercado. É como uma corrente sanguínea: você precisa estar alimentando e cuidando dela o tempo todo, sem parar. A minha própria trajetória ajudou a me lapidar, a desenvolver resiliência e ser adaptável.

O que busco, efetivamente, é ser um profissional de bens de consumo, lidar com distribuição, marketing e tomada de decisões criativas. E não posso negar: sou um consumista nato! Obviamente me inspirei em grandes realizadores, sendo a maioria donos das companhias pelas quais passei, simplesmente pela desenvoltura empreendedora deles. Pessoas que chegaram longe e que admiro até hoje. Sou um profissional simples, estratégico, sistemático, mas que foi forjado na prática, colocando a mão na massa. Com um desejo incessante de conquistar o meu espaço, de ser um líder inspirador, para fazer a diferença, e de não ser apenas mais um no meio da "multidão corporativa". Por isso, estou me preparando para ser um CEO, o número 1 de uma empresa.

EDUARDO GARÓFALO

EXPERIENCE: CHIEF EXECUTIVE OFFICER BRAZIL/VP COMMERCIAL LATAM FOR PEPSICO

Marketing: Marcas Líderes Constroem Conexões Emocionais o Tempo Todo

Deixei a casa dos meus pais aos 16 anos e, desde então, ando pela vida observando ao meu redor à procura de oportunidades para crescer pessoal e profissionalmente. O fato de trabalhar desde cedo fez com que, na hora de ir à universidade, tivesse de assumir o esforço adicional de conciliar estudos e trabalho.

A escolha da minha primeira profissão teve a ver com um dos meus primeiros empregos. Nele tive a oportunidade de trabalhar com um brilhante economista argentino, Adrian Guissarri, que influenciou e apoiou muito a minha decisão de estudar Economia.

Os meus primeiros passos como economista foram difíceis, sobretudo porque não era fácil conseguir emprego sem experiência. Hoje é comum ver economistas em várias áreas das empresas, mas, lá atrás, ou se empregavam no Estado ou em empresas de grande porte que tivessem um departamento de estudos econômicos. Foi nessa época que tomei a decisão de iniciar uma segunda carreira como administrador de empresas, para ter uma saída laboral mais ampla que me permitisse pagar as minhas contas. Mas hoje é a minha formação em Economia a que mais influencia minha forma de ver e analisar a realidade e tomar decisões.

No início da minha jornada profissional, trabalhei em uma das maiores empresas petrolíferas da América Latina, a Bridas (hoje Pan American Energy). Comecei nas áreas de Planejamento Econômico Financeiro e Novos Negócios. Essa empresa me ensinou a trabalhar em um ambiente competitivo e com alto nível de exigência. Porém, sentia que a área financeira não era para mim. Um dia, comentei isso com uma colega de faculdade que trabalhava no Marketing da J&J. Para a minha surpresa, ela me disse que eu me daria bem na área de Marketing. Mesmo sem fazer ideia do que se tratava, comecei a procurar uma oportunidade na área.

Depois de um tempo, fui escolhido entre dois mil candidatos para fazer parte do primeiro programa de *trainees* da Philip Morris Argentina. Bastaram poucos meses para descobrir que aquilo era do que eu gostava e queria fazer. Marketing tinha a minha cara e eu tinha facilidade para entender as marcas e seu posicionamento. Isso facilitava na hora de gerar estratégias e planos que cativassem o consumidor. Depois de um tempo, pedi à empresa uma oportunidade em vendas. Sentia que isso me permitiria construir um perfil profissional mais completo e interessante, com habilidades comerciais comprovadas.

Desse modo, uma grande parte da minha carreira transcorreu em *roles* de marketing, vendas e comerciais, em dois continentes e seis países onde morei, construindo e transformando negócios em outros 35. Minha formação comercial me permitiu, mais tarde, desempenhar *roles* de Business Unit Leader, General Manager e Presidente em várias operações internacionais de grandes empresas.

Liderando uma transformação

Acredito que o momento mais feliz da minha vida profissional se deu entre 2003 e 2007, quando consegui transformar a realidade de um negócio em dificuldades, agregando valor e me tornando um *agente de mudança*.

Cheguei no Brasil em 2003, pela PepsiCo, para trabalhar na divisão de alimentos como Vice-Presidente Comercial. Naquela época, a PepsiCo tinha no Brasil os seus dois negócios-ícone: salgadinhos (*snacks*), representado pela marca Elma Chips; e refrigerantes com a marca Pepsi, que operava em parceria com a Ambev.

Em 2002, a companhia havia comprado a Quaker em nível mundial. No Brasil, a operação da Quaker era a maior fora dos Estados Unidos e possuía um maravilhoso portfólio de alimentos e bebidas. A fusão das empresas em nível local fez com que a PepsiCo tivesse a primeira operação multicategoria do mundo, combinando produtos de impulso, como salgadinhos, com produtos de compra planejada, como leite flavorizado, achocolatado em pó, peixe em conserva e cereais. Ambos os portfólios apresentavam grandes oportunidades que logo dariam margem à formulação de estratégias transformadoras. Mas a maior oportunidade era mostrar à PepsiCo que a combinação dessas duas carteiras de produtos poderia ser a chave do sucesso em mercados em desenvolvimento. Os anos seguintes demonstrariam o poder desse portfólio multicategoria em uma economia em expansão como a do Brasil.

Liberando o potencial de marcas tradicionais: a transformação do portfólio da Quaker no Brasil

Naquela época, marcas como Toddynho, Coqueiro e Quaker tinham um nível de venda interessante, liderando as suas categorias. Toddy era a segunda marca na categoria de achocolatados em pó, depois da Nescau. Mesmo com posições de mercado vantajosas, essas marcas atuavam em categorias que não apresentavam crescimentos relevantes e, por falta de diferenciação entre marcas, o ato de compra era decidido, majoritariamente, pelo preço.

As marcas da Quaker eram *lembradas pelo consumidor de maneira muito racional*, sempre se referindo a elas pelas especificidades do produto (ingredientes, sabor, preço e desempenho). Dificilmente o consumidor ligava-as a *emoções* que permitiriam a construção da lealdade e preferência sustentável. Mesmo assim, mostravam alto conhecimento e percepção da qualidade dessas marcas, o que falava claramente do seu potencial.

A grande pergunta era: como liberar rapidamente o potencial dessas marcas incríveis?

Para este fim, foram desenhadas três estratégias simples:

- Criar e desenvolver um *espaço emocional* para cada marca, no qual coubessem outras formas de produto e ocasiões de consumo.
- Estabelecer uma *agenda de inovação* que construísse os espaços emocionais, começando com novos produtos simples para depois evoluir para formas de produto mais sofisticadas.
- Elevar a *execução no ponto de venda* em busca de *in-store awareness*.

Criando espaços emocionais

Criar espaços emocionais é um exercício mais complexo do que gerar um posicionamento. *Toddy*, por exemplo, passou de um simples achocolatado em pó para se tornar, nas palavras dos próprios compradores, "irada, irreverente", materializada na ideia criativa das "Vacas Toddy", que representavam o DNA do público-alvo.

Toddynho passou de leite em caixinha a "companheiro de aventuras" que era a chave para entrar em um mundo de fantasia e sabor, onde tudo era possível. O personagem é, para os pais, a garantia de nutrição, sabor e diversão para seus filhos.

Coqueiro tinha o desafio de criar um espaço emocional numa categoria muito tradicional. Para isso, o espaço escolhido foi "Peixe do Brasil", no intuito de estabelecer *ownership* da categoria, ressaltando a orgulhosa nacionalidade do produto.

Por fim, a marca *Quaker* deixou de ser apenas aveia para se tornar a "semente do bem", alavancando-se nas propriedades e benefícios da aveia, como contribuir para a boa saúde do coração e do processo digestivo.

Todos esses espaços foram complementados por um trabalho de *redesenho de rótulos e embalagens* feito por um grande talento do desenho brasileiro: Mario Narita, da Narita Design & Strategy. Os desenhos eram tão vanguardistas que a maioria deles ainda se encontram nas prateleiras do país cativando consumidores.

Inovando nos espaços emocionais

Além do objetivo de gerar venda e margem incremental, a inovação tinha o duplo propósito: *aumentar o valor percebido* da marca levando o ponto de diferenciação ao extremo, e *estender as marcas a outras categorias e novas ocasiões de consumo.*

A onda inicial de inovação foi focada na dimensão do sabor: Toddynho lançou sabores tradicionais, como brigadeiro e napolitano, para depois evoluir a sobremesas cremosas, misturas de suco com leite e até bolinhos recheados.

Já a primeira inovação de Toddy foi uma mistura do chocolate tradicional com outros sabores, gerando as linhas Toddy Mais, Toddy Sabores do Mundo e Toddy 3 em 1. Num segundo momento a marca entrou em novas categorias, como bolachas e panetones. A intensa agenda de inovação permitiu dar à Toddy uma "imagem de líder", apesar de ser a segunda na categoria.

Coqueiro iniciou a sua agenda de inovação com produtos com molhos e sabores brasileiros, como Sardinha Carioquinha e Baiana, para posteriormente evoluir para o Patê e a Salada de Atum. A agenda de inovação da marca Quaker iniciou com aveias saborizadas e com inclusões de frutas e cereais matinais, seguindo com barras de cereais, biscoitos de aveia e bebidas lácteas misturadas com suco.

Em todos os casos, além do impacto econômico positivo, a inovação trouxe para as marcas melhoras históricas nos indicadores de percepção do consumidor, como, também, criou um halo de dinamismo, modernidade e alto valor percebido.

Quase sem procurá-la, iniciamos uma verdadeira *revolução na indústria de alimentos*, transformando e liberando o potencial de marcas e categorias de produtos que haviam sido pouco – ou nunca – alvo de inovações. Essas marcas agora passavam a trazer novidades maravilhosas a cada bimestre, que procuravam cativar a chamada "nova classe média brasileira", com crescente poder aquisitivo e procurando novas experiências de consumo.

Execução no PDV/In-Store Awareness

A transformação do portfólio da Quaker requereu um entendimento aprofundado do consumidor e suas necessidades, prévio ao desenvolvimento de novos conceitos e produtos. Também postou o desafio de entender como comunicar essa transformação e novidades a clientes e consumidores. Isso demandou um cuidado especial, uma vez que grandes iniciativas como esta podem fracassar por uma execução defeituosa no ponto de venda. Novos planogramas, cadastro dos novos produtos, espaços adicionais e abastecimento oportuno das áreas de venda foram fatores cuidadosamente planejados e treinados extensivamente.

Um elemento essencial dessa transformação foi a consecução de *espaços adicionais* para garantir maior visibilidade (*in-store awareness*) da inovação. Para maximizar o impacto desses espaços adicionais, uma nova geração de merchandising temporário foi desenvolvida para cada marca do portfólio. Assim, surgiu um conceito temporário chamado "mancha" de grande efetividade. Ele procurava vestir os espaços adicionais com material modular reutilizável com as cores e elementos da marca.

Os impactos positivos dessa transformação toda foram múltiplos, e muitos duram até hoje. Mas, sem dúvida, os dois maiores impactos de todos foram o de ver a PepsiCo sendo reconhecida como a *companhia mais inovadora da indústria de alimentos* pela revista *Exame*, e o de ter construído um negócio sustentável, que hoje é pilar fundamental do sucesso da empresa no Brasil.

Conquistando novos segmentos de consumidores: a estratégia para o público adulto da Elma Chips

Em 2003, iniciava-se um governo que tinha o incentivo ao consumo como política para motorizar a economia e promover a mobilidade social, com grande foco no crescimento da classe média. Assim, a Elma Chips começou uma análise profunda da sua base de consumidores por meio de diferentes segmentações, no intuito de identificar oportunidades de crescimento.

A primeira análise foi quantitativa e cobria a penetração da categoria em cada faixa etária. Um dos achados mais significativos foi a *baixa presença da categoria de salgadinhos nos segmentos mais adultos*, que representavam mais de 40% do total da população. Essa informação virou a hipótese de estudos qualitativos posteriores focados no *shopper* e seu comportamento no ponto de venda. Eles mostraram a *baixa conexão emocional* desse grupo etário com uma categoria dominada por marcas para públicos mais jovens, como Ruffles, Doritos, Cheetos, Fandangos e Yoki.

Assim, foi desenvolvida uma *estratégia para o público adulto*, que incluía um portfólio de novos produtos com elementos de alta significância para essa faixa etária, uma *comunicação* com códigos mais intimistas e sofisticados que refletissem *ocasiões de consumo* e incluíssem outros produtos do universo adulto, como o vinho. Também incluía um *plano de exibição* dos novos produtos separado do resto do portfólio, utilizando material de exibição com imagens, cores e desenhos ligados ao público-alvo.

A marca insígnia do novo portfólio foi "Sensações", que trazia uma proposta de naturalidade e sofisticação. O produto estrela eram as batatinhas lisas com um toque de azeite de oliva e sabores suaves baseados em ingredientes naturais. A segunda era "Sabores da Terra" com chips de raízes típicas como mandioca e inhame sem ingredientes artificiais, e finalmente estava "Stax" com suas batatinhas em tubo com sabores de distintas partes do mundo.

As embalagens também procuravam transmitir a simplicidade e naturalidade dos ingredientes por meio de imagens fotográficas (evitando desenhos, para dar maior realismo e autenticidade) e códigos de cores suaves sobre superfícies com predominância do branco ou preto.

O *story-telling* da comunicação tinha a ver com sofisticação, ocasiões de consumo intimistas e elementos de alto nível aspiracional. A estratégia de exibição estava sustentada por um display de ferro artesanal (o resto do portfólio usava display plástico), decorado com imagens de consumidores-alvo em ocasiões de relaxamento e indulgência.

Além do descrito, o projeto demandou uma *mudança cultural* em várias áreas da companhia. Os vendedores, por exemplo, tiveram de articular perante o cliente um discurso de venda diferenciado para o novo portfólio, além de precisar conseguir espaço adicional para o novo display. Os grupos de marketing e agências de publicidade também tiveram de aprender a conhecer o consumidor adulto em profundidade, para poder criar a comunicação, promoção e exibição que o cativasse.

Este portfólio teve sucesso crescente. Indicadores de penetração na população adulta aumentaram substancialmente, abrindo um novo horizonte de crescimento e rentabilidade para a companhia.

Liderança: a capacidade de influenciar vontades

Mesmo que utilizado em outros contextos, gosto de pensar a *liderança como um conceito atrelado fundamentalmente ao universo das pessoas* e que fala da capacidade individual de influenciar positivamente a vontade delas.

Já tive o prazer de liderar uma organização com mais de 14 mil pessoas no Brasil. Como líder de um grupo tão numeroso, aprendi que o maior sinal de respeito que pode ser dado é o de *acreditar na competência e profissionalismo das pessoas* e lhes dar autonomia para decidir. Nesse mesmo sentido, acredito que o nível de exigência sobre cada pessoa deve ser proporcional ao seu potencial, para ajudá-las a superar as barreiras do "não vai dar", "já foi tentado" ou "é o que tem". É fundamental *desafiar e incentivar as pessoas a transformar realidades adversas* e procurar sem descanso a chave que abra a porta da solução correta.

Sem dúvida, *liderar pessoas é a melhor parte da vida de um executivo.* Líderes gostam de pessoas, de interagir e ajudá-las a materializar seus anseios. Além da tradicional motivação para conseguir resultados, os líderes têm a *maravilhosa oportunidade de assumir o compromisso de ajudar a melhorar a vida das pessoas* das nossas organizações, pelo nosso exemplo, conhecimento, conselho e experiências de vida.

Pode parecer exagero, mas, acredite: *as pessoas que você lidera, e que vão ajudá-lo a conquistar resultados, esperam isso de você!*

FÁBIO BURG MLYNARZ
EXPERIENCE: CHIEF EXECUTIVE OFFICER AT GRUPO RAI

Quando o Empreendedorismo É Nato

Pensar e agir de forma inovadora para identificar oportunidades de negócios e ter capacidade para realizá-las é muito importante no mundo corporativo. Um empreendedor sabe que o que o diferencia é enxergar além, acreditar no seu potencial e investir independentemente dos riscos que poderão aparecer ao longo do caminho. Desde criança, essas características estiveram presentes em minha vida.

Lembro-me de ter começado minha trajetória empreendedora com os recortes de papel que fazia e vendia para os meus amigos e familiares. Um pouco mais "experiente", no auge dos meus oito anos, montei, digamos, o meu primeiro negócio. Construí uma pequena banca com caixas de feira que empilhava de tempos em tempos em frente ao prédio onde morava. Quem passava pelas ruas dos Jardins, um bairro de classe média alta de São Paulo, estranhava aquela cena.

Por ali, eu comercializava os *souvenirs* que a minha avó comprava na região da 25 de Março e as meias feitas pelo caseiro da casa dos meus avós, em Campos do Jordão, que eu comprava para revender. Sem perceber, o meu lado empreendedor já havia despertado. Mas foi durante o Ensino Fundamental que comecei a dar vazão à minha vocação e investi na venda de chaveiros e de borrachas para os colegas do colégio. A ideia era clara para mim: por que não aproveitar os intervalos das aulas para ganhar dinheiro?

Como sempre fui muito ativo, voltei minhas atenções para outras oportunidades que a escola proporcionava. E, assim, com a ajuda de outros alunos, organizei alguns campeonatos esportivos e cheguei à presidência do grêmio estudantil, onde fundei o jornal da escola. Meu envolvimento com a organização dessas atividades também era mais uma demonstração de liderança e de empreendedorismo. Eu já sabia que, a partir daí, seria necessário conhecer outras possibilidades para desenvolver por completo essas minhas vocações, bem como lapidar meus talentos.

Logo que entrei na faculdade para cursar Publicidade e Propaganda, iniciei a carreira em uma distribuidora de filmes de vídeo. E, como gerente de marketing, aos 18 anos, criei uma agência de comunicação dentro da empresa em que trabalhava, o primeiro passo que mudaria para sempre a minha vida. Assim nasceu a *Connect*, agência voltada ao marketing direto, aberta em sociedade com um amigo da faculdade. Dessa vez, porém, o meu negócio era de verdade, e não mais feito com caixas de feira ou com recortes de papel.

Com o passar dos anos e mais experiente, decidi usar o meu Trabalho de Conclusão de Curso (TCC) para ser justamente o que eu já estava destinado a ser: um empreendedor. Não posso negar que meu avô, Hermann Burg, teve um papel muito importante nessa decisão. Prestes a se aposentar, ele me ofereceu uma pequena sala na garagem de sua empresa de engenharia para que eu pudesse empreender de verdade. Mesmo acreditando fortemente em meu potencial, penso que ele jamais imaginou que, 25 anos depois, a agência criada com o incentivo dele se tornaria um dos maiores grupos independentes de comunicação do Brasil.

O Grupo RÁI, que em hebraico significa vida, mudou a minha vida e a de muitos colaboradores que fazem parte desse negócio. Ao fundar a empresa, o conceito *omnichannel* não era popular, não estava em evidência, tampouco em discussão entre as agências no país. A ideia de apostar na criação de uma empresa de comunicação com este DNA e braços articulados, que trabalham de forma autônoma e se integram quando necessário, foi uma das minhas principais motivações ao empreender.

Justamente por acreditar que esse seria o modelo de negócios do futuro e que, até aquele momento, era considerado impossível, optei por investir nos diferenciais do *omnichannel*. Hoje, o mercado pede e fala sobre este formato, no qual somos pioneiros e em que, ao longo dos anos e cada vez mais, tornam-nos referência em todo o Brasil. Com 25 anos de história, o Grupo RÁI é composto por sete empresas, que atuam nas áreas de publicidade e propaganda, promoção e eventos, assessoria de imprensa e projetos editoriais, tecnologia e mídias sociais, produção audiovisual e 3D, *branding* e logística.

O sucesso desse modelo de negócios que criei, e tenho aperfeiçoado com o passar do tempo e com a contribuição de um capital humano qualificado, tem a ver com a estrutura diferenciada da agência. Além dos colaboradores estarem em um único espaço físico, alinhamos as áreas táticas e técnicas que englobam o Planejamento, o Atendimento e a Mídia.

Esses departamentos são responsáveis pelas estratégias que conectam as diversas ferramentas comunicacionais que disponibilizamos. Dessa maneira, todas as áreas são movimentadas para conectar e gerar, ao mesmo tempo, resultados positivos e globais aos clientes, nos mais diversos canais – o que é um grande desafio, sem dúvida, mas diminui, e muito, os atritos gerados no meio do caminho.

Inspiração familiar

Acredito que cada pessoa tem a capacidade de nos influenciar, tanto negativa quanto positivamente. Meu avô, que sempre foi extremamente perfeccionista e detalhista, ensinou-me a extrair o máximo de cada pessoa e de cada situação.

Não posso negar que até hoje meu avô é a minha maior influência no empreendedorismo. Bem-sucedido profissionalmente, ele sabia inovar e fazer o seu negócio prosperar. Para se ter uma ideia, ele construiu mais de 100 belíssimos empreendimentos na capital de São Paulo e na cidade de Santos, onde foi pioneiro na construção de condomínios com mais de três torres. Outro grande exemplo foi o meu pai, David Mlynarz Netto, que era uma pessoa tão especial quanto o meu avô. Os dois ensinaram valores que levo comigo, e que procuro passar para os meus filhos, ainda pequenos.

Acredito que o grande *start* enquanto empreendedor foi descobrir logo cedo no que eu era bom e o que me dava prazer em fazer. E este é o meu conselho para qualquer pessoa, porque achar que é bom em algo que na verdade não é deixa qualquer um em maus lençóis. O melhor é saber e ter um *feedback* de qual é realmente a sua qualidade, habilidade, o seu dom ou talento para que possa investir seus esforços para se satisfazer no âmbito pessoal e profissional.

No universo da publicidade, por exemplo, não há fórmulas mágicas. É preciso usar a criatividade, ter muito jogo de cintura, além de talento, claro, para alcançar o sucesso. Saber qual é o seu grande diferencial pode ajudá-lo a se destacar na área e fará realmente a diferença para conquistar os seus objetivos. Então, reafirmo que o meu grande conselho é: descubra no que você é bom, pois todo mundo tem algo que faz acima da média, de maneira excepcional.

***Cases* de sucesso**

Uma das principais histórias de sucesso do grupo é com a rede de *fast food* Subway. Em oito anos, a RÁI contribuiu para a construção da marca no Brasil. Quando chegou ao país, a Subway tinha treze pontos de venda. Ao longo dos anos, desenvolvemos um trabalho com o marketing da marca para edificar e solidificar a companhia em todo o território nacional e saltamos para mais de 1.300 pontos nas cinco regiões do Brasil. Sem dúvida, fizemos parte da trajetória de sucesso da companhia e nos orgulhamos muito disso!

Outro *case* grandioso é o da Liberty Seguros. Hoje, a marca é uma das três principais seguradoras do País, no entanto, quando conquistamos a conta, há nove anos, era a 27ª. Vale destacar que trabalhamos com um investimento em marketing muito menor do que os principais *players* desse mercado e, mesmo assim, conseguimos tal resultado para a Liberty. E aqui vale destacar que o envolvimento e a troca diária com o cliente, sem dúvida, fazem toda a diferença para o trabalho dar certo.

Fizemos também toda a transformação das marcas Kopenhagen Chocolates e Brasil Cacau. Desenvolvemos estratégias com o cliente que contribuíram significativamente para a expansão das duas redes. A Brasil Cacau alcançou mais de 600 novas franquias com o trabalho da RÁI. Além disso, o faturamento da marca subiu em 14 vezes durante algumas campanhas criadas pela agência. Já com a Kopenhagen, saímos de 150 lojas para 350 pontos de venda ao longo de cinco anos de parceria.

As marcas que têm suas estratégias planejadas e conduzidas pelo time multidisciplinar alinhado da RÁI – que atua em conjunto em frentes distintas – obtêm uma economia real tangível, pois reduz-se tempo e recursos quando o plano de comunicação é entregue a uma única agência. Multiplicam-se, com isso, as chances de se ter uma campanha unificada, dotada de um único sentido e fortemente estruturada para alcançar seus objetivos e resultados do negócio.

Por ter a comunicação integrada em nosso DNA, as negociações dos recursos de cada projeto de cada cliente são os mais estratégicos possíveis e, com isso, geramos os melhores resultados para os nossos parceiros.

Frustrações: parte do processo, mas não menos difíceis

Apesar de ser realizado por ter construído um dos maiores grupos independentes de comunicação do Brasil, ainda sou frustrado com algumas situações do dia a dia. Quando um cliente decide deixar a RÁI, por exemplo, fico decepcionado comigo mesmo. Embora saiba que erros acontecem e que a perda de um cliente é cíclica e ocorre em todos os lugares, tenho consciência do trabalho que desenvolvemos e do quanto nos empenhamos para entregar sempre o melhor.

De qualquer forma, posso dizer que temos "longevidade" na relação com nossos clientes, uma média acima do mercado. Percebo que não basta apenas manter a relação agência-cliente, é preciso ter parceria; isso faz com que grandes marcas continuem conosco por muitos e muitos anos, como a Alô Bebê, um dos clientes mais antigos da casa, que está conosco praticamente desde o nascimento da agência.

Desafios a serem enfrentados

Identificar as competências dos profissionais é um grande desafio para qualquer empresa, e na RÁI não foi diferente. Quando um empreendedor abre um negócio, não basta ter uma boa ideia e colocá-la em prática, é essencial ter uma equipe talentosa para alcançar êxito. O sucesso da agência está em reunir profissionais qualificados que, juntos, supram as necessidades e entreguem um grande trabalho.

Também enfrentei problemas financeiros e administrativos quando o Banco Santos quebrou e prendeu toda a reserva da empresa. Também cheguei a perder 40% do meu faturamento em dois meses ao depositar todas as fichas em poucos clientes, ainda que grandes – entre outras situações delicadas. Atravessar essas fases difíceis me fez lutar ainda mais pelo sucesso do Grupo RÁI; jamais deixei de acreditar no meu sonho de empreender e, de certa forma, o "barbudão" lá em cima me ajudou bastante.

Daqui para frente

Acredito que a principal dúvida de quem chega a um nível alto na carreira é o que vai fazer dali para frente. Pensando nisso, comecei a investir minha energia em outros projetos. Depois de assistir a uma reportagem do programa "Profissão Repórter", da TV Globo, que mostrava a realidade de alguns pais da Zona Norte de São Paulo que não podiam trabalhar por não terem com quem deixar seus filhos, passei a empreender na área social.

Em 2013, inaugurei a Fundação RÁI Vida. O intuito é oferecer a crianças de baixa renda um espaço adequado sob a orientação de uma pedagoga e de uma equipe de educadores para que participem de atividades complementares e sejam capazes de estimular o educar e o saber. Fundei a ONG sozinho para dar novas oportunidades a esses pequenos, assim como as tive em minha vida. Conto com o auxílio de pessoas que abraçaram essa causa comigo, mas ainda estou engatinhando para profissionalizar a instituição e oferecer o melhor para as crianças.

Após ter passado por tantas histórias e tantos ensinamentos, lembrei-me de que, quando criança, queria ser bombeiro. E, no fundo, acho que me tornei justamente isso, mas em uma versão "de terno e gravata". Isso não quer dizer que não corro riscos, mas são riscos diferentes, pois na publicidade se apaga incêndio todo dia, seja a cada nova campanha ou a cada conta conquistada. É essa realidade que me instiga a enxergar além e a seguir em busca de novas oportunidades e grandes desafios, afinal, pelo caminho daqueles que correm riscos sempre haverá altos e baixos, mas o importante é seguir empreendendo, seja para se reerguer, seja para apreender, seja para crescer.

FÁBIO RITO BARBOSA
EXPERIENCE: CHIEF FINANCIAL OFFICER AT SEREDE/OI

Da Escola Pública à Diretoria Administrativa Financeira

Sempre fui um aluno de escola pública, do Ensino Fundamental à universidade, passando pelo Colégio Municipal Prudente de Morais, Colégio Pedro II e cursando Economia na Universidade Federal Fluminense (UFF). Meus pais não tinham condições de arcar com todo o investimento em educação, mas me proporcionaram um bom curso de inglês, e a primeira vez que desembolsei com educação formal já foi na pós-graduação, no MBA em Gestão Empresarial na Fundação Getúlio Vargas (FGV), dessa vez totalmente custeado por mim. Na época, trabalhava como gerente de projetos e consultor sênior na Datasul, atualmente Totvs.

No início da carreira é sempre difícil saber onde se situar, pois escolher sua profissão para o vestibular aos 16 anos não é fácil, uma vez que lhe faltam informações e maturidade. Por Economia, principalmente no viés da UFF, o aluno é prioritariamente preparado no sentido de escrever artigos, desenvolver análises amplas, o que ajuda, e muito, na profissão, mas não convergia integralmente com meu objetivo de trabalhar como um alto executivo de empresa privada. Achava um absurdo, por exemplo, matemática financeira não ser matéria obrigatória e ter de buscar cursar como matéria optativa ou eletiva.

Comecei como estagiário no Banco do Brasil, no setor de malotes. Não tinha muita conexão com o que aprendia na faculdade ou tinha em mente para a minha carreira, mas me proporcionou grande senso de organização e, por questões financeiras, saí do estágio e comecei a trabalhar como atendente de telemarketing na Redecard/Credicard. Lá, comecei a me destacar por conseguir entender bem o encadeamento dos procedimentos e ter uma visão mais voltada para o todo, então fui promovido para a função de *help desk*, papel de quem esclarece dúvidas de procedimentos dos demais atendentes. Foi uma experiência que contribuiu demais para o desenvolvimento da paciência, do autocontrole e do raciocínio rápido sob pressão, pois a grande maioria das ligações que você recebe dos clientes não são em clima amistoso.

Nessa mesma época surgiu a oportunidade de ir para a Datasul, quando fui indicado para a entrevista por uma grande amiga de faculdade que lá estagiava. Comecei como estagiário de consultoria na área financeira, tanto de implementação de sistema ERP quanto no mapeamento, análise e redesenho de processos de trabalho e de estratégias. Percebi que aquele caminho fazia sentido com o que eu queria seguir. Eu não me permitia trabalhar tendo uma visão segmentada, sempre busquei a visão integrada. Além da área de controladoria e finanças, posteriormente me expandi para a atuação em suprimentos, materiais, logística, TI e recursos humanos. Tenho essa vertente da visão global enraizada, sempre busco o entendimento total e isso é que me faz conseguir tomar as decisões embasadas, percebendo todo aquele organismo e como funciona de forma correlacionada. Pude atuar em diversas empresas importantes por intermédio da Datasul, o que enriqueceu muito minha carreira.

Aprendendo na prática, com perseverança e olhar no futuro

Como funcionário direto, também tive a oportunidade de estar em grandes empresas, como o Sesc (Serviço Social do Comércio), que tinha mais de dois mil funcionários e, na época, contava com 23 unidades distribuídas pelo Estado do Rio de Janeiro. Outras companhias fortes no mercado foram o Grupo L^{2}R, que é a principal empresa no segmento em que atua, a Carvalho Hosken, que provavelmente é a que tem maior ativo patrimonial e potencial de desenvolvimento de novos negócios, e a Serede, onde estou atualmente e que é a de maior faturamento e maior quantidade de funcionários, em torno de vinte mil distribuídos em vários estados do Brasil.

Na L^{2}R, que é *holding* de um grupo de empresas de mobilidade urbana, trabalhei como diretor administrativo financeiro, até receber uma proposta profissional da Serede, uma subsidiária da Oi que presta serviços de redes de telecomunicações para atendimento em ambientes internos e externos. A proposta, muito desafiadora, era também para ser diretor administrativo financeiro, então acabei aceitando. As empresas são bem diferentes, tomando-se como base o tamanho, mas com desafios muito significativos em ambas. Na Serede é uma operação muito maior, que envolve muito mais gente, além de uma proposta profissional com um grau de exposição ao mercado bem superior. Foi um dos passos mais audaciosos da minha carreira, considerando estar muito bem na L^{2}R e gostar muito da empresa, mas julguei que profissionalmente deveria abraçar tal desafio.

Na Serede, a responsabilidade é enorme, mas em outras empresas também foi. Em todas elas, acabei participando de momentos marcantes e com legados significativos. No Sesc, por exemplo, não tinha nenhum sistema ou processo formal. É uma empresa privada, mas que funcionava praticamente como uma repartição pública arcaica. Com a redefinição de todos os processos e a implementação de um sistema integrado de gestão, foram criados indicadores de medição de *performance* para todas as áreas, inclusive para a atividade-fim (cultura, esporte, turismo, saúde e socioeducativo), e a criação de novos setores corporativos. Além disso, também foi construído um novo modelo de gestão, um plano estratégico estruturante, e criados um centro de serviços compartilhados (CSC) e um escritório de projetos (PMO). Estive envolvido em todas essas frentes, e na liderança e na concepção de grande parte delas. Foi uma enorme transformação pela qual a empresa passou e com o meu nome gravado ali na história. No Sesc e no Senac pude aprender a lidar e a respeitar as diferenças entre os indivíduos, assim como a extrair o melhor do que podem oferecer.

Na Carvalho Hosken, houve o desenvolvimento de um amplo diagnóstico empresarial que culminou na implementação de um sistema integrado de gestão e na redefinição, com criação de manuais, de todos os processos que revirou a empresa do avesso no que diz respeito ao funcionamento das áreas administrativa, financeira e de recursos humanos. Na L²R, foi muito similar, além da mudança de uma sede pequena para uma gigantesca que agregava todas as áreas de gestão e o pátio para as áreas operacionais. Ocorreu também o desenvolvimento do planejamento estratégico e da matriz de controles internos, bem como da revisão dos processos de trabalho, estruturação de novas áreas com redução de custos e implementação de um sistema integrado de gestão, acrescido do constante desafio de manter as finanças saudáveis com a grave crise financeira do Governo do Estado do Rio de Janeiro, o principal cliente. Todos esses temas estavam sob responsabilidade das minhas equipes. Ou seja, por todas as empresas que passei, acabou acontecendo esse tipo de revolução. Contudo, gosto de mudar para melhor sempre, mas com planejamento embasado e estruturado.

Procuro sempre ser muito educado e passar orientações claras. Mesmo assim, meu nível de exigência é altíssimo. Meu estilo é colaborativo, amável, maleável e isso acaba fazendo diferença, porque muitas vezes as pessoas entregam as tarefas por fazerem com gosto, já que sabem aonde queremos chegar e qual o papel delas na caminhada. Tive a oportunidade de alavancar a carreira de muita gente assim. Secretárias tornaram-se analistas, analistas tornaram-se coordenadores, coordenadores tornaram-se gerentes e gerentes tornaram-se diretores com a minha contribuição. Acredito que não existe liderança sem transferência de conhecimento, sem empoderar as pessoas e fazê-las se desenvolverem. Você aprende com elas, e elas com você. Elas precisam ter ambição de estar no seu lugar, sem "puxar o tapete" de ninguém, para que você também possa trilhar seu caminho de crescimento. Precisa existir alguém pronto para assumir sua posição para te permitir alçar voos maiores. Eu sou muito transparente e realista ao lidar com isso.

Ao mesmo tempo que sou muito agitado, inquieto e com alto senso de urgência, por não me conformar com as coisas como elas são ou sempre foram, sou uma pessoa bem tranquila e calma, que tem a perfeita noção de que a "chave não vira em um estalar de dedos" e que é necessário ter uma estratégia de progresso. Faço tudo ao mesmo tempo, consigo lidar com vários projetos e tocar várias frentes de trabalho simultaneamente, mas todas voltadas para o objetivo central definido pela estratégia corporativa.

Frustrações sim, desistência jamais

Na Datasul, quando ainda era estagiário, o meu principal monitor veio de São Paulo e começou a me ensinar normalmente. Porém, em determinado momento, decidiu interromper e me deixar "de lado" porque eu perguntava demais. Aí eu pensei: "Vou aprender sozinho!". Ficava até às quatro da manhã no cliente estudando, vendo como funcionava o processo, como deveria se comportar o sistema. Até que chegou um ponto em que eu sabia tanto ou mais do que ele. Ao final, se tornou um grande parceiro de trabalho e só confiava em esclarecer dúvidas comigo. Entrei como estagiário e rapidamente já havia me tornado consultor sênior e gerente de projetos.

Eu era um dos consultores mais conceituados quando me transferi para o Sesc, que era, junto com o Senac, alguns dos meus melhores clientes que me fizeram propostas, o que mudou o rumo da minha carreira de consultoria para executivo de empresa.

Se for parar para pensar, nem vou me lembrar exatamente do que já foi frustrante na minha carreira. Não sou uma pessoa de ficar remoendo, viro a página e parto para a próxima. Acredito que uma coisa que posso citar como frustração pessoal seria uma do Sesc. Quando trabalhava lá, recebi uma proposta muito boa de outra empresa e, ao falar sobre isso internamente, recebi uma contraproposta para ficar, e aceitei. O problema é que o acordo nunca foi honrado, porque houve uma mudança na diretoria regional e quem assumiu não sabia do que havia sido acordado e quem havia feito a contraproposta ficou receoso em trazer o assunto à tona. Me senti muito desrespeitado.

Ter o combinado descumprido foi frustrante, é claro, mas foi superado e nunca deixei de trabalhar com o mesmo afinco de sempre e, depois de algum tempo, acabei sendo promovido para uma posição ainda melhor do que a da contraproposta.

Outra situação frustrante foi um projeto da Carta Fabril que não foi concluído. Houve um conflito interno muito grande entre os acionistas e o vice-presidente que havia sido trazido para comandar o processo, a quem me reportava diretamente. Isso travou todo o projeto. Então, comuniquei a este vice-presidente que gostaria de planejar minha saída, pois daquela maneira nada funcionaria. Após a decisão final sobre a minha saída, avaliei qual seria a melhor oportunidade, até que me encantei com a L²R.

É importantíssimo sabermos lidar com muita habilidade e inteligência emocional com a forte resistência à mudança e interesses individuais e egoístas. Pois muitas vezes, infelizmente, nos deparamos com pessoas que colocam seus interesses pessoais à frente dos interesses corporativos. Lidar com quem trabalha para defender o próprio emprego, o próprio bônus ou o próprio *status*, em detrimento do melhor para a companhia é sempre muito complicado, pois são valores muito distintos dos que profissionalmente deveriam ser.

Passado difícil: a força de vontade que traz o sucesso

Uma coisa que não foi comentada é que, no início da minha carreira, eu era atleta de polo aquático e recebia até ajuda financeira por bolsa atleta. Treinei por muitos anos no Tijuca Tênis Clube, até precisar interromper para estudar e trabalhar. Eu saía de casa às seis da manhã para ter aula na UFF às oito, em Niterói. Pegava ônibus, depois a barca, e então andava para assistir aula em um *campus*, depois, mais 20 minutos a pé para assistir outra aula, porque a universidade é espalhada pela cidade. No fim, eu andava novamente, pegava a barca e ia comendo um sanduíche de carne assada que minha mãe fazia para o meu almoço, no caminho para o trabalho na Redecard/Credicard, que tinha carga de seis horas diárias de segunda a sábado. Saía às 19 horas e ia correndo para o treino, que começava no mesmo horário e terminava após as vinte e duas horas. Sábado de manhã eu tinha aula de inglês das oito às dez, este segundo curso como bolsista do polo aquático, e depois seguia para trabalhar. Era uma vida puxada, mas que me faz dar valor ao que tenho hoje e a valorizar os profissionais que se esforçam por avanços na carreira.

O esporte foi muito importante na minha formação como cidadão e profissional, pois me ensinou a trabalhar em equipe, respeitar as diferenças, erguer a cabeça nas derrotas, respeitar os adversários sempre, nunca menosprezar ninguém, respeitar as hierarquias e, principalmente, que as vitórias são coletivas e nunca individuais, que se uma peça da engrenagem não funcionar, não vai existir êxito.

Caso eu e meus pais fôssemos mais informados, na época, haveria a possibilidade de eu ter tentado cursar universidade fora do Brasil como atleta bolsista de polo aquático, mas infelizmente nossa falta de conhecimento não nos mostrou essa possibilidade. Por isso é fundamental sempre avaliar todas as possibilidades existentes para tomar a melhor decisão possível.

Acrescento também, como base na minha formação, o exemplo que recebia diariamente da minha família, que me inspirava, me dava forças e me fazia seguir em frente. Meus pais, avós, tios, são pessoas muito trabalhadoras, extremamente generosos, de muita fibra e honestidade. O legado deixado pelos meus avós ainda seguirá vivo no que depender de mim.

É clichê, mas é fato que o sucesso só vem antes do trabalho no dicionário. Na vida real não é assim que funciona. Ter força de vontade acima do normal e se aprofundar nos assuntos para compreendê-los de verdade é fundamental. E, principalmente, não ter medo de mudar, porque é na mudança que surgem as oportunidades. A discordância de opiniões que fomenta o crescimento. Costumo brincar que as pessoas apoiam as mudanças, desde que não mude nada do que elas façam. A perseverança, a humildade para saber o que você precisa aprimorar, ouvir as pessoas que se dispõem a te ajudar e a boa vontade em cooperar farão a diferença. Trabalhe em grupo, chame as pessoas para a coautoria, para dividirem o sucesso dos projetos. As ações em conjunto certamente serão enriquecidas e os coautores serão defensores e não opositores do que está sendo proposto. Só existem conquistas coletivas em um organismo coletivo como uma empresa.

Cada emprego pelo qual passei, por mais simples que fosse, contribuiu decisivamente para a formação do profissional que sou hoje, pois, independentemente da tarefa, esta era executada da melhor forma possível, com a maior seriedade possível, buscando extrair o melhor ensinamento que pudesse me deixar.

A zona de conforto para mim não existe. Passar o tempo em uma empresa esperando a aposentadoria não é uma opção. A pior resposta para mim é: "Fazemos assim porque sempre foi assim". Entregas medianas não me satisfazem. Sempre buscarei a superação a cada dia. Acredito que o impossível só existe até alguém ir lá e fazer acontecer.

FERNANDO SAMPAIO
Experience: General Manager at Sanofi

"Definir É Limitar"

Esta frase de Oscar Wilde sempre me fez pensar que planejar minuciosamente uma trajetória, principalmente a profissional, é perder a chance de se ver diante do extraordinário. Mas voar ou navegar no nevoeiro exige manter os instrumentos bem ajustados. Nessas horas, eles serão mais importantes do que simplesmente ter coragem.

Sempre que paro para pensar em carreira, prefiro me lembrar da paisagem e das pedras afastadas pelo caminho. Líderes notáveis encontrei vários durante a travessia até aqui. Eles me fizeram entender que modelos, histórias de sucesso ou experiências originais ajudam, no máximo, a evitar áreas de turbulência, mas não definem a sua rota. E as escolhas que fazemos são de nossa inteira responsabilidade. Resumindo, a minha história tem DNA próprio, mas, quem sabe, alguns dos sufocos ou acertos que vivi possam ser úteis para você.

Faz um bom tempo que me caiu a ficha: carreira de sucesso não significa apenas acumular promoções e *stock options* ou manter cadeira cativa no *green corner* da companhia. Às vezes, aparece um atalho para encurtar a via ou, de repente, colocam você no ponto de um ônibus do qual nem conhece o itinerário.

Qual é o melhor jeito de enxergar a saída? Saramago diria reconhecer a cegueira momentânea, fazer uma pausa para reflexão e recuperar, em seguida, uma visão mais sábia e coletiva. Na minha caminhada, as respostas sempre vieram das pessoas que conseguiam criar oportunidades na incerteza, que abriam mão do conforto das situações previsíveis e sabiam construir pontes sobre rios turbulentos.

É verdade que, à medida que se alcança o topo das caixinhas, tomamos uma distância perigosa – às vezes, irreversível – daqueles que inspiram e engajam as equipes no dia a dia. Para compensar a ausência, não adianta congestionar a agenda com programas motivacionais empacotados em que muito se fala e pouco se ouve. O interesse pelo que diz a sua equipe precisa ser genuíno. E você precisa dar respostas lógicas e prazos realistas àqueles que confiam em você.

E já que a estrada me motiva mais que chegar ao destino, quero convidá-los a refazer uma espécie de rota do descobrimento que revela as minhas origens portuguesas e a influência que tiveram em meu jeito de ver o mundo e enfrentar as tempestades.

Em 1952, Portugal já acumulava as cicatrizes de mais de 20 anos de ditadura: a exemplo de outros governos fascistas, que eclodiram na esteira da Grande Depressão de 1929, Salazar impôs toda sorte de medidas antidemocráticas e de intervenção nos setores da economia para se perpetuar no poder. Blindado por instituições autoritárias bem estruturadas, instaurou um forte sistema de censura e de controle dos meios de comunicação, além de infligir uma implacável perseguição política a seus opositores.

Diante desse ambiente inóspito, meus avós enxergaram esperança e perspectivas melhores no além-Atlântico. Na bagagem, com a veia empreendedora e disposição para pegar no pesado, trouxeram minha mãe e minha tia ainda pequenas. Elas iriam, bem mais tarde, com as irmãs nascidas no Brasil, garantir que a crença mais forte da família fosse transmitida a todos os descendentes: a importância do trabalho na formação do caráter.

Academia em cima de um caminhão

Logo que chegaram ao Brasil, meus avós ainda puderam assistir aos últimos anos do segundo mandato de Getúlio Vargas. Apesar do viés nacionalista, o governo tinha definido metas ambiciosas para acelerar o crescimento econômico e o processo de industrialização que contaram com forte atuação das empresas estatais, além da participação das empresas privadas nacionais e do capital estrangeiro que começava a descobrir o Brasil.

Negociador nato e trabalhador compulsivo, meu avô Manuel Antunes tinha decidido ter sucesso na vida. Não precisou de muito tempo para cruzar um oceano com a família e menos ainda para concluir que São Paulo – na época já era uma megalópole de 3,5 milhões de pessoas – não seria o seu porto. As oportunidades de crescimento de uma região mais nova o levaram ao Norte do Paraná, onde montou uma serraria e um depósito de materiais de construção. Acabou participando da política e se integrando profundamente à sociedade local. À frente do seu tempo, meu avô se apoiava na força feminina da família: a mulher e as cinco filhas comandavam com mão forte a educação dos filhos e também ajudavam nos negócios.

O trabalho me marcou ainda no berço da maternidade: nasci na pequena Primeiro de Maio e, alguns anos mais tarde, nos mudamos para Londrina. E acho que foi desta cidade que herdei a ambição de ser grande. Em pouco tempo, tive de processar a perda das figuras masculinas na minha vida: o meu pai, aos seis anos; o padrasto, aos dezenove, e o futuro sogro, aos vinte. Não sei se tem a ver, mas acho que essas ausências fizeram meu relógio pisar fundo no acelerador: fui alfabetizado aos cinco anos, entrei na faculdade aos dezesseis e me casei aos vinte e um.

Escola e trabalho sempre andaram "mano a mano" na minha trilha. Foi assim que comecei na lida aos onze anos no depósito de meu avô. Em cima de um caminhão, ajudava a carregar pedra, areia, tijolo e cimento. Acredito que a visibilidade do alto da carroceria e os músculos precoces me renderam a primeira namorada, ainda aos onze...

Evitar as trincheiras e continuar avançando

Hoje me dou conta de que precisei aprender, muito cedo e meio na marra, a não cair da moto nem a baixar o nariz do avião além do necessário.

É claro que eu também ficava bravo com minha mãe, como qualquer garoto normal de 15 anos, tentando ir ao clube em vez de trabalhar. Mas o rigor me ajudou a forjar algumas qualidades que me foram bem úteis mais tarde: disciplina e conexão com a realidade.

Com isso, praticar esportes foi o jeito que encontrei de consumir a energia represada pelo senso de responsabilidade quase obsessivo. Do judô ao karatê, passando pela natação e o motocross; já o futebol foi o meu primeiro exercício de trabalho em equipe. Cheguei a ser goleiro do Londrina Esporte Clube, mas a carreira esportiva ganhou carimbo apenas temporário no meu passaporte.

"Guarde nos olhos a água mais pura da fonte, beba esse horizonte, toque nessas manhãs". Esta música do Ivan Lins expressa em palavras o efeito analgésico e estimulante que as coisas da terra ainda exercem em mim. Adorava passar os finais de semana e as férias na fazenda da família. Sentir o cheiro do mato, do café da tarde ou da chuva funcionam até hoje como uma espécie de *pit stop* para troca de pneus, antes de voltar "rumo à capital" e sempre que a pista da vida fica muito escorregadia...

Depois de estrear nos negócios da família, fiz de tudo um pouco: construção civil, restaurante, comércio de veículos e autopeças, até chegar à indústria farmacêutica. Em todas essas passagens, descobri que minha maior paixão sempre foi liderar pessoas.

A soma disso tudo resultou em um cara em quem a emoção, às vezes, fala alto demais. Para compensar, a transparência e o diálogo com as equipes ajudaram a evitar as trincheiras e a desmontar as barricadas que nos impediam de avançar.

Em turma ou sozinho?

Cuidar do ambiente de trabalho não é apenas uma questão de reter talentos, mas de criar condições saudáveis de habitabilidade e vida criativa. Isso não significa esterilizar a atmosfera, banir a paixão e o conflito ou, pior, reunir seres que fingem pensar igual. Pode até quebrar o pau, mas precisa ser em volta da mesa, não nos corredores.

Tive a sorte de conviver com chefes corajosos o bastante para apoiarem ideias nada convencionais, sem a preocupação de se exporem ao bombardeio dos críticos de plantão... e de costume. Só não encontrei alguém que conseguisse fazer sucesso sem trabalhar muito. Se foram maus exemplos, não sei. Só sei que eu nunca consegui equilibrar trabalho e vida pessoal, mas tive uma sorte danada da minha mulher não trocar o segredo da fechadura de casa.

Para mim, fazer parte de um time é construir um mapa mental em 3D mais eficiente e com mais chances de acertar o rumo. Em ambientes de mudanças constantes, nem sempre previsíveis e na maioria das vezes radicais, é fundamental manter todos bem posicionados e alertas. A solidão da liderança é coisa que se aprende, mas não sem alguma dor, principalmente se estiver em oposição à sua personalidade. Mas tem hora que não tem jeito, as decisões mais difíceis você nem sempre consegue dividir.

Na turbulência pesada, é melhor subir ou descer?

Somos, muitas vezes, levados a achar que apenas os tornados e as chuvas de granizo que despencam na vida corporativa são o que nos fornece as melhores lições de sobrevivência. Mas nem sempre é assim.

Após enfrentar uma crise inédita na empresa, me senti uma bisnaga que entrega o último sopro de creme dental. Submeti o meu time e a mim mesmo a um enduro insano, tentando restabelecer a normalidade no menor prazo possível. Acredito que atravessamos o temporal sem fissuras, mas eu precisava abrir rápido a válvula e deixar vazar a efervescência acumulada ao longo dos meses.

Sair por aí empinando moto para baixar o estresse estava fora de questão. Queria combinar velocidade com altura, abrir ao máximo o foco das lentes e rasgar o horizonte até perder de vista. Precisava respirar. Resolvi então fincar bandeira na última fronteira de rebeldia que eu ainda não tinha alcançado: tornar-me piloto de avião.

No começo, a aviação me ajudou a trancar pelo lado de fora o dia a dia. Por algumas horas, planejamento, foco e disciplina tinham por objetivo apenas proporcionar prazer... É claro que, junto, veio a necessidade de aclimatar corpo e mente a um ambiente novo e meio assustador. Em pouco tempo, a máquina virou quase uma extensão do meu corpo.

Depois que você "veste asas" e alforria o espírito, fica mais difícil manter os pés no chão. A aviação também resgatou a sensação viciante – sou um ser gregário incurável – de fazer parte de uma confraria, de loucos iguais, que se reconhecem mesmo à distância.

Do alto de minhas "cem horas de voo", acabei repetindo várias vezes, quase sem me dar conta, o caminho de volta ao início de minha história, no Paraná. Com mais confiança, estiquei as escapadas para sobrevoar paisagens de tirar o fôlego das Minas Gerais, da região Centro-Oeste e do litoral.

Até o dia em que resolvi fazer bonito para minha filha e a levei de volta de Londrina para São Paulo no avião que tinha acabado de comprar. É claro que o tempo foi fechando rápido à minha frente e o "brevê novo" precisou se lembrar, suando frio, das recomendações do professor Jeovan. A tentação de subir acima das nuvens e escapar da turbulência era grande. Mais confortável, não era necessariamente mais seguro, principalmente no momento da descida. A decisão precisava ser rápida. Aguentar firme as sacudidas violentas, insistir em completar o trajeto – faltava tão pouco – e vestir a capa de super-herói? A cara assustada da Ana e a consciência de que me faltavam ainda muitas milhas de experiência para enfrentar tamanha encrenca me fizeram dar meia-volta e deixar a consagração para outro dia.

Ao desengavetar esse sonho, descobri que a aviação inverte o dito popular e mostra a lógica do quanto mais se aprende, mais se vive. Acho, hoje, que esta máxima vale para tudo o que importa na vida.

Propósito e liderança

Os anos parecem ter passado num piscar de olhos, mais pela intensidade do que pelo andar do relógio. Este não muda, nós é que insistimos em sufocar mais coisas em menos tempo e deixamos escapar da nossa tela experiências únicas. Tento preservar, meio que por teimosia, algumas que acho indispensáveis para seguir viagem: ter um propósito válido e exercer uma liderança sustentável.

A beleza de trabalhar em saúde é que você tem mais oportunidade de construir uma carreira profissional sem perder a dimensão humana, principalmente porque o sucesso está intimamente ligado à capacidade de fazer diferença para as pessoas.

Já a liderança, para mim, só faz sentido se, de alguma forma, eu estiver fomentando em minhas equipes líderes exigentes, engajados e éticos.

Ao mesmo tempo, tento manter uma fresta em meu Outlook surreal, para me dedicar a algo que faça sentido no plano humano. Nos últimos dez anos, tive a oportunidade e a sorte de participar, com dezenas de colegas, de uma iniciativa apoiada pela empresa desde 2005. É uma expedição anual de estudantes de medicina que prestam atendimento básico de saúde em áreas muito carentes do País. A missão tem objetivos primários de formação acadêmica, mas constrói – com as comunidades e universidades da região – um plano diretor detalhado, com estratégias e indicadores a serem monitorados a partir do diagnóstico realizado durante as duas semanas em que as equipes permanecem nas cidades.

Em áreas muitas vezes tão extensas quanto a cidade de São Paulo, o desafio começa com a dificuldade de encontrar os poucos milhares de habitantes espalhados e invisíveis pelo campo ou pela floresta inacessível. Sair, por alguns dias, do ambiente estruturado, digital e cada vez mais remoto da realidade das ruas me ajudou a rever conceitos e a calçar os sapatos de profissionais de saúde – e dos próprios pacientes – em muitas situações extremas. Aí, a missão deixa de ser apenas acadêmica para se tornar humanitária e pedagógica...

Dirigir muitos quilômetros por dia, organizar filas de atendimento, ajudar a montar farmácias e consultórios de campanha fazem parte do dia a dia. E levar alguns bons sustos também. Como buscar socorro, tarde da noite, para uma índia em trabalho de parto, na distante Belterra, às margens do Rio Tapajós, no Pará. Cidade momentaneamente sem médico, parteira sumida, enfermeiro em pânico, o jeito foi tentar encontrar o obstetra e o pediatra da expedição nos vários acampamentos muito distantes entre si. Demos sorte. E aos mais de 60 mil atendimentos realizados nos últimos anos, a expedição Bandeira Científica, da Faculdade de Medicina da USP, ainda não tinha nenhum bebê para chamar de seu.

Prevenir a catarata corporativa

Depois de sobrevoar vários mundos, acabei aterrissando de vez na indústria farmacêutica. Influência do irmão mais velho ou destino, não importa. Nunca mais me curei do tal vírus que, dizem, contamina quem se aventura nesta indústria. E lá se vão mais de vinte anos que eu realmente não vi passar.

Da mala pesada de propagandista – a famosa "Catarina" – às viagens intermináveis pelo País como gerente distrital e gerente de vendas, acabei fazendo uma parada estratégica como gerente de marketing, para entender o "outro lado do balcão". A minha formação em Humanas cobrou um mergulho mais profundo em marketing em busca de ferramentas para lançar produtos globais, em um mercado extremamente sofisticado e competitivo. Valeu a pena, mas decidi voltar ao campo, me sentindo mais preparado para liderar uma equipe de mais de 300 vendedores, carregando no peito o distintivo de gerente nacional de vendas. Um ano depois, me tornei diretor de uma unidade de negócios e, em 2011, assumi pela primeira vez a direção-geral de uma empresa com mais de 2.300 funcionários, a maior operação do grupo no País.

E aí? Apesar do frio no estômago com a novidade, o espírito insatisfeito não podia ficar apenas tocando o "arroz com feijão" de uma estrutura consolidada. Mas como sacudir modelos tradicionais em um segmento cujas transformações permeiam questões cruciais, como inovação científica, gestão de recursos públicos, poder aquisitivo e acesso a tratamentos essenciais?

De cara, era preciso dar chance às iniciativas em curso, mesmo as que estivessem gerando dúvidas. Corrigir a rota, se necessário, e reavaliar com mais tempo e conhecimento de causa é sempre mais prudente do que sair derrubando obras de outros engenheiros. A vaidade da autoria pode fazer você perder tempo ou boas oportunidades.

É claro que todos queremos deixar marca própria e, de preferência, fazer escola. Foi aí que a visão panorâmica cobrada na aviação me levou a propor um *checkpoint* na eficiência operacional do grupo e não apenas em minha área. Ainda seria possível agregar valor ao negócio diante dos desafios logísticos do País? Como expandir o território, desbravar áreas longínquas de maneira rentável ou definir uma estratégia competitiva e sustentável com um portfólio tão abrangente?

Para combater a catarata corporativa, que acomete muitas vezes quem acha que já viu tudo e testou todas as fórmulas, foi preciso colocar em segundo plano as estatísticas e auditorias tradicionais, retornar pessoalmente às bases e tentar fazer um diagnóstico baseado em evidências colhidas diretamente nas ruas.

A resposta veio de pensar o negócio ao contrário... A partir da necessidade do cliente que estava fora do campo de visão de um grupo muito diversificado. A ideia de ocupar novos espaços ganhou contornos mais nítidos graças aos bons *insights* colhidos em um curso de estratégia do IMD, na Suíça, mas tomou forma e corpo com a contribuição de colegas e das equipes locais que se reuniram para construir uma matriz estratégica, financeira e logística integrando as peculiaridades dos diferentes negócios. Desse exercício, emergiu um espírito mais colaborativo, pelo qual, juntos, aprendemos a enxergar o todo e a compartilhar recursos. Em troca, a organização ganhou profissionais polivalentes e uma cobertura inédita de áreas econômicas potenciais até então desconhecidas.

Quatro anos mais tarde, precisei reformatar mentalmente o plano de voo. O desafio não era pequeno e me tirava, mais uma vez, do nível de cruzeiro: sair de um mercado emergente – no qual aprendi a ficar menos assustado com os *cumulus nimbus* no horizonte – e assumir a filial portuguesa, em um continente maduro e mais complexo. No Brasil, a população experimentava grande mobilidade social e ampliava o acesso a cuidados essenciais de saúde. Sem impor modelos prontos, decidi levar para Portugal apenas "milhagem" e energia para descobrir oportunidades diferentes de crescimento.

Depois de quatro mudanças de Estado em oito anos, três empresas e uma carreira que evoluiu a uma velocidade algumas vezes angustiante para mim e minha família, fiz – sem ter planejado – a expedição de retorno à terra dos meus avós. Trouxe na bagagem alguns fios de cabelos brancos, muitos quilômetros rodados e a mente aberta para novos aprendizados. E na companhia de duas mulheres poderosas, esposa e filha, que dão sentido à minha jornada.

Diário de bordo

Fernando, brasileiro, casado com a psicóloga Valquíria há 27 anos e pai da estudante de Publicidade Ana, iniciou a carreira na indústria farmacêutica há 22 anos, em grupos como Aché e Abbott, em que ocupou funções na área comercial e de marketing.

Na Sanofi desde 2001, foi gerente de marketing de cardiometabolismo e, em seguida, gerente nacional da força de vendas. Em 2005, assumiu a diretoria de uma Unidade de Negócios, logo após a fusão entre a Sanofi e Aventis. Em 2009, esteve à frente da diretoria de operações Farma, que reunia três unidades de negócios. Em 2011, foi nomeado diretor-geral da Sanofi Farma, a maior operação do Grupo Sanofi no Brasil, com cerca de 2.500 colaboradores. Desde 2015, é diretor-geral da Sanofi Portugal.

Graduado pela Faculdade Estadual de Filosofia e Ciências do Norte do Paraná, fez uma pós-graduação em Marketing pela Universidade Estácio de Sá no Rio de Janeiro. Nos últimos oito anos, participou de vários programas de alta gerência e estratégia: em Harvard (2008), na FGV/Universidade de Berkeley (2010) e no IMD (2014).

GIORGIO PRADI
EXPERIENCE: DIRECTOR RETAIL EUROPE AND LATIN AMERICA AT LUXOTTICA GROUP

Minha Vida, um Case Luxottica

O acaso e a sorte

Meu primeiro contato com a Luxottica veio por meio da faculdade de Economia Empresarial. Ela ainda não era muito famosa, estava no começo de suas atividades – foi uma das primeiras empresas italianas a expandir filiais pelo mundo. A política deles era colocar um representante local, jovem, recém-formado e que também fosse cidadão italiano; era uma garantia de segurança para a própria empresa.

A busca pelo primeiro emprego era tão intensa quanto a vontade de me livrar do recrutamento para o serviço militar. Para tornar isso uma realidade, qualquer emprego seria suficiente, desde que fosse no exterior e surgisse antes de completar 25 anos. Assim, tudo passou a ser possível com a indicação de um amigo, que também havia trabalhado na Luxottica pelo mesmo motivo – fugir do serviço militar. Novamente via aquela empresa italiana cruzar meu caminho, quem sabe dali em diante meu futuro...

O interesse por transnacionais já vinha desde a minha especialização, mais pontualmente apresentada pela tese inovadora do professor Sergio Vaccá, cujo estudo apontava que essas filiais abertas teriam nova estrutura, tanto de organização, quanto de cultura e economia, algo completamente adaptado ao local. Era uma visão completamente diferente das multinacionais que seguiam os padrões das suas respectivas sedes.

Desejando tanto respirar outros ares e com o propósito de me livrar da obrigatoriedade de perder um ano no exercício militar, a sorte foi um ingrediente muito presente no começo da minha carreira, pois trouxe consigo uma vaga de diretoria em Portugal, em um ramo jamais imaginado e em uma empresa na qual nunca almejei trabalhar. Sendo o primeiro emprego e já com tanta responsabilidade – assumir uma filial com lucro de aproximadamente 6 milhões de euros –, a sorte mais uma vez deu uma "forcinha". Ocupar uma posição que exigia tamanha responsabilidade era, sem dúvidas, muito gratificante e de tamanho privilégio.

HISTÓRIAS DE SUCESSO 2

Segui, sem medo e sem olhar para trás, com meus 24 anos e 8 meses de vida. Sem experiência em diretoria e muito menos com o domínio da língua portuguesa, fui para Portugal. A sensação de privilégio era acentuada quando pensava nos meus amigos, que, com muito mais experiência e idade do que eu, iniciaram suas carreiras em pequenas empresas locais, com cargos baixos. Aquela experiência na filial, com misto de dificuldade e entusiasmo pelo novo, fez com que me apaixonasse e não retornasse ao meu país natal.

Eu resumiria meus cinco anos de experiência em terras lusitanas como "sorte", desenhada pela companhia de pessoas respeitosas e de espírito colaborador, mesmo com o único italiano e mais jovem ocupando o cargo mais alto da empresa. Lá eu aprendi muito, talvez a maior experiência que tive, pois era necessário compreender todos os processos, desde o trabalho do armazém à venda de óculos para os clientes. Foi para mim como um mestrado em que aprendi no campo todas as funções de uma empresa.

Como sempre na vida profissional, chega uma hora em que tudo o que você precisa aprender já foi aprendido e realizado dentro da empresa. Era hora de buscar novos desafios, crescer mais.

A maré positiva continuou me acompanhando, o diretor-geral me ofereceu duas oportunidades de escolha para expandir meus aprendizados, no Canadá ou na Espanha. A filial espanhola – minha escolha – tinha acabado de adquirir a Ray-Ban, uma empresa tão grande quanto a própria Luxottica. Eu fiquei tão agradecido que deixei a empresa decidir o meu futuro: a decisão do diretor nessa época foi a minha – Espanha! Assumi a responsabilidade da divisão Ray-Ban, uma marca fortíssima, que acabara de entrar para o time Luxottica. Assumi isso com muita energia e paixão, afinal, aquilo representava novos desafios e aprendizados. Tive de integrar um time de 30 vendedores acostumados a trabalhar anteriormente com outros processos, cultura, ambiente mais americanizado dentro de uma empresa totalmente italiana.

A Espanha se encontrava em pleno e total crescimento; na época, era o país que mais crescia dentro do continente europeu. Em 2003, devido aos excelentes resultados da minha divisão, veio uma proposta ainda mais desafiadora, ser responsável por toda a Luxottica da Espanha. Cinco anos depois, a empresa alcançava o topo de vendas no mercado mundial, ultrapassando as vendas no país de origem ou de qualquer outra filial existente no mundo.

A liderança e a crise

Tudo parecia caminhar muito bem, porém a vida possui altos e baixos. No mesmo ano tive a primeira experiência como líder a enfrentar uma crise. E como é estar diante disso, enfrentá-la... O cenário? Queda de 40% nas vendas a cada semana. Recordo que foi o momento mais difícil da minha carreira, sem saber o que fazer, completamente desorientado, afinal, eu era um "marinheiro de primeira viagem" nesse assunto.

Quando o vento está a favor, tudo é muito fácil, você não pensa em problemas periféricos, pensa apenas em vender, sem se preocupar tanto com a estrutura àquela lógica. Antes, as oportunidades caíam do céu; agora, tinha chegado o momento em que eu precisava caçá-las, ir em busca de estratégias. A saída? A minha foi parar por um instante e mapear rapidamente os problemas, externos e internos, procurando soluções e alternativas, quaisquer que fossem. Encontrar pessoas mais qualificadas, pensar, de fato, em construir o próprio time – recrutar pessoas novas, com novas ideias, foi uma delas.

Resultado: reformulei toda a estrutura da Luxottica, do comitê de direção ao *head* de vendas. Foi um dos momentos pessoais mais difíceis para mim, já que foi preciso desligar em pouco tempo muitas pessoas, sobretudo muitos amigos que me acompanharam e ajudaram durante muitos anos. Essa brincadeira, um tanto quanto arriscada, terminou em 75 demissões após o corte de comissões; enquanto em 2008 trabalhávamos com 140 vendedores, em 2013 (com duas marcas a mais no portfólio, inclusive a Oakley) esse número não passava de 65. A estratégia em segmentar diferentes tipos de clientes também ajudou, bem como tratar a revisão como uma atividade corriqueira. Nós recuperamos algo em torno de 5 a 9%; foi um risco muito alto, porém necessário, e ao final deu tudo certo.

As crises nos fazem pensar, encontrar um meio, uma solução criativa, ou mesmo começar de baixo quando se percebe que algo muito importante está faltando. Aprendi que em todas as crises – todas – você necessita de um time com o qual possa contar, se apoiar, confrontar ideias e, às vezes, também discutir.

Depois da tempestade, aprendemos lições incríveis, insubstituíveis, em pequenas doses. O segredo para se dar bem? Seja observador e rápido em buscar oportunidades. Se você quer crescer, você precisa arriscar, assumir rápido, ter humildade e fazer acontecer. Não vai dar certo se criar um drama mental, não crer em si mesmo. Costumo dizer que 80% das coisas dependem exclusivamente de nós, das nossas atitudes, não importa o cenário das dificuldades externas, tudo começa no próprio interior.

A liderança muitas vezes é confundida com o verbo "mandar". Eu acredito mais em liderança como sinônimo de dar oportunidades de crescimento, colocar um voto de confiança nas pessoas, delegar responsabilidades. Entendo que elas necessitam disso para poderem se desenvolver como profissionais.

Há inúmeras opções de estratégias no mercado, pesquisar, revisar e manter o foco naquilo que a empresa tem como diferencial é essencial. Traçar objetivos a partir das melhores estratégias, comunicá-las ao time é uma arma imprescindível – com o dinamismo do mercado, objetivos e estratégias precisam estar sempre alinhados.

Brasil: um desafio presente

Portugal, Espanha, Leste Europeu... Já era hora de experimentar novos horizontes, sentir-me desafiado novamente. A oportunidade de assumir um cargo com o qual nunca tivera contato antes me atraía. Assim, a vaga na área de varejo da Sunglass Hut (distribuidor Luxottica) me levaria à América Latina, mais especificamente a São Paulo, a "terra da garoa".

Com quase 20 anos de experiência em vários países somados aos dois anos por aqui, a minha experiência brasileira continua sendo um quebra-cabeça. Enquanto o México apresenta crescimento, e Chile e Peru têm retornos muito satisfatórios, confesso que o Brasil continua sendo um mercado muito difícil, até mesmo muito antes da crise.

Sair da Espanha foi difícil, distanciar-me dos amigos com os quais convivi durante 11 anos, a linda casa à beira da praia... Com cenários totalmente distintos, foi custoso me adaptar à questão da segurança e viver em uma metrópole como São Paulo. Apesar de nunca ter morado em nenhuma parte do país antes, não se trata de uma experiência completamente desconhecida; minha esposa é brasileira, e muitos amigos que fiz em Portugal durante os cinco anos que estive por lá também são daqui. Sempre gostei do Brasil, das pessoas, é um povo muito feliz e aberto. Todo estrangeiro elogia esse acolhimento, é impossível ter tristeza aqui.

A Sunglass Hut chegou ao Brasil em pleno crescimento da economia, o que mascarou as verdadeiras dificuldades e burocracias que o País tem. Isso resultou em seis meses de pesadelo, por ter imaginado um cenário muito menos árido e tortuoso. Confesso que quando aceitei a proposta para ser diretor Latam, eu particularmente não entendia nada sobre varejo, mas como sempre gostei de aprender coisas novas, estar por dentro de todos os processos necessários de um negócio, aqui estou há dois anos.

No Brasil, notei que aqui não existem cadeias nacionais, isso ocorre tanto com empresas nacionais quanto com as estrangeiras. Uma das saídas para driblar tal cenário foi investir em franquias, uma ideia que tive muito antes da crise abater o mercado. Este tipo de investimento nos deu retorno positivo e continua sendo a melhor estratégia para expandir.

Por ser praticamente um "meio-termo" entre mercado e varejo, ou seja, uma verdadeira parceria entre franqueador e franqueado, e também sendo muito importante a necessidade de se comunicar constantemente com os parceiros e compartilhar com eles planos e estratégias – uma coisa que adoro –, isso também pesou na minha escolha. Ver as pessoas entusiasmadas por ser uma marca já conhecida no mercado é contagiante, enche-me de energia. Em minha opinião, o *franchising* realmente pode representar para as marcas internacionais de prestígio uma ótima oportunidade de expansão rápida e rentável, sempre que, contudo, definam-se bem as responsabilidades de cada lado: a base de tudo, como em qualquer relação, é a mútua confiança e o respeito pelas regras.

Ingredientes indispensáveis

Costumo dizer que a paixão é a gasolina para executar bem as coisas, pois é ela quem te dá forças para sair da cama todos os dias, não importando o cenário pelo qual se esteja passando, seja ele de crescimento ou uma queda avalassadora. É importante lembrar que há sempre oportunidades na crise; quanto mais crises, mais oportunidades.

Alimentar ideias inovadoras, pensar nos próximos passos e ser otimista para enxergar uma luz no fim do túnel é uma das chaves para sobreviver a tantas crises que o mundo corporativo nos apresenta todos os dias. Talvez seja uma característica minha, mas prefiro estar bem comigo mesmo e com a minha família a ser um homem ambicioso, com a humildade de quem conhece os próprios limites e conquista algo a cada dia. Para mim, existe mais valor em saber se as pessoas com quem trabalho estão contentes – essa é a minha filosofia e acredito que ela foi a principal responsável por ter me guiado até onde estou hoje.

Da Itália para o mundo

A Luxottica foi fundada em 1961, em Agordo, pequena vila entre as montanhas do Norte da Itália (região de Veneto), por Leonardo Del Vecchio, um homem visionário que, começando desde cedo, chegou a criar um império que hoje lidera o mundo da fabricação e distribuição de armações e óculos de sol.

Ela foi uma das primeiras empresas de óculos italianos a chegar ao Brasil no início dos anos 1990, desenvolvendo presença no mercado e conscientização de suas marcas. Em janeiro de 2012, o grupo adquiriu 100% do capital do Grupo Tecnol, fortalecendo cada vez mais, desde então, sua presença no Brasil, país com potencial de crescimento de longo prazo. Utilizar e integrar a excelente plataforma verticalmente integrada da Tecnol permitiu à Luxottica aumentar os níveis de serviço aos clientes e começar a produzir uma parte dos seus produtos localmente. De fato, em setembro de 2012, a Luxottica lançou a sua primeira coleção Vogue Eyewear concebida e produzida localmente para este mercado. Entre 2013 e 2014, a companhia adicionou a produção de coleções Ray-Ban, Arnette e Oakley selecionadas. Em 2014, a fábrica de Campinas (São Paulo) produziu aproximadamente 50% dos óculos vendidos no mercado brasileiro pela Luxottica. Eventualmente, do ponto de vista regional, líder de mercado de varejo óptico na América Latina, a GMO passou a fazer parte do Luxottica Group em julho de 2011, após a aquisição da Multiopticas Internacional. Desde o seu início em 1998, a GMO desenvolveu uma reputação de excelência de varejo óptico entre os consumidores no Chile, Peru, Equador e na Colômbia com suas marcas de varejo Opticas GMO, Econópticas e Sun Planet.

Hoje a Luxottica possui uma fábrica em Campinas (São Paulo) – adquirida em janeiro de 2012, com foco em estruturas plásticas e metálicas para o mercado brasileiro – e um polo logístico em Jundiaí, interior do Estado de São Paulo. A Luxottica atua no Brasil com seus negócios de atacado e varejo sob a marca Sunglass Hut. Na região da América Latina, o grupo opera mais de 700 lojas sob as marcas GMO (prescrição), Sunglass Hut (sun) e lojas "O" e Vault for Oakley, contando com aproximadamente cinco mil funcionários (cerca de 30% deles no Brasil).

HENRY ARIMA
Experience: Chief Executive Officer at Starr Companies

Inovação Disruptiva

"Without change there is no innovation, creativity, or incentive for improvement. Those who initiate change will have a better opportunity to manage the change that is inevitable."
(William Pollard)

Durante a minha infância, passava a maior parte das férias escolares visitando os meus parentes em Tóquio, que era uma cidade que inspirava e transpirava inovação. A capital se destacava por parecer um centro urbano tirado de alguma história futurista de ficção científica e era um paraíso de eletrônicos. Em uma dessas viagens, tive o privilégio de ganhar o primeiro *walkman* de fita cassete da Sony, que é o precursor do iPod da Apple, e o primeiro *videogame* da Nintendo, que foi a grande inovação no mundo dos videogames antes dominado pelo americano Atari.

Optei por sair de casa para estudar em um colégio interno nos Estados Unidos. A minha família imediata permaneceu no Brasil enquanto fui estudar no interior do Estado da Pensilvânia, completamente isolado de qualquer civilização. A escola havia sido fundada por "Quakers", nome dado a vários grupos religiosos com origem comum em um movimento protestante britânico do século XVII. Eles são conhecidos pela defesa do pacifismo e da simplicidade. Naquela época, a comunicação com a minha família no Brasil se restringia a cartas pelo correio ou telefonema interurbano uma vez por mês. Faço parte da chamada geração X, que provavelmente foi a última a viver a juventude sem ter nenhum e-mail ou acesso à internet. Essa falta de conectividade foi um dos pontos positivos dessa época, que permitiu a criação de fortes laços de amizade com pessoas de vários países e de diversas faixas sociais na escola.

Quando iniciei a faculdade, em Nova Iorque, em meados da década de 1990, todo aluno matriculado já recebia um endereço de e-mail e o telefone móvel se tornava algo financeiramente acessível. As pessoas começavam a usufruir da internet aos poucos, lembrando que as redes sociais ainda não faziam parte do cotidiano. Algo impensável para as pessoas que hoje fazem parte da geração do milênio, que estão conectadas à internet 24 horas por dia, sete dias por semana.

A grande maioria da minha classe na faculdade apostou em "Wall Street" por achar que era desafiador trabalhar em um grande banco de investimentos e com a promessa de ser milionário antes dos 30 anos. Ao contrário dos meus amigos, eu não tive a mesma sorte. O meu primeiro emprego foi numa seguradora tradicional japonesa que fazia parte de um dos maiores conglomerados do mundo.

Para quem não é do setor, o mercado de seguros sempre foi visto como tradicional, com pouca criatividade e resistente a mudanças, já que a área é muito antiga. Acredita-se que o primeiro contrato de seguros, nos termos e condições atuais, era de transporte marítimo e foi firmado em 1347.

O setor aparentava adotar uma estratégia conservadora segundo a qual quem for devagar e estável sempre ganha a corrida. Seguros tinha tanto *glamour* que alguns até chegavam a relacionar o tema com morte e tributos, mas, no final do dia, o seguro sempre será um mal necessário e um produto que é sempre vendido e que dificilmente alguém compra por impulso.

Segundo o relatório recente da consultoria internacional Capgemini e Efma, a insatisfação dos segurados com os serviços prestados pelas suas seguradoras chegou a um nível alarmante. Menos de 30% dos segurados mundialmente tiveram alguma experiência positiva com os serviços prestados pela sua seguradora. As maiores causas de insatisfação são falta de transparência, custo alto, mínimo de engajamento com o segurado, e processos longos e burocráticos na contratação do seguro.

Com mais de 20 anos de experiência no mercado internacional de seguro e resseguro, passei por vários desafios, que incluem desde reestruturar algumas áreas de negócio, até exercer papel de liderança na construção de duas *startups* de seguradoras internacionais de grande porte. A minha maior decepção é o fato de nunca ter tido a liberdade ou a carta branca dos acionistas para introduzir algo inovador no mercado de seguros. Infelizmente, com a crescente pressão dos acionistas, a prioridade era sempre buscar o maior retorno possível num curto espaço de tempo. Poucos tinham interesse em buscar alguma inovação disruptiva que pudesse maximizar a satisfação do cliente. Acabava que a estratégia era sempre colocar a empresa no ar o mais rápido possível e fazer mais do mesmo.

O que é uma inovação disruptiva?

A Comissão Europeia sugere uma definição útil para a inovação disruptiva. Engloba qualquer conceito inovador, produto e serviço que criam novos mercados aplicando novo conjunto de regras, valores e modelos que, finalmente, interrompem e/ou ultrapassam os mercados existentes deslocando tecnologias e alianças anteriores (Comissão Europeia, 2015).

Segundo a revista britânica *The Economist*, outra definição que vale destacar é a de que empresas que iniciam no mercado com um produto ou tecnologia em grande parte rudimentar, o qual inicialmente os incumbentes descartam como concorrentes que são inviáveis dentro das suas próprias ofertas de produtos e de serviços. Entretanto, como os produtos, tecnologias ou modelos de negócios são refinados e ganham espaço no mercado, suas ofertas se tornam mais competitivas do que os próprios concorrentes históricos, e podem, eventualmente, provocar uma interrupção no setor inteiro (*The Economist*, 2015).

Essa concorrência predatória por fatias de mercado chegou a um patamar insustentável e colocou em xeque o modelo de negócio das seguradoras tradicionais. Por questões de sobrevivência, as seguradoras foram obrigadas a buscar alguma inovação, que veio em duas épocas distintas. A primeira veio na década de 1990, por meio de um produto chamado *catbonds*, surgido durante a convergência entre seguros e o mercado de capitais.

A segunda e mais recente inovação foi iniciada no século atual pela fusão entre seguros e tecnologia chamada de *insuretechs*, que chegou para tentar uma ruptura em todo o modelo de negócio atual na área.

Convergência entre seguros e mercado de capitais: *catbonds*

No final da década de 1990, durante a "bolha da internet", que foi um fato relevante no mundo tecnológico, ocorreu a primeira inovação disruptiva no mercado de seguros. Quando o furacão Andrew passou pelos Estados Unidos em 1992, ele levou à falência muitas seguradoras e resseguradoras internacionais, motivando uma reação do setor. A inovação veio por meio do desenvolvimento de um instrumento financeiro chamado "bônus de catástrofe", que pulveriza no mercado de capitais o risco com perdas catastróficas.

Como o Japão está localizado em uma das áreas mais sísmicas do planeta, numa zona de convergência de placas tectônicas, os terremotos e tsunamis são fenômenos relativamente comuns. Um dos piores desastres ocorreu em 1923, quando um tremor de magnitude de 8,1 graus atingiu a Região Metropolitana de Tóquio, provocando a morte de mais de três mil pessoas. Pesquisadores japoneses alertaram que há 70% de chances de um terremoto atingir a região de Kanto, que inclui Tóquio, num futuro próximo.

Para se precaver contra a falta de liquidez no caso de uma grande catástrofe natural no Japão, os meus colegas na seguradora japonesa tiveram a brilhante ideia de emitir um bônus de catástrofe atrelado ao terremoto na região de Kanto. Se nenhum terremoto ocorrer, o investidor recebe principal e juros, conforme o risco. Se ocorrer o desastre, perde o principal e o juros, e a seguradora pode usar o dinheiro para pagar as indenizações. Como o bônus de catástrofe é uma classe de ativo que não tem correlação com o mercado financeiro, para os fundos de investimento, chamado *hedge funds*, isso representa uma oportunidade de diversificação com retorno elevado.

Convergência entre seguros e tecnologia: *insuretech*

Nos últimos dez anos, vivenciamos várias inovações no varejo por meio das empresas de *e-commerce* B2B e B2C, mudanças no setor de música, cinema, viagem e transportes. A bola da vez é a onda da inovação introduzida pelas empresas de *fintech*. Esse termo é uma combinação das palavras "finance" e "technology" e está relacionado a novas empresas que estão mudando o modelo de negócio e comportamento das pessoas no meio de pagamentos, na gestão de finanças pessoais, investimentos e crédito.

Os serviços financeiros também deixaram de ser exclusividade das seguradoras e há uma invasão de *startups* no campo chamado *insuretech* (de *insurance* e *technology*) em diversos países da Europa e nos Estados Unidos. Seguradoras com mais de cem anos de mercado serão obrigadas a analisar intrinsecamente cada módulo na sua própria cadeia de valor e reinventar o modelo de negócio com a ajuda de tecnologia e o uso de dados. Em um futuro próximo, as decisões em seguros serão guiadas pelas seguradoras no campo da *insuretech*.

Diversas inovações estão sendo discutidas e devem chacoalhar o conservador mercado de seguros:

- Inteligência artificial:

    O processo de subscrição ou análise de risco em grande parte do setor de seguros é feito de forma manual. Melhorias em inteligência artificial permitirão que os computadores façam mais do que enviar dados por meio de algoritmos. Seria uma transição para a computação "cognitiva", o que poderia ensinar os computadores a pensar como os subscritores de risco.

- *Big data*:

    Além de ajudar a precificar melhor o risco, ajudará a criar um registro de uma ampla gama de riscos, permitindo ao segurado e à seguradora selecionarem os riscos mais inerentes à atividade dela.

- *Internet of things* (internet das coisas):

    As seguradoras podem ter acesso a dados em tempo real sobre o estilo de vida do segurado, permitindo uma precificação mais precisa do risco sem, por exemplo, se restringir somente à análise do histórico dos últimos três anos do segurado.

- Telemetria (caixa preta de um veículo):

    Um dispositivo que vai fornecer dados sobre o percurso, o estilo de condução e a frequência da manutenção de um veículo. A introdução dessa tecnologia mudará radicalmente a atitude do motorista perante o seguro de automóvel. Consequentemente, isso permitirá que as seguradoras desenvolvam um seguro para o automóvel, no qual a cobrança do prêmio estará vinculada a cada quilômetro percorrido pelo veículo. Os dados de bordo ajudarão o motorista a identificar os riscos, diminuindo drasticamente a probabilidade de acidente em cada percurso.

- *Smart Contracts* (contratos inteligentes):

    Em vez de aguardar pelo período de renovação da apólice de seguro, a apólice inteligente permitirá de forma automática uma autorrevisão dos termos e condições do contrato de acordo com a evolução do risco durante a vigência da apólice. Isso também resultará em uma agilidade maior durante o processo de regulação de sinistro, eliminando várias etapas e liberando o pagamento ao segurado em questão de horas.

- *Blockchain*:

    Um tipo de banco de dados distribuído que guarda um registro de transações permanente e à prova de violação. O *blockchain* foi desenvolvido inicialmente para a moeda criptografada que é chamada *bitcoin*, entretanto, tem o potencial para uma utilização mais ampla em seguros, resseguros e principalmente nos títulos vinculados a seguros (*insurance-linked securities*). A tecnologia pode ajudar a modernizar o método de transferência de risco, tornando os processos mais transparentes e eficazes.

Nessa quarta revolução industrial que estamos prestes a vivenciar, nenhum setor da economia ou nenhuma região no mundo estará imune a mudanças exponenciais. Haverá impactos profundos no modelo e na dinâmica de negócios. A indústria de seguros terá de realmente repensar o seu modelo atual e buscar alternativas para poder captar novos segurados, principalmente a geração do milênio, que mostra pouco interesse com o tema seguros.

Excepcionalmente aquelas empresas que adaptarem os seus modelos de negócio, conseguirem melhorar a eficiência operacional e abraçar as tecnologias emergentes vão se destacar como líderes de mercado, independentemente do seu tamanho.

Enquanto as grandes seguradoras tradicionais relutam com o seu conservadorismo e falta de criatividade, as grandes inovações disruptivas vão ser introduzidas pelas *startups* no campo da *insuretech*, que estão sendo lançadas em grande número na Ásia, nos Estados Unidos e na Europa. As *startups* têm a grande missão de alinhar as expectativas entre o segurado e a seguradora, criando uma experiência mais intuitiva e com pouco atrito na hora da aquisição do seguro.

Henry Arima é CEO, formado em Administração pela New York University, pós-graduado em Inovação e Empreendedorismo pela Stanford University e em Fintech pelo Massachusetts Institute of Technology (MIT). Foi CEO da Starr International no Brasil e ocupou cargos de liderança em outras seguradoras renomadas como Traveles, Zurich, AIG, Munich Re e Tokio Marine.

IDEVAL A. CRESPO MUNHOZ
Experience: Chief Executive Officer at T-Systems Brazil

Encarando Desafios:
Quando o "Não" Se Torna um "Sim"

Comecei a minha carreira cedo, aos 14 anos, quando ingressei no Senai, onde fiz o curso de eletricista, antes de me graduar como técnico eletrônico aos 18 anos.

Eu acabei indo para a área de elétrica por conta do teste admissional do curso. Fazíamos um teste de vocação e o resultado seria ligado à área técnica, mecânica ou elétrica. Foi dito que eu tinha mais ligação com a parte lógica, e me identifiquei muito.

Aos 18 anos, entrei na Philips como técnico eletrônico, então comecei a estudar engenharia eletrônica à noite – porque não queria deixar de trabalhar em uma empresa tão renomada como a Philips – na Faculdade de Engenharia São Paulo (Fesp), a única opção disponível na época com curso noturno na cidade de São Paulo. Minha atividade na Philips era muito específica e voltada para a automação industrial e desenvolvimento de projetos.

Em 1991, a Philips decidiu criar a Origin (depois Atos Origin e atualmente Atos), que prestaria serviços para a própria Philips e, também, para o mercado. Este foi um grande desafio para testar o meu lado empreendedor juntamente com meus colegas, pois até então eu prestava serviço internamente para uma empresa que já conhecia e considerava como uma companhia "mãe", e no momento seguinte eu já não era mais funcionário desta e tinha de prestar serviços para um cliente que não conhecia. São duas abordagens totalmente diferentes. Então isso foi, realmente, um passo importante em minha carreira.

Foram sete anos desenvolvendo não só serviços para automação industrial, mas também *outsourcing* e desenvolvimento de sistemas. A grande missão era conquistar novos clientes, desenvolver e ampliar novos projetos, construir uma carteira e assim por diante, o que me ajudou a desenvolver o meu lado empreendedor. Meu primeiro cargo de liderança foi na Origin. Entrei como gerente técnico comercial e, quando saí, era diretor de negócios.

Os jovens precisam se testar e se desafiar. Se eu não tivesse feito isso na época, acredito que ainda seria o mesmo técnico ou o mesmo engenheiro de antes. É preciso aceitar e encarar o desafio. Uma vez que se aceita, não se deve olhar para trás. Sempre fui uma pessoa muito positiva e desde jovem acreditei em mim mesmo e em meus sonhos, e atuar na Philips foi sem dúvida um grande passo em minha carreira. Tive vários tropeços, o que é natural, e com o passar do tempo, mais acertos do que erros. Tive vários aprendizados também, situações inimagináveis.

É difícil enfrentar o novo, ter a missão de entrar em contato com um cliente desconhecido e desenvolver todo um relacionamento que leve à geração de um projeto. É um grande desafio, porque até então você estava protegido por uma empresa que não cobrava de você resultados dessa forma, era uma situação confortável e segura. O que a empresa fez conosco foi nos tirar dessa zona de conforto e nos desafiar. Notavelmente, alguns se deram bem, outros não.

Posteriormente, fui convidado pela CPM em 1998 a liderar uma área de negócios voltada a atender clientes de indústrias. A companhia não tinha nenhuma *expertise* e nenhuma atuação dentro dessa área, pois trabalhava mais no setor financeiro, então meu desafio foi construir essa vertical e alavancar a empresa em um novo nicho, no qual eu tinha conhecimento, por conta do que aprendi e da carteira de clientes que fiz na Origin. Muitos migraram comigo para a nova empresa. Isso me deu uma alavancada maior, foi um sucesso. Trabalhei lá de 1998 até 2005 como diretor de negócios, desenvolvendo fortemente essa vertical de indústrias. Cheguei a ter uma equipe de quase mil funcionários.

No último ano na CPM, um *headhunter* me colocou em um processo de uma empresa indiana, chamada Satyam, que viria para o Brasil e precisava de um executivo para abrir o mercado. Eu já estava há sete anos em uma posição estável na CPM, e como tenho um perfil mais empreendedor, de abrir novos negócios, conquistar o mercado e ser uma pessoa *hunting*, abracei a oportunidade como mais um desafio em minha carreira. Além disso, quando entrei na Origin, era exatamente a mesma coisa: uma empresa nova no mercado e que estava começando do zero. Então, gostaram do meu perfil e tomei a decisão de começar a empresa no Brasil.

Quando o "não" se torna um "sim"

Quando fui selecionado, tive de decidir se me desligaria ou não da CPM, então pensei: eu não conheço ninguém na empresa, nunca trabalhei lá e nunca fui para a Índia. Ou seja, foram tantos "nãos" que vi que minha resposta só poderia ser um "sim", porque havia muita coisa por conhecer. Isso me motivou e foi outro salto, uma experiência ímpar.

Fiquei quatro anos nessa empresa, que começou do zero e chegou a ter quase 400 funcionários na época. Meu papel era aproximar a marca dos clientes, mas o mais importante sempre é a credibilidade que você tem, pois a marca por si só não se vende. Eu queria ver se a minha credibilidade fazia sentido, e deu certo.

Então, em 2009, a Satyam estava com um problema sério no *headquarter*, repensando o modelo global. Na mesma época, outra empresa indiana, chamada HCL, também decidiu vir para o Brasil e recebi o convite para fazer o *startup*. Essa companhia já vinha com um plano mais estruturado e, quando viu que eu já tinha trabalhado em outra empresa da Índia, entraram em contato comigo. E também deu muito certo. Chegamos a ter 500 pessoas e 40 milhões de dólares na receita anual. Fiquei na HCL até junho de 2012 e isso somou muito à minha experiência.

Eis que surgiu, então, um novo desafio: no mesmo ano, fui convidado por um *headhunter* para assumir a presidência da T-Systems, que até então era presidida por um executivo suíço que respondia pela operação, mas a empresa queria um brasileiro para poder alavancar mais negócios no País. A empresa queria se expandir para outros setores além do automotivo, no qual tinha maior carteira.

As culturas das três empresas eram muito diferentes, já que a última era alemã. Além do mais, eu, novamente, não tinha nenhuma relação interna. O *headhunter* me apresentou o projeto, o desafio e o que eles esperavam de um executivo brasileiro aqui. Era uma empresa que já estava estruturada, com dez anos, e que desejava que eu e a equipe abríssemos o mercado no País e o expandíssemos para novos clientes em diversos segmentos/indústrias. Eu não era uma pessoa puramente operacional e o papel principal era a abertura do mercado e já com grande trunfo de uma companhia com uma estrutura já montada.

A cultura alemã e a indiana são totalmente diferentes, como disse, desde o hábito alimentar à forma de trabalho. Em suma, uma empresa europeia *versus* uma asiática. E eu nunca havia trabalhado com uma empresa da Alemanha, mas me identifiquei muito com o perfil, modo de gestão, entre outros fatores. E deu certo. Em 2016, nós quadruplicamos o valor de negócios que desenvolvíamos e hoje temos uma proximidade muito maior com vários setores que não tínhamos antes.

A empresa já tinha estrutura global muito forte, mas não estava presente no mercado local, então nosso grande trunfo era a solidez e o nível de qualidade do serviço prestado. Definimos um foco muito claro de onde queríamos clientes e qual era nosso portfólio – e funcionou, porque o mercado começou a nos enxergar de uma forma positiva.

Grandes desafios, grande carreira

Em 2015, tive um *case* de sucesso que me rendeu um prêmio. A premiação julgava vários tipos de indústria, de bancos a manufaturas, e, no meu caso, serviços de tecnologia. Fui escolhido como executivo e *case* do ano. Se eu ponderar sobre a minha carreira, posso dizer que saí da Philips no momento certo, no momento de ter um novo desafio. Acredito que, se a empresa não tivesse tomado a decisão de fazer um *spin off*, minha carreira seria mais estável e eu não seria forçado a ser testado no mercado. Naturalmente, existem fases em que você é testado na base do acerto e erro, e no começo havia mais erros do que acertos, comigo, especificamente em 1991 e 1998. O negócio é acreditar em você mesmo. Acreditar que pode e deve tomar a decisão, nunca olhar para trás e ser positivo, acreditando que sempre vai dar certo. Quando tomamos uma decisão difícil, como sair de uma empresa e ir para outra, é necessário acreditar que o caminho decidido será melhor.

É gratificante, sim, ser presidente da T-Systems, mas é fundamental ter uma equipe que o assessore e apoie da melhor forma possível. Ter um time sólido, bem estruturado e competente é algo que traz tranquilidade. Em linhas gerais, o presidente é o executivo principal, aquele que tem de se comprometer com os principais desafios e negócios, e é imprescindível ter uma equipe competente, como a minha. E isso é algo de que me orgulho. Sou motivado por novos desafios e sou uma pessoa em constante aprendizado, além de ser alguém que trabalha muito com o time. Minha liderança é muito compartilhada porque divido papéis e responsabilidades, mas sempre dou pleno apoio a cada membro.

JANAINA MACEDO CALVO
Experience: Founder JMC&M

A Melhor Parte da Vida

"Os resultados são obtidos pelo aproveitamento das oportunidades e não pela solução de problemas. Os recursos precisam ser destinados às oportunidades e não aos problemas."
(Peter Drucker)

Sempre fui muito bem-criada, meus pais tinham uma vida boa e sempre quis participar dela ativamente. Comecei a trabalhar com onze anos, oficialmente aos quatorze. Sempre me vi como uma pessoa hiperativa. Houve uma fase da vida em que eu trabalhava, estudava e ainda tocava à noite (fui guitarrista e *crooner*). Minha briga sempre foi com o tempo ou a falta dele. Tinha ânsia por não parar e viver uma vida intensa. Definitivamente, minha vida iniciou quando meu pai faliu. Foi um misto de culpa e desilusão. Se existe um "fundo de poço" certamente estive nele. Os meus sentimentos eram complexos e paradoxais. Essa foi uma das piores fases da minha vida. Amigos sumiram, intrigas surgiram, novas necessidades... Aconteceu uma grande epigênese. Aquele momento em que não se pode voltar e o melhor é seguir em frente. Nesse contexto, precisei colocar os pés no chão, me centrar. Foi um processo difícil e doloroso, porém, cinco anos após a queda, consegui iniciar a subida. Finalizei a faculdade, fiz uma pós-graduação e engatei um mestrado. Foi um milagre ter conseguido tudo isso. Quando tudo parecia desmoronar, algo acontecia. Não tinha outra opção. Eu tinha de acreditar. Só precisava decidir seguir e essa decisão era minha. Não me resignei e fui até o fim.

Enquanto estive focada no problema, tive depressão, fiquei doente, não conseguia levantar. Precisei pedir cesta básica na igreja, passei necessidades, fui vítima de julgamentos, ou seja, minha vida pessoal estava um grande fracasso. Quando passei a focar na resolução, deixando os aspectos negativos da vida de lado, as coisas mudaram de forma drástica. Mesmo assim esse foi um período revelador, no qual aprendi a me observar, me sentir e perceber melhor as coisas. Depois de sair do "fundo do poço", estudar, batalhar, virei uma formadora de opinião. Além da vida executiva, ministro palestras e aulas em várias instituições de ensino e empresas. Percebo que a busca pelo equilíbrio financeiro e emocional tem sido um grande desafio do público em geral, da mesma forma que foi para mim. Trilhar o sucesso, conciliando as exigências decorrentes da carreira, vida pessoal e financeira, é uma missão que exige foco e dedicação. Ao mesmo tempo em que esse processo é cansativo ele também é motivador.

Muitas vezes me pego pensando em como cheguei até aqui. Como dei a volta por cima e este questionamento, principalmente em relação às finanças, tem sido uma constante em minha vida. Esta é uma pergunta que normalmente me fazem. O fato de ser economista me torna implicitamente responsável em solucionar tudo, desde questões financeiras às sentimentais. Quanto mais estudo questões relacionadas ao comportamento, mais entendo as falhas na administração financeira. Enquanto não mudarmos o olhar, não conseguiremos fazer algo diferente. A visão que temos do mundo retrata o modo como vivemos. Albert Einstein costumava dizer que "os problemas criados não se resolvem com o mesmo pensamento que os criou". O ser humano é o maior empecilho que se pode ter. Buda afirmava que "tudo o que somos é resultado do que pensamos".

Então, o primeiro passo é mudar o rumo. Alterar a visão de mundo. É como se percebêssemos, em determinado momento, que estamos na direção errada e precisamos voltar. Temos de parar, perguntar e seguir. Mas podemos ser reticentes a isso, pois pode parecer um sinal de fraqueza esmorecer diante da primeira dificuldade que nos confronta. A famosa "pedra no meio do caminho". Queremos manter as aparências. Fomos treinados durante uma vida inteira a ser do jeito que somos. É preciso reaprender a pensar, se reinventar, por meio de muita criatividade e força de vontade.

Por exemplo: quando uma pessoa acorda, numa segunda-feira de manhã, atrasada, sentindo-se mal-humorada e irritada, começa a emitir uma vibração negativa que desencadeia uma desarmonização àquilo que está sentindo, atraindo mais vibrações negativas. Aí o dia parece perdido. Tudo dá errado. Não é assim? Mas o interessante é que podemos transformar essa energia. Basta querer, perceber e retirar a raiva transmutando-a em algo agradável, que gere sensações desencadeadoras de ações úteis. É preciso voltar a ser grato e com bons sentimentos. Isso muda o dia. Acontece que, muitas vezes, *queremos* sentir raiva. Queremos sentir pena de nós mesmos, entrar no processo da autopiedade. Pode ser mais forte que a gente. É preciso reconhecer esse comportamento e mudar.

É muito fácil falar em finanças. O foco é sempre a administração financeira e a dificuldade de lidar com números, planilhas e cronogramas. Administrar quando se tem algo é fácil. Difícil é acreditar naquilo que não se vê. Isso se chama fé, o que muitas pessoas deixam de lado em detrimento do concreto. É realmente viver acreditando no que não se vê. Esse é um fato que não podemos negar e um dos princípios do ter é crer.

Outro ponto importante é lembrar que a vida é cheia de ciclos. A todo o momento esses ciclos acontecem. Há pequenos e grandes ciclos. A finalização deles é uma decisão. Há o recolhimento e a introspecção, nos quais se busca a inovação, o questionamento, e aí vem a escolha: viver ou morrer. Intelectualmente. Quando se opta pelo crescimento inicia-se um novo ciclo. Quando não, cria-se um impasse, uma explosão. A desordem é instalada e começamos a patinar. Aí aparecem os problemas de saúde. Enquanto não passarmos por essa etapa, não conseguiremos crescer, viveremos num processo repetitivo. Muitos ficam uma vida inteira nessa fase. Vivem como mortos.

Devemos lembrar que, de maneira consciente ou não, tudo o que fazemos é em busca da felicidade. O que nos desvia é o condicionamento no qual fomos criados e a idealização da felicidade: "só serei feliz se tiver um filho", "só serei feliz se conseguir comprar aquele carro". Isso é condicionar a felicidade. As crianças são felizes por si. Acreditam nas coisas. São ingênuas. Essa ingenuidade é perdida ao longo da vida. Da mesma forma como nascemos alcalinos e nos tornamos ácidos no decorrer da vida. Nascemos ingênuos e vamos nos tornando maliciosos. O condicionamento nos faz desviar do foco. Vivemos sempre nesse impasse, pois desfocar é fácil. Nossa tarefa é buscar o "centramento".

Quando vivi o problema da falência de meu pai, felicidade para mim era restaurar tudo aquilo que perdemos. Não sabia que não precisava disso para ser feliz. Atraía para a minha vida todos os infortúnios que uma pessoa poderia ter. Quando percebi que o mais importante não era o problema, que poderia ser feliz e curtir o que a vida me oferece no dia a dia, comecei a sair do abismo. Meu pai não conseguiu, pois a depressão o consumiu e o levou à morte. Sem entrar em aspectos religiosos, a depressão certamente acelerou o processo. Precisamos sair da armadilha de viver e sofrer com a lembrança do ontem e a ansiedade do que virá amanhã, pois esse é um tempo gasto sem retorno. Temos de viver o hoje. Mesmo quando a vida aparentemente nos dá as costas, tudo conspira para um aprendizado e podemos tirar o melhor daquela situação. Basta observar. O processo é interno. Todas as respostas estão dentro de nós.

Outro ponto importante: parei de me culpar por tudo e por todos. Em 2013 ganhei um presente lindo: minha filha Pietra. No ano anterior, houve muita reviravolta na minha vida: fui promovida no emprego, iniciei um mestrado e me descobri grávida. Segui em frente acreditando no melhor. Em 2014 fiquei viúva. Perdi meu chão. Estava com dois filhos adolescentes e um bebê. Por mais que tenha sentido e chorado, não tive pena de mim. Não foquei no problema e sim na solução. Tinha três motivos incríveis para continuar. A vida é maravilhosa demais e um dia nos veremos novamente (eu e meu marido). Estamos apenas em trens diferentes seguindo para o mesmo caminho. Pietra está com quatro anos. A vida tem sido uma correria. Trabalho demais, não sou do lar, tampouco não estou sempre com ela. Quando estamos juntas, estamos. Assisto aos seus programas preferidos, participo de suas brincadeiras. Todos os dias acordamos juntas e a penteio para ir à escola. Tudo sem culpa.

É difícil, pois nossa cultura impõe à mãe uma ação sobrenatural. Ela tem de trabalhar, cuidar do marido, dos filhos, da casa, ser culta e obviamente magra. Quando não consegue equilibrar tudo, se frustra. Naturalmente o tempo que teria para si é dividido. É o caso de repensar nos comportamentos, nas prioridades. Percebam o volume de mulheres com síndrome do pânico, depressão ou algum problema psicológico. É preciso abrir nosso peito e gritar. Viver o agora: ser feliz independentemente de tudo. Parar com as cobranças ilógicas, que só trazem dor. Outro paradigma a ser quebrado. Como fazer isso? Observando quem faz. Os franceses têm uma cultura interessante no que se refere ao sentimento de culpa. Eles observam tudo. Desde os filhos até a si próprios. São reconhecidos por criar filhos mais equilibrados e também por não se preocuparem em "emagrecer". São magros. Observam-se melhor que nós. Claro que há uma série de questionamentos acerca desse assunto, mas o fato é que não nos observamos. Não conhecemos nossos limites, estamos sempre fazendo além do que podemos e nos culpamos. Vivemos dentro de uma "caixa". A culpa nos entristece e fugimos de nossa meta principal: ser feliz. E quando não estamos felizes, não há por que ter mais dinheiro, tempo, família etc. Esse é o ponto. Precisamos fazer aquilo que nos faz feliz.

O dinheiro pode proporcionar coisas importantes, mas o essencial deve ser obtido com valores do coração e do caráter. De que adianta ter uma casa fenomenal se não há família nela? Relógios caros se não há tempo para curti-los? Essa reflexão deve ser feita. Mesmo assim, dinheiro é importante. O que quero ressaltar é que atitudes são mais importantes do que conhecimento. Não adianta ter conhecimento financeiro e atitudes derrotistas. A pessoa com esse perfil sempre terá dificuldades com dinheiro, apesar de ter conhecimento nas finanças. A partir do momento em que nos colocamos em uma postura prestadia, criando conexão com nosso ser interior e entendendo que a postura diante da situação é que faz a diferença, começamos a atrair tudo o que desejamos. Sem culpa, somente estando prontos para receber. Mesmo com interrupções, falhas, vieses. Apenas percebendo que está próximo o dia de receber. Tudo vai depender do foco. Você pode sentar e acreditar que é uma pessoa desafortunada por passar pelo que está passando ou achar que foi um aprendizado e que será uma nova pessoa por conta disso. Sempre terá uma opção.

O dia é maravilhosamente intenso. O sol nasce pela manhã, esquenta ao meio dia, amadurece e se põe no final do dia. Então surge uma lua que resplandece em seu lugar. Qual o sentido de sentir pena? Para que gastar tempo com isso? Da mesma forma que vemos a vida, podemos ter sido criados para ter uma relação dúbia, inclusive com o dinheiro. Aí sempre o que temos é insuficiente e o medo da falta acaba frustrando nosso ser. Isso também tem a ver com energia. A energia que colocamos nessa ferramenta chamada dinheiro faz toda a diferença em nossa vida. Será que a energia do dinheiro é positiva ou negativa? Será que nos faz feliz?

O dinheiro por si é apenas um instrumento de interação na sociedade assim como as palavras. Se pronunciarmos palavras positivas a energia será positiva e vice-versa. Temos o poder de transformar palavras ruins em boas por meio do sentimento, ou seja, somos responsáveis por colocar energia boa ou ruim tanto em relação às palavras como em relação ao dinheiro. A energia do dinheiro está associada às intenções que colocamos nele ao recebê-lo ou gastá-lo. Voltamos ao fato de que cada pessoa busca por aquilo que a faz feliz. Porém, apesar de conscientemente gostarmos de dinheiro, inconscientemente algumas crenças podem dizer o contrário, por exemplo: a vida é difícil; é preciso sofrer para conquistar o que queremos; dinheiro é insuficiente; tenho medo de ficar pobre; não posso gastar, pois vai me faltar; para ser evoluído espiritualmente, é preciso passar por privações.

Esses são apenas alguns exemplos. Podemos, em nível consciente, querer ser bem-sucedido financeiramente, mas em um nível inconsciente trazer crenças contraditórias. Tudo é uma escolha nossa, seja consciente ou não. O dinheiro nos possibilita o ter e o fazer, mas nunca o ser. Sem essa distinção, a riqueza material passa a representar um fim, não um meio. Ganhar dinheiro por ganhar, sem motivação especial, pessoal e autêntica, apenas aumentará a sensação de que é insuficiente, pois essa escassez é interna e humana e não externa e material. O valor que o dinheiro tem é aquele que damos a ele. Quando sentimos gratidão ao receber nosso salário e não raiva, contribuímos para o fluxo de trocas na sociedade. Se conseguirmos encontrar uma razão na nossa relação com o dinheiro, estaremos no caminho certo para ter um relacionamento saudável com ele.

Não estou dizendo para acreditar na sorte, mas para criar premissas. Atrair, nos conectar a tudo aquilo que nos faz feliz. Se necessário, devemos ter uma postura distinta da que temos tido. Se dinheiro é uma ferramenta, aceite-o. Se sucesso é uma ferramenta, alcance-o. Se família é importante, cultive-a. Acredite em Deus, em si, na vida e que a vontade de Deus é perfeita, agradável e não traz dores. A vida é boa demais e deve ser vivida em toda a sua plenitude e abundância.

Gratidão é algo difícil de entender. Vejo pessoas sempre reclamando. Recebendo e reclamando. Só observando aquilo que não têm. Quanto maior a reclamação, maior o desânimo, maior o foco no problema e, certamente, maior a carga negativa atraída. Além disso, é muito mais fácil culpar do que agradecer. Agradecer vem de "grato", do latim *gratus*, que quer dizer "agradecido". É um sentimento de reconhecimento, de entender e sentir que uma pessoa fez um favor. Estar diante da situação limpos e ingênuos novamente. Prontos para dar e receber. Percebam o sentimento disso. A grandiosidade. Não há culpa. Só a postura prestadia de reconhecimento de que, até agora, tudo foi providenciado por Deus para nossa vida e somos gratos por isso. Nesse momento conseguimos atrair aquilo que nos faz feliz. Estamos em sintonia com o universo. Em puro estado de *flow*. Quando tudo acontece porque tem que acontecer, porque estamos prontos. Simplesmente buscando aquilo que nos faz feliz. A resposta está dentro e não fora. Todo o ferramental acontecerá. Simples assim. Os ciclos estão prontos. Basta voar.

JEAN-CHRISTOPHE MARC
Experience: Executive Director at Victor Hugo

Reestruturação e Reposicionamento de uma Marca

A minha vida profissional sempre foi marcada por mudanças de rumo e de país, já que atuei em segmentos diversos, passando por indústrias e empresas de consumo. Agora estou liderando uma companhia voltada para o mercado de luxo. Cursei Administração de Empresas na França, depois ainda passei pelos Estados Unidos. Estudei Management, Sales & Marketing, Finanças, concluí cursos de alto padrão na Insead. Morei em cinco países, em sete metrópoles distintas umas das outras, como Cidade do México, Rio de Janeiro, São Paulo, Barcelona, Madri, Chicago e Bogotá. Tenho quase mais tempo vivido no exterior do que em minha terra natal. Nasci no dia 27 de abril de 1966 em Paris e faz mais de 30 anos que sigo nesse ritmo, desde a minha época de estudante. Toda a vivência adquirida com as viagens que realizei foi fundamental para ampliar minha gama de conhecimento, ganhar uma pluralidade cultural singular.

Trocar ideias, lidar com grupos culturais diferentes sempre será fundamental para agregar valores e ser mais flexível. Estou bastante satisfeito em conviver com essa força latina. Acabei me adaptando rapidamente as minhas experiências na América Latina e nos Estados Unidos. Ao mesmo tempo, sinto falta da França e da Espanha – minhas raízes europeias. Mas, como costumo frisar, a questão de me envolver com outras culturas engrandece o ímpeto de seguir em frente.

Passei pela Ásia, com negócios na China, mas meu grande foco sempre foi a América Latina. Nos Estados Unidos, morei e estudei em Chicago, com inúmeras viagens a trabalho. Porém, é inegável que minha vida sempre ficou no eixo Europa e América Latina.

Nunca desistir: um sonho que se torna realidade

Corri a Maratona de Paris há quinze anos e considero fundamental essa interação com os esportes. Continuo treinando, independentemente se estiver em São Paulo ou no Rio de Janeiro. Ajuda bastante a adquirir mais fôlego para suprir o estresse do cotidiano, ao mesmo tempo em que é uma maneira de se desafiar constantemente. Esse processo se baseia todo em uma questão de determinação e concentração.

Disputei recentemente, em novembro de 2016, a tradicional Maratona de Nova York, a mais importante do mundo. A maratona é como a gestão de uma empresa, pois exige empenho da equipe – mesmo sendo individual –, tem objetivos, estratégias, planejamentos, controle, foco, muita dedicação e, sobretudo, extremo prazer no que você faz. Com isso, consigo obter resultados facilmente, ou seja, traço um paralelo como se fosse um constante treinamento.

Habilidades aplicadas com sucesso

Eu realizei a preparação militar obrigatória, ainda jovem, mas após este período obtive êxito para dar continuidade aos meus estudos em outros países. Com vinte e poucos anos, essa vivência de estratégia militar foi um aprendizado quando fui para Madri. Planejamento e estratégia são elementos fundamentais, e pude colocar isso em prática quando trabalhei na Renault-Nissan. O responsável tem de estar atento a tudo, desde o fluxo de funcionários, até a linha de montagem das fábricas. O funcionamento de uma multinacional desse porte mudou muita coisa em minha vida, isso entre 1990 e 1991.

Já no Brasil existe muito improviso. Não falo tanto das grandes empresas, mas sim de instituições familiares e outras que apostam em adaptações, o que traz um risco gigantesco para o sucesso de uma operação. Enxergo esse tipo de abordagem em relação aos diferentes tipos de planejamento como questões meramente culturais. Tenho dez anos de experiência morando no Brasil. É difícil o brasileiro dizer não para alguma coisa. Outra questão aborda o planejamento, que, no meu ponto de vista, simplesmente não existe.

O fator multicultural

Depois de minha passagem pela Espanha, recebi uma oferta irrecusável da Nokia para dar um direcionamento aos rumos da empresa na Europa, no segmento B2B, e também na América Latina. Viajar por todos os países em que tínhamos negócios foi a melhor escola que pude ter para desbravar a cultura latina. Foi nessa época que comecei a aprender o português, apesar de que, obviamente, o modo mais eficaz de aprender outro idioma é estar em contato com ele. Por isso, manejo com facilidade quatro idiomas. Existe, claro, uma dificuldade gigantesca quanto aos sotaques – o Brasil é um país de proporções continentais e cada região apresenta suas peculiaridades. E é assim em toda a América Latina, já que o argentino fala um pouco diferente do chileno, por exemplo. Mas o que posso dizer é que me sinto em casa, com amigos verdadeiros, transparentes. Há muito calor humano na cultura latina.

Abrir um país: a experiência à frente do Carrefour na Colômbia

Quando estava prestes a completar trinta anos, entre 1995 e 1996, resolvi fazer um Master em Management na França e retomar os estudos para alavancar a minha carreira – já tinha sete anos de experiência profissional. Após concluir o Masters com sucesso, o Carrefour me ofereceu um cargo de alta confiança. Passei cinco anos na Colômbia, e lá era o mais jovem diretor da empresa, no período compreendido entre 1996 e o final de 2001. A operação foi um imenso sucesso, pois entramos no mercado colombiano com ímpeto e contivemos a concorrência com excelentes estratégias dentro desse nicho. Passei muito tempo analisando o mercado, seus costumes alimentares, têxteis etc.

O investimento inicial do primeiro hipermercado fechou com mais de 20 milhões de dólares, com uma estrutura que abrangia um terreno de 60 mil metros quadrados, sendo 20 mil de área construída, logo no primeiro ano de faturamento completo, com 110 milhões de dólares.

Eu era o responsável por fazer todo o projeto; procurar um sócio local – no caso o maior grupo colombiano –, contratar, negociar e implementar a marca Carrefour. O resultado na Europa não se comparou quando falamos de América Latina, o que foi comprovado com os lucros conquistados na incursão colombiana. Também foi um momento de representação muito forte com o governo colombiano, com as instituições locais e internacionais, a respeito de infraestruturas e construções. Obtive êxito com impacto social positivo, com os fornecedores locais e estrangeiros, capacitação de milhares de profissionais e a melhoria com a interação entre Colômbia e França, especialmente nos aspectos econômicos e políticos.

Nos dois primeiros anos, a intenção era lançar somente um hipermercado, e depois disso, ampliar para três ou cinco lojas por ano. O resultado foi ótimo, uma experiência fantástica ser o diretor da matriz, em um ambiente tão agradável e multicultural. Foi muito interessante a maneira como conseguimos implementar a marca Carrefour na Colômbia. Evidentemente, passamos por algumas dificuldades, como no momento de contratar pessoal especializado. Entretanto, o contingente angariado no período chegou próximo de 850 pessoas em seis semanas, ou seja, uma enorme vitória para a empresa e a comunidade como um todo.

Depois de cinco anos, o grupo me ofereceu outro país para prosseguir o trabalho, mas, até por uma decisão em família, decidimos regressar para Paris.

Eu e minha esposa queríamos "viver" um pouco mais, escapar um pouco da vida frenética que estávamos levando. Eu precisava respirar, descansar, antes de retomar com força total. Enfim, depois desses cinco anos, posso dizer que gostei muito de trabalhar com os colombianos, são profissionais exemplares. Hoje, com as questões políticas sendo resolvidas no país, sinto que a tendência é observarmos um mercado ainda mais em ascensão. Em 2012, para pagar a dívida europeia do Carrefour, o grupo vendeu sua participação colombiana a um grupo chileno: 1,2 bilhão de euros; um imenso negócio! E, para mim, a enorme satisfação do trabalho cumprido.

Desafios inovadores e a plenitude intelectual: CEO da Vivendi Universal aos 35 anos

No final de 2001, com somente 35 anos, assumi no Brasil a Direção Geral da Vivendi Universal, que à época era o maior grupo de comunicação do mundo. Fiquei no setor editorial, em São Paulo, como parceiro do grupo Abril, ao lado de uma pessoa excepcional, o Roberto Civita. Lidei com novos desafios, pois lançávamos cinco livros por mês, com 80 artigos na prensa, além de outras publicações. Através da prestigiada Editora Larousse, criamos um catálogo específico para o Brasil, para rejuvenescer uma marca tão importante. O salto de sair de uma instituição como o Carrefour e partir para o ramo editorial foi deveras interessante – são obviamente mundos distintos. E adorei ter realizado essa transição em minha carreira com sucesso; foi muito prazeroso poder transitar em um mercado voltado para a cultura e a educação, que falta tanto a este país. Desenvolvi uma equipe de elite, supermotivada, e que fez o projeto se tornar rentável antes de três anos.

Antes de deixar o projeto, após cinco anos, tudo caminhava de acordo com o esperado, seguindo uma estratégia muito bem estruturada para emplacarmos nossa marca em "solo brasileiro". Em todas as grandes livrarias, nossos títulos estavam nas prateleiras, com excelentes números de vendas. Participar desse tipo de projeto me ajudou a conhecer escritores, designers, editores, enfim, uma gama de intelectuais com quem estabeleci fortes vínculos de amizade. Saindo um pouco do contexto, meu escritor favorito é o Voltaire – não pelo fato de ele ser francês, mas é impressionante como a obra dele, depois de séculos, ainda é tão contemporânea.

Possuo uma mentalidade assertiva para fazer com que minha carreira se mantenha em alta. Não basta trabalhar 24 horas por dia e se esquecer do resto; é possível, por meio de foco e dedicação, entregar o seu trabalho dentro de um cronograma adequado. E com isso, eu garanto uma vida saudável, com disciplina e disposição caminhando lado a lado.

Torre de Babel

Apesar das operações bem-sucedidas, o grupo Vivendi se desmembrou, vendeu todas as suas partes, e quem adquiriu o espólio foi uma empresa local. Acabei deixando a companhia, já estava com quarenta anos, voltei a estudar e dei uma nova guinada profissional. Fiz, com o apoio financeiro do meu grupo, o Insead, considerado em 2016 o melhor MBA do mundo. Este é outro grande orgulho que carrego. Lembro-me bem de que, de uma turma de setenta e cinco alunos, havia pessoas de vinte e oito nacionalidades diferentes – uma verdadeira Torre de Babel. E todos os executivos com quem convivi nesse curso ocupavam cargos de prestígio em suas respectivas empresas. Para se ter uma ideia, precisamos apresentar até dois *cases* de sucesso por dia, uma loucura. Até hoje, sigo ativo como Alumni, encontrando meus colegas do mundo inteiro; trata-se de um *networking* excepcional.

As frustrações e os aprendizados se chamam "experiências"

Logo após esse período, fui para Barcelona, em 2007, para trabalhar como sócio em uma consultoria especializada na reestruturação de empresas francesas e espanholas de médio porte, ao lado do meu ex-chefe, que foi CEO da Danone. Depois de um ano trabalhando juntos, encontramos uma pequena empresa, com aproximadamente 45 profissionais, do ramo de água mineral natural. Tratava-se de uma marca com 40 anos de mercado, que só precisava rejuvenescer! Era um projeto ideal para as nossas ambições, sendo uma empresa familiar, mas o dono simplesmente resolveu não aceitar a nossa proposta, infelizmente. Um lugar maravilhoso, próximo de Barcelona, entre o mar e a montanha, no meio do Mediterrâneo, em Palma de Mallorca!

Na minha cabeça, tratava-se de conciliar o trabalho com tranquilidade, e aquela era uma oportunidade de realizar este sonho. De todos os sucessos, você precisa passar pelo fracasso. Os norte-americanos sabem muito bem disso. Faz parte da vida não conseguir realizar algo que você queira com a mentalidade imediatista. No futuro, outras oportunidades surgirão. Eu e meu sócio tínhamos todo o apoio dos bancos para comprar aquela empresa, mas uma decisão isolada do dono encerrou esse sonho. O que tirei de mais importante dessa frustração foi que de nada adianta o meu querer quando a pessoa com quem estou lidando não está disposta a ouvir e negociar.

Sempre em frente: novos rumos

Com essa experiência, desenvolvi outras características para seguir superar um processo de fracasso. Não encarei exatamente como tal, mas foi fácil retomar os rumos da carreira. Em 2010, o ex-presidente do Grupo Carrefour, que assumiu a Lacoste, me convidou para realizar uma análise profunda da organização: da logística, das fábricas e da gestão imobiliária das lojas da empresa para a América Latina. Minha missão era a de reerguer a grife tão conhecida na Europa, mas que atravessava um momento de ostracismo na região.

Depois desse projeto, entrei no Grupo Ales, especializado em cosméticos, e fiquei focado na compra de uma companhia deste segmento no Brasil. Por razões de restruturação da empresa, o fundador decidiu não realizar a operação, por estar negociando a venda do grupo para uma multinacional.

O desafio na Victor Hugo: uma marca velha, sem direção!

Mais uma vez, por intermédio de um *headhunter*, passei a integrar o time da Victor Hugo, uma das empresas mais bem-conceituadas no segmento de moda, bolsas e artigos de luxo. Aqui no Brasil somente me reporto ao dono e sou o único executivo. Basicamente, de 2012 até o momento, a minha missão tem sido de reestruturar a marca, restaurar sua importância e todo o *glamour* que ela representa. É um processo de resgatar e reposicionar a empresa, com aproximadamente 30 anos de mercado, que começou a perder terreno há dez anos.

Não há como comparar tudo o que já havia realizado com o que me deparei ao ser designado como o único executivo da companhia. O mercado de luxo exige muito planejamento – as coleções precisam estar prontas com meses de antecedência (até hoje, é impossível trabalhar com o mínimo de antecipação). E como apontei anteriormente, apesar de trabalhar com bons profissionais, acabei me deparando com severos problemas para fazer a "máquina funcionar".

O mais difícil para mim foi convencer o dono – um *self-made man* – de que tínhamos de mudar muitas coisas. Foi difícil conversar com o dono sobre o fato de que já não éramos os melhores naquele momento, mas sim que possuíamos uma boa marca para brigar por uma fatia importante do segmento de luxo. A fábrica no Rio de Janeiro não se encontrava em boas condições e a situação financeira não era favorável para investimentos. Quando cheguei para liderar essa transição, estava preparado para realizar o reposicionamento da marca. Precisamos dar um passo atrás, para no futuro retomar o que fomos em outra época. Claro, realizar esse procedimento é algo extremamente radical, dói. Mas não vale brigar com os concorrentes somente por orgulho.

Demorei muito tempo para convencer o dono da grife, mas após dois anos, voltamos a crescer. A marca ainda tem potencial, mas depende agora somente do dono... A empresa precisou mudar totalmente, e eu sei como poucos como é complicado fazer com que uma instituição com valores familiares ceda aos pedidos de um executivo, que estava disposto a dar alguns passos para trás, para na sequência demonstrar que seria possível resgatar o nome, por meio dessa reestruturação.

Soluções assertivas

Tudo passa por análises, e essas análises indicavam cortes de pessoal e inclusive precisamos fechar lojas. O intuito de atrair outro público consumidor foi uma estratégia acertada, não tenho a menor dúvida quanto a isso. De agora em diante, não enxergo como perder terreno – estamos em processo de expansão, especialmente atraindo mercados externos. A moda é um segmento volátil e a necessidade de ser ágil é primordial para recuperar o seu *status*. Sempre cito o foco, simplesmente pelo fato de ser um recurso indispensável para obter lucro e evitar novas crises. Descuidos podem ser evitados quando se aplica a tática mais adequada para determinada situação.

Conseguimos excelentes resultados com novas medidas; melhoria na organização da empresa, diminuição dos preços entre 30% e 40%, crescimento da produção em 40%, e o público-alvo passou de AAA para classe-média B/A (66 milhões de consumidores potenciais – o equivalente à população da França). Além disso, houve corte de todas as lojas deficitárias no Brasil e no exterior, além de redução de 50% dos funcionários. Porém, já voltamos a contratar e a empresa está próxima de sair do vermelho, mas falta muito ainda e será um processo que não contará com a minha presença.

A próxima etapa será como sempre, entre a América Latina e a Europa e, por que não, como proprietário da minha própria organização...

JESUS QUINTERO
EXPERIENCE: MANAGING DIRECTOR AT ANTALIS INTERNATIONAL

Desenvolver Pessoas para Desenvolver o Negócio

Formei-me em Engenharia Mecânica pela Universidad Del Zulia – LUZ, na Venezuela, em 1986. Sempre gostei da área de mecânica e dos equipamentos. Minha carreira profissional teve início na indústria petrolífera venezuelana. Naquela época, as petroleiras iam até a universidade entrevistar os alunos no último ano de curso e faziam uma proposta. Venho de uma família humilde e a proposta era boa, então comecei a trabalhar na reserva estratégica da empresa. Isso significa que fui treinado em diversas áreas, como produção, engenharia, manutenção, análise de estoque, entre outras, até ficar na perfuração de poços. Um trabalho muito interessante, entender como é que se planeja e se extrai o petróleo. Contudo, seguindo minha preferência, após oito anos naquela indústria, queria mudar para a área de equipamentos e manutenção e, de fato, mexer com a manutenção e confiabilidade operacional dos equipamentos rotativos. Comecei, então, a relacionar as alternativas de parceria que poderia ter a petroleira com os fornecedores e percebi que, conhecendo bem as demandas de serviço da indústria de petróleo e o que era esperado dos fornecedores de produtos e serviço, podia-se desenvolver um novo enfoque desde os fornecedores para a indústria em geral. Enfoque de serviço técnico acompanhado da venda de produtos como resultado de um bom serviço para os clientes.

Após oito anos no ramo, decidi encarar um novo desafio e entrar no negócio privado de vendas e serviço para a indústria em geral. Entrei em uma empresa que prestava serviços para a área de combustíveis fósseis, mas com um novo enfoque em uma nova carreira, que era o enfoque técnico como carro-chefe, mas associado a vendas. Eu havia deixado claro para o empregador que queria levar o conhecimento técnico para o cliente e, com este conhecimento, resolver os problemas deles, convencendo-os a comprar de nós. Ali, comecei a fazer carreira. Depois do cargo técnico, virei gerente de uma região, depois do país, em seguida diretor comercial do país, até que fui promovido à minha primeira responsabilidade internacional, no Chile. Tive vários *cases* de sucesso na minha carreira ascendente na Venezuela, mas posso dizer que este foi o de maior relevância até hoje.

A empresa multinacional em que estava trabalhando comprou uma companhia familiar no Chile, e meu desafio era transformá-la em uma multinacional, com todos os procedimentos, cultura organizacional e políticas. Aceitei e comecei minha carreira como diretor-geral. Armamos uma equipe e apresentamos o projeto aos trabalhadores, mostrando-lhes como iam participar e a agenda estratégica que tínhamos desenvolvido com a participação ativa de cada um deles. O sucesso desse processo foi conseguir envolver a equipe de gerentes e pessoal em geral na elaboração de todos os procedimentos e mudanças internas para adequar a empresa aos padrões internacionais, trocando um percentual muito baixo de pessoas. Motivando-os para essa importante mudança, sendo eles o primeiro foco de mudança na empresa, fortalecendo o trabalho em equipe e a visão de um objetivo comum para todos os empregados. Converter a empresa em líder do mercado chileno em seu ramo em três anos, com base em um serviço diferenciado. Contratamos um assessor externo, com forte experiência na gestão de pessoas e gerenciamento de mudanças empresariais, o que nos ajudou a conseguir uma mudança total em menos de um ano e participação ativa de todos os empregados em todos os níveis. Mudamos todos os sistemas, modernizamos e criamos processos e o resultado foi extraordinário – conseguimos Certificação ISO 9001 em menos de dois anos. Naquela época, 2003, o Chile era um país um tanto isolado e não tinha muitas empresas multinacionais no mesmo ramo. Havia um medo geral dos clientes de que chegaríamos lá como empresa multinacional e os preços aumentariam, então também tivemos de fazer um trabalho com os clientes, mostrando nossa nova visão e a missão e fortalecendo nossa presença, o que acabou dando muito certo, tanto que, em cinco anos, aumentamos dez vezes o tamanho da companhia, posicionando a nova empresa no mercado chileno como líder com mais de 70% do *market share*.

Este *case* extraordinário rendeu uma promoção e fui convidado a vir morar no Brasil, na maior *branch* da empresa na América Latina.

Definitivamente, o Brasil é um mercado muito mais complexo e completo do que o de muitos países da América Latina, com maior diversidade e complexidade no tema impostos nos diferentes Estados do País e, principalmente, com uma concorrência em qualquer segmento de mercado muito mais forte e completa que em qualquer outro país do continente. O Brasil, por ser um país muito maior e ser parte do BRICS, faz com que todas as empresas queiram estar presentes, ou seja, a concorrência é mais forte. Por incluir, além da presença comercial, a manufatura e a engenheira em muitas das empresas, diferenciar-se dos concorrentes é muito mais difícil.

O desafio aqui foi diferente, pois não era a transformação de uma empresa familiar em multinacional, mas sim gerenciar uma empresa já grande, com muita maturidade, mais de 40 anos de mercado e posicionada como uma das principais em seu ramo de atuação. Foi uma questão de pensar um pouco com minha equipe gerencial no que poderíamos fazer de diferente e chamar aqueles profissionais que tinham vontade de fazer as coisas diferentes para ter resultados diferentes. Lançamos uma gerência de desenvolvimento de novos negócios. Essa gerência se focou em entender as demandas do cliente aqui no Brasil e em oferecer uma proposta diferenciada com alto valor agregado que consistia em irmos com uma equipe técnica até as refinarias e principais clientes para cuidar e resolver os problemas do dia a dia deles, que, em troca, davam fidelidade aos nossos produtos. Foi um plano totalmente bem-sucedido e crescemos bastante, melhorando a rentabilidade da empresa e fortalecendo ainda mais a empresa como líder do ramo. Produto do resultado no Brasil, o plano foi implantado em toda a América Latina e hoje existe uma gerência de novos negócios para toda a América.

Sempre pensei que a venda é a consequência de um bom serviço e, portanto, deveríamos nos preocupar em entregar um serviço de qualidade para os clientes. O desafio, na realidade, era convencer os nossos empregados a entender que eles eram parte deste bom serviço. Isso foi um grande sucesso na minha gestão e é algo que eu continuo fazendo: desenvolvendo pessoas para que a empresa continue funcionando, mesmo se eu não estiver lá. É uma questão mais de criar gerações relevantes dentro da companhia, e para isso é necessário que eles entendam que também fazem parte do sucesso da empresa.

Quanto à continuação dos estudos, buscando aperfeiçoamento profissional e, também, fazer carreira na área gerencial, entrei na pós-graduação no Instituto de Estudos Superiores Iesa, no Estado Zulia, em 2002, e no de Gerência Estratégica de Negócios em 2006, na Pontifícia Universidade Católica do Chile. Além disso, participei de cursos de especialização nas áreas de Balance Score Card e Six Sigma com a Motorola, assim como de palestras anuais com especialistas no ramo de direção de empresas na Expo Management.

Crescer sempre

Após mais de vinte anos de carreira na multinacional, decidi buscar novos desafios para continuar crescendo como diretor de empresa, e foi quando surgiu uma nova oportunidade em uma empresa francesa do ramo gráfico, na qual precisavam implementar estratégias de negócios e reestruturar a empresa para enfocar negócios de valor agregado. Definitivamente um novo negócio e ramo de mercado para mim, pois nunca havia trabalhado nessa área. A companhia está presente em mais de 40 países no mundo.

Mas há uma diferença entre estar no ramo de óleo e gás e no ramo gráfico, pois são empresas de tamanhos diferentes e visões de negócios distintas. Desafios diferentes, mas que trazem um ensinamento muito grande para a minha carreira profissional e diversidade como gestor de empresas e pessoas.

Defino-me como um profissional com pensamento estratégico, *expertise* no desenvolvimento de estratégias de negócio, bem como sua implementação e acompanhamento, atingindo metas e focado no crescimento da rentabilidade. Perfil executivo, focado em resultados, inovação e cultura de mudanças, altamente comprometido com os objetivos estratégicos da empresa, capaz de liderar equipes de sucesso e atender, simultaneamente, às necessidades de seus clientes, da empresa onde trabalha e centrado no desenvolvimento de seus trabalhadores.

Família

Tenho dois filhos, o mais velho tem 26 anos e trabalha na Archer Daniels Midland (ADM) há três. Já meu filho mais novo, de 21 anos, se formará em Psicologia em 2017 pela Pontifícia Universidade Católica (PUC), com especialização em psicologia comportamental.

Como ambos os meus filhos já estão iniciando suas vidas, e o mais velho já mora com a namorada, minha esposa e eu chegamos à conclusão de que não há motivo para sairmos do Brasil e a ideia é continuar fazendo carreira aqui. Saímos da Venezuela há quase 15 anos, sendo que estamos há nove em território brasileiro. Foi difícil quando chegamos aqui, todos acham que é igual, mas nos acostumamos. O difícil agora é sair. Apesar do cenário complexo da crise, em que o governo atual também não conta com a confiança do povo brasileiro, especialmente o voto de confiança dos agentes econômicos não vai durar muito tempo. Medidas como as reformas na seguridade social e legislação laboral são medidas impopulares que podem afetar o nível de aceitação do governo atual e causar problemas com a aprovação no Congresso. Por fim, não estou certo de que os líderes políticos estejam entendendo o que deve ser feito para motivar as inversões externas e recuperar a confiança nas entidades locais para melhorar a economia brasileira e o emprego no País.

Influências

Sou muito influenciado pelo escritor Peter Drucker, que define estratégias, e também pelo Stephen Covey. Busco muito o balanço entre ser exigente, mas, ao mesmo tempo, desenvolver pessoas. Para mim, o importante é construir novos líderes que poderão caminhar sozinhos e levar a empresa com sucesso, com o *coaching* de um bom gerente. Este é sempre um desafio e me inspira muito a busca entre a parte humana e a parte empresarial. Para isso, esses dois autores são muito inspiradores para mim. Minha inspiração é justamente criar novos líderes.

Contudo, posso dizer que complemento essa influência me espelhando no CEO com quem trabalhei quando fui promovido para o Chile. Aprendi muito com ele e compartilho muito dessa visão de fazer crescer a empresa, mas também as pessoas.

Eu sou de família modesta e tenho oito irmãos. Na Venezuela, as famílias são muito grandes. Só acabei morando em outros países porque a empresas me trouxeram, do contrário, provavelmente não teria recursos para isso. Minha mãe faleceu quando eu tinha dez anos. Isso fez com que eu passasse a observar todo o trabalho que meu pai tinha de fazer para manter a família e isso me motivou a buscar uma carreira sólida e em constante crescimento, pois não queria passar pela mesma situação que ele passou. Foi quando eu pensei que, se queria que as coisas fossem diferentes para mim, era necessário estudar e buscar novos desafios como profissional. Então, posso dizer que meu pai me ajudou a ver a importância de ser um profissional para sair à frente.

Um dos meus orgulhos é que, apesar de ter vivido em um ambiente que tinha pouca aspiração profissional, consegui me desenvolver e hoje sou CEO, sendo que no Brasil essa é a segunda vez que tenho esta posição, já tendo tido, também, no Chile. Na minha opinião, todo mundo tem oportunidade e direito a formar sua vida profissional segundo suas aspirações; é uma questão de metas e dedicação.

Eu me vejo como um chefe exigente, sem dúvida nenhuma, mas que também procura entender como posso ajudar as pessoas a se desenvolverem e serem cada vez melhores. A diferença é que, se sou exigente, mas não busco entender onde a pessoa deve ser treinada, corro o risco de perder muitos bons profissionais e ter um resultado medíocre, no sentido de que pode não ser o resultado máximo possível. Sou exigente no cumprimento dos objetivos, mas trabalho muito com as pessoas para apoiá-las nesse desenvolvimento. Algumas pessoas dizem que me sobrecarrego muito, mas essa é a única maneira pela qual se consegue desenvolver novos líderes: fazer *coaching* com o time. Meu futuro está baseado em ter uma boa equipe. Sempre costumava dizer ao meu time que, no dia em que eu conseguisse ler um jornal inteiro sem ser interrompido pelos membros do time, então estarei fazendo um bom trabalho. Hoje, ainda leio apenas metade. Não é fácil, pois também dependemos da vontade que as pessoas têm, ou não, de ir para frente. Tudo na vida tem um custo, precisamos entender que algumas vezes temos de sacrificar alguma coisa para obter nossos objetivos.

Além disso, há a questão de que algumas pessoas confundem o *coaching* com *ele vai fazer*. Não, não sou quem irá fazer, mas o colaborador. Eu vou definir o "o quê" e supervisionar o "como", e não fazer o seu trabalho por você. Estou disposto a ensinar o que sei e, se percebo que não tenho a capacidade de ensinar o que aquelas pessoas precisam saber, então eu contrato um *coach* para quem eu acho que tem potencial.

Como mensagem final, posso dizer que todo CEO de sucesso com certeza deve ter dentro de suas prioridades a definição de um programa de investimento para continuamente aperfeiçoar as habilidades da sua equipe, em linha com a estratégia da empresa, e paralelamente definir ações para manter atualizadas as demandas e os requerimentos de serviço de seus clientes atuais e potenciais. As necessidades de serviço e atendimento dos clientes mudam e devemos estar atentos sobre o que lhes agrega valor.

LAURY JOHNSON
Experience: SVP Global Supply Chain – South America at Schneider Electric

Os Pilares para uma Carreira Sustentável

Comecei a trabalhar no mercado formal bem cedo, antes de completar 15 anos, como *office boy* na Aços Finos Piratini, empresa siderúrgica que hoje pertence ao Grupo Gerdau. Como mostrava desenvoltura e uma vontade grande de aprender, em pouco tempo vieram as primeiras promoções. Em oito anos, passei por todos os setores do Planejamento e Programação da produção, de todas as unidades e processos industriais da Usina.

Neste período, trabalhava durante o dia e estudava à noite. As primeiras opções no vestibular foram Engenharia Metalúrgica e Química. A primeira, por uma questão lógica, pois trabalhava no ramo, e a segunda, pela paixão adolescente pela área. Entretanto, para cursar qualquer uma das opções, precisaria refazer todos os meus horários, pois o turno das Engenharias era variado. Em função disto, optei por fazer alguns cursos adicionais na área de informática e em seguida um bom pré-vestibular antes de voltar a encarar as provas novamente.

Durante esse período, apesar de jovem, amadureci e continuei a me desenvolver profissionalmente, o que me levou a optar por outra área acadêmica: a Administração de Empresas, uma graduação mais afim com o que estava desempenhando na prática. Ainda na época de faculdade, por meio de meu professor de Administração de RH, tive a oportunidade de ter meu currículo apresentado a uma outra empresa, evitando, assim, uma eventual acomodação profissional. Com o aceite da proposta, uma mudança de empresa e de cidade acontecia para me fazer sair da zona de conforto e buscar um novo desafio.

Estar aberto a este e a novos desafios me levou a um ponto fundamental no desenvolvimento futuro da minha carreira: trabalhar em novos projetos e entrar no mercado de informática/eletroeletrônicos, que tinha muito ainda a se desenvolver no Brasil.

Quando entrei na Edisa (Eletronica Digital S/A – na época empresa do grupo Ioshpe), percebi que a área em que eu começava a me desenvolver, alinhada àquilo que eu estudava, era o que eu buscaria em aprimoração e desenvolvimento. Durante o tempo em que estive lá, finalizei meus estudos universitários, casei e iniciei a aprimoração do meu conhecimento em inglês e espanhol. Passei pelas áreas relacionadas ao *Supply Chain*: por planejamento de materiais, compras nacionais e internacionais, importação, sempre crescendo profissionalmente e começando a liderar processos-chave, interações multifuncionais e internacionais e também a gestão de pequenos times em projetos especiais.

Com a abertura do mercado de informática no País, a Hewlett-Packard incorporou a Edisa e, logo em seguida, surgiu o primeiro convite para uma nova mudança, agora para Campinas, interior de São Paulo, onde estaria em um novo ambiente e com mais um novo desafio. Na época, a logística começava a dar os primeiros passos no Brasil, quando iniciei a coordenação da área de importação e transportes e, em seguida, me tornei gerente de distribuição física, o que incluía, além das operações de transporte, distribuição de produtos HP para todo o Brasil.

Entre os grandes projetos desenvolvidos, destaco o "Projeto Postponment" para América Latina, com a centralização e concentração de inventários mais a adaptação final de impressoras em Miami para o mercado latino-americano, com redução significativa de inventário. Houve, também, o importante desenvolvimento do processo de Bonded Warehouse, ou entreposto aduaneiro, em parceria com uma empresa de despacho aduaneiro e outra de armazenagem. Os principais resultados deste projeto foram a redução de *lead-time* para os clientes e a melhoria da gestão do caixa da empresa, devido ao pagamento dos impostos aduaneiros somente após o desembaraço final. Neste momento, além da aprendizagem, o aumento dos contatos e *networking*, o desenvolvimento de processos e projetos inovadores foram combustíveis para o contínuo aprimoramento. Ao mesmo tempo, eu também forjava minha linha mestra de gestão de pessoas, definindo como gostaria de tratar os que trabalhavam comigo e, principalmente, como não gostaria.

Depois da HP, surgiu uma oportunidade de voltar ao Sul. Fui convidado a trabalhar na Springer Carrier, fabricante de ar-condicionado, onde fiquei por quase quatro anos. Mais uma outra importante transformação que pude realizar, trazendo à empresa o que já havia aprendido e aplicado em termos de *Supply Chain* e Logística, implementando projetos de redução de inventário, negociação com fornecedores e melhorando toda a rede de logística de distribuição da empresa. O *turnover* de inventário melhorou seis vezes em três anos, os fornecedores conectados com a centralização das compras regionais e globais, bem como uma rede moderna de logística.

Em meados de 1998, recebi os primeiros contatos da Dell, onde tive a oportunidade de trabalhar desde o início no projeto do *startup* da empresa no Brasil.

O *case*: *startup* de um gigante

O *startup* de uma empresa, em qualquer lugar do mundo, sempre traz muitos desafios. Uma empresa *high-tech*, inovadora, com o chamado "direct business model" ou modelo de negócios com entrega direta aos clientes, sem intermediários – o que era totalmente diferente de qualquer outra empresa na época – e reconhecida por trabalhar sem estoques, contando com apenas quatro dias de inventário em suas fábricas pelo mundo, seria um enorme desafio de ser replicado aqui no Brasil.

Depois de alguns meses de "namoro", decidi aceitar o desafio de iniciar a Dell Computadores no Brasil. Era dezembro de 1998 e meu número de matrícula era "4"! Os outros três executivos já se encontravam nos Estados Unidos conhecendo a empresa e eram das áreas de finanças, vendas e comunicação corporativa (*corp comm*). Meu primeiro dia de trabalho foi na sala de um hotel, em Porto Alegre, pois ainda não tínhamos um escritório ou uma fábrica definidos.

Juntei-me ao time que estava nos Estados Unidos para conhecer mais o negócio, colocar minha experiência em desenvolvimento do modelo na região e iniciar as contratações do time local. Em pouco menos de um ano e após muito trabalho e sacrifícios pessoais, fizemos o *grand-opening* da empresa em Eldorado do Sul (RS). Minha responsabilidade se estendia sobre todo o processo de *Supply Chain*, incluindo a logística (*inbound* e *outbound*), compras e comércio exterior (importação e exportação). Todos eles processos-chave para a execução de um modelo de negócio no qual não havia inventários de produtos acabados, os clientes poderiam escolher suas configurações e as entregas deveriam variar entre cinco e sete dias em território nacional.

Foi aplicada uma estratégia vencedora de logística, incluindo, além da produção, a entrega individual, com rastreabilidade, agendamento e processos inovadores para a época. Aplicamos, entre outros, o já conhecido processo de entreposto aduaneiro, simulando a presença de fornecedores internacionais-chave, como se fossem locais. Fomos a segunda empresa a utilizar o Recof, um sistema de entreposto industrial eletrônico, que era fundamental pela agilidade que trazia aos processos de desembaraço. Com a força de compras da empresa, além de desenvolvermos fornecedores locais, também estimulamos várias empresas do ramo eletroeletrônico a se instalarem no País.

Paralelamente, continuava a buscar aprimoramento por meio dos estudos e mais aprendizagem acadêmica. Fiz pós-graduação na Fundação Getúlio Vargas (FGV) em Relações Internacionais e Comércio Exterior. E em meados de 2007/2008, realizei o Mestrado em Logística Internacional e *Supply Chain* pela Georgia Tech Institute, em Atlanta, Georgia, recebendo inclusive o GT Award, prêmio dado a alunos não americanos que se destacam na universidade. Depois de alavancarmos o negócio da Dell no Brasil, surgiu o convite para um *assignment* nos Estados Unidos, para liderar a fábrica de servidores. Nela, se produzia em um dia o volume equivalente a mais de um trimestre do Brasil. Além disso, abria a possibilidade de aprender e experimentar a gestão de um outro nível de complexidades, volumetria e relação com clientes. Tive a oportunidade de liderar um time multifuncional e multicultural, diverso e bastante competitivo. Conseguimos resultados significativos em *Safety*, Qualidade e Produtividade durante os quase dois anos em que estive na função.

Ao retornar ao Brasil, obviamente com novas bagagens e novas ideias, além de um *networking* muito mais reforçado, recebi o desafio do projeto para um segundo *startup* da empresa, um *white paper*, para definir para onde, quando e como iríamos expandir nossa unidade operacional na região. Imediatamente iniciamos o projeto e, em menos de seis meses, já o tínhamos completamente desenhado, com todas as definições e negociações concluídas e anunciávamos a mudança para todos que seriam impactados. Como um dos *highlights*, menciono que convidamos todos os funcionários da área de operações, tanto administrativa como chão de fábrica, sendo que a aceitação para a mudança foi de 85% e 56%, respectivamente. Mudamos a operação do Rio Grande do Sul para a região de Hortolândia, interior paulista. Essas decisões e estratégias facilitaram muito a transição, pois pudemos mesclar o conhecimento dos funcionários antigos, que foram transferidos, com os novos contratados da região de São Paulo, bem como a necessidade de mantermos um grupo motivado efetuando o *phase-out* da unidade gaúcha. Menos de um ano após o anúncio oficial, construímos o novo prédio e completamos a transferência para a mais moderna fábrica da Dell no mundo naquele momento. Contava com novos processos e sistemas e realizamos no prazo e *budget*, sem impacto para nossos clientes, com muito sucesso.

Encarando as frustrações com positividade

Felizmente, os momentos de frustração na minha carreira foram poucos e momentâneos e muito menores do que aqueles em que tive sucesso. Sou uma pessoa que pensa positivamente sempre e busco tirar a melhor experiência possível de tudo, mesmo de momentos não tão positivos. É importante aprender sempre, isto nos enriquece e nos forja nas relações e na experiência.

Mentoria

Apesar de ter um *background* mais forte em *supply chain* e logística, com as experiências adquiridas ao longo do tempo acabei por me tornar um profissional mais generalista, um gestor do negócio como um todo. Sempre procurei ir além daquilo que era suposto entregar, aprender e executar além de minhas responsabilidades. Isto ajudou muito em meu desenvolvimento, tanto profissional quanto pessoal. Quando os novos desafios e oportunidades se apresentavam, já estava pronto para encará-los e desenvolvê-los. O mesmo é válido para a gestão de pessoas. Sou feliz de ter acertado muito mais em todas as minhas escolhas, incluindo times e pessoas de alta *performance* que ajudei a desenvolver.

Todos temos aquelas pessoas em quem nos espelhamos. Aprendi muito vendo as pessoas e acho que pude captar um pouco de cada exemplo observado – bom ou ruim – ao longo desses mais de trinta anos de carreira. Em cada empresa havia alguém que tinha qualidades extremamente positivas quanto à gestão e outras nem tanto. É importante sempre buscar aprender nessas relações, sendo boas ou não, tirando proveito de ambas. Formatei meu próprio modelo baseado nessas experiências. Ninguém consegue ser igual ou se espelhar 100% em relação ao que se tem desses modelos, mas é importante tirar aquilo que se adequa aos seus valores e crenças como profissional e sempre estar aberto a aprender com as novas experiências, com outros profissionais que se conhece ao longo do tempo e que vão adicionando valor à sua formação.

Desde a infância, aprendi a fazer aos outros aquilo que gostaria que fizessem a mim, e até hoje este é o meu mantra. Geralmente em palestras para jovens *trainees*, os chamados *millennials*, costumo dizer que busquem sempre o aprendizado, e que aprendam com aqueles com quem eles não gostariam de ser/parecer. Todos temos nossos gurus, mas os maiores aprendizados que tive foi com aqueles que me mostraram como eu não queria ser ou como não repetir insucessos ou má administração.

Meus filhos também são uma grande fonte de aprendizado e motivação. O mais velho tem 25 anos e o mais novo tem 20 anos. Como profissional, os aconselharia a, como citei acima, estarem sempre abertos ao aprendizado e nunca acharem que já conhecem ou sabem de tudo. Esta é uma das primeiras coisas que trago comigo e que transmito a eles. Outro ponto importante é sempre estar aberto a ouvir, ser um bom *listener*, isso porque, muitas vezes, quando vamos nos desenvolvendo, acabamos tendo opiniões a respeito de assuntos que não necessariamente são respostas finais. É necessário sempre ouvir os dois lados e analisar ambos quando se toma decisões ou mesmo nas situações do dia a dia. Isso não significa "ficar em cima do muro", mas realmente ver que não há apenas uma verdade e eventualmente as coisas podem ser diferentes.

É uma troca constante, pois é sempre bom ouvir um contraponto. Isto é algo que trabalho muito com meu time. Não gosto de uma equipe que fique somente aceitando decisões ou determinadas situações somente por questões hierárquicas. Sempre procuro estimular o contraponto, para que possamos rever pontos eventualmente não levados em consideração ou mesmo para que nos ajude a repensar o tema e reforçá-lo. É preciso sempre ter um diálogo aberto e educado. Acredito que consegui passar uma base de valores bastante forte para meus filhos. O conselho que dou a eles é, independentemente do caminho profissional que eles venham a seguir, que sempre busquem se tornar os melhores profissionais possíveis.

Não existe uma receita de bolo quando o assunto é carreira. É importante ter preparação acadêmica mesclada com experiência profissional e, logicamente, *performance*. É preciso pegar o potencial e desenvolvê-lo, mas sem esquecer que a *performance* tem um importante papel. Costumo dizer que o crescimento sustentável para mim é aquele mais perene, mais forte ao longo do tempo, do que simplesmente ter uma carreira meteórica de início sem muita base, seja de experiência ou de *performance*, pois essa pode não ser sustentável ao longo do tempo. A grande maioria dos casos que conheço de profissionais que vêm tendo sucesso ao longo de suas carreiras são aqueles que vêm crescendo de forma sustentável, realmente fazendo pilares de *performance* e experiências. Este tipo de carreira é a que perdura mais ao longo do tempo. A construção de relações de *networking* também é algo que trabalho muito nas minhas conversas com os *trainees* e os mais jovens. E, claro, estar aberto a aprender sempre.

Independentemente de sua idade ou tempo de experiência, esteja aberto a aprender sempre. Busque o aprendizado, a leitura, a vivência. Conheça por meio da experiência dos mais velhos e também se abra ao conhecimento inovativo dos mais jovens. A busca da excelência e inovação começa em você mesmo!

LUCIANO ANDRÉ RIBEIRO
Experience: Middle Market Superintendent at Itaú Unibanco

Determinação: um Esporte para a Vida
"Insistir, Persistir e Nunca Desistir"

Ao falar sobre minha carreira, antes de qualquer outro detalhe, preciso destacar os três grandes pilares fundamentais em minha vida: família, estudo e esporte. Estudei em colégio de freiras, em São Paulo, na Vila Nova Conceição. Era um colégio rígido, realmente exigia do aluno, mas nunca tive problemas com isso, pois eu era dedicado, havia muita seriedade da minha parte em relação aos estudos. Devo muito à minha família pela formação que possuo. Desde muito cedo aprendi a valorizar, respeitar e ser dedicado em relação às oportunidades, isso se tornou um pilar sólido, moldou meu caráter e a minha visão. Honestidade, outro atributo fundamental aprendido com meu pai, que nos leva a fazer o certo, evitando aquele famoso "caminho mais fácil, mais rápido", que nem sempre é o melhor. Eu não era um aluno brilhante, mas tinha um conjunto de valores muito bom – compromisso, dedicação, respeito –, e assim me formei na escola, sempre avançando de ano com boas avaliações.

A competitividade nunca foi apenas uma palavra para mim, sempre me motivou a ser melhor, ensinou-me a não me contentar com resultados medianos, não apenas na escola, mas também no esporte. Praticante de futebol desde muito jovem, eu ficava realmente chateado quando não jogava uma boa partida ou quando não ganhávamos; lembro com muito carinho das conversas que eu tinha com o meu pai nessa época, quando ele me dava *feedbacks* sobre os meus jogos, o que eu deveria melhorar, o que poderia ser aproveitado. Isso me formou, fez de mim uma pessoa competitiva, focada e determinada. A ânsia e o desejo por sempre alcançar um resultado melhor em cada ação. Assim me provocou a ser melhor a cada dia.

A determinação nos permite tudo

Tudo o que desejamos fazer, se definirmos nossas prioridades, conseguimos realizar.

Desde cedo, o ambiente do mundo corporativo era muito atrativo para mim. Ser um executivo, trabalhar em um grande banco, ser gerente, diretor, superintendente... Essa ideia, esse universo era um alvo. Porém, com minha afinidade e facilidade dentro das ciências exatas, optei pela Engenharia. Decidi estudar no Centro Universitário do Instituto Mauá de Tecnologia. Na época, o *campus* era muito atraente, bem organizado, e o curso era reconhecido por formar excelentes profissionais.

O curso era denso e intenso, composto por aulas integrais e alguns sábados do calendário; naturalmente, exigiu-se muito de mim e fui desafiado a conseguir lograr um bom desempenho. Por força daquele momento, parei a carreira de jogador de futebol, na qual cheguei a ser aspirante.

Após um ano sem praticar nenhuma atividade esportiva de nível competitivo, passei a sentir falta desse tipo de atividade, já que o esporte me impulsionava. Essa carência fez com que eu me matriculasse em uma academia. Descobri a corrida de rua e também comecei a praticar *duathlon* e *triathlon*. A corrida me desafiava a melhorar cada vez mais as minhas *performances* em distâncias e tempos, a alcançar uma marca melhor a cada atividade. O período da universidade foi muito enriquecedor, principalmente pelo desafio de conseguir realizar uma boa formação em uma carreira que exige alto nível de foco, disciplina e dedicação, e, ao mesmo tempo, capacidade em praticar esporte. Tudo era bastante sincronizado, na medida em que eu praticava atividades físicas de alta *performance*, obtinha mais energia e garra para os estudos, mais foco e determinação nos meus resultados. Inevitavelmente, minha vida social ficou reduzida, mas era o que havia determinado a ser naquele momento.

Acredito que devemos sempre "sair melhor do que entramos", com isso me refiro a tudo, todas as ocasiões e oportunidades da vida: seja na universidade, em algum projeto, curso, ou uma conversa interessante – qualquer que seja a experiência. Isso nos faz crescer. E foi dessa forma que eu me formei no curso de Engenharia Mecânica, com prestigio de ter sido um aluno comprometido e dedicado – além de alcançar conquistas e marcas interessantes em competições nacionais e internacionais que me levaram a ser convocado para integrar a seleção brasileira de *duathlon*.

Inata busca por expansão e desenvolvimento

Em 1997, no meu penúltimo ano de universidade, fiz estágio na Telar Engenharia e Comercio Ltda., empresa de construção civil de obras públicas e privadas, assim, realizei projeto de manutenção preventiva de máquinas e equipamentos de construção civil.

Ao término deste estágio, em 1998, participei de alguns processos seletivos, e dentro das janelas de oportunidades que se abriram, optei por entrar no segmento bancário, em uma instituição que admirava e me inspirava.

Creio ser de extrema importância ter a consciência de que devemos viver a nossa vida e não a vida de outra pessoa. Por mais incrível que possa parecer, existem indivíduos que não aprenderam isso. Conhecem aquela história do espelho? Todos os dias, quando eu acordo e inicio o meu dia, vejo a única pessoa que pode resolver todos os meus problemas, realizar meus desejos, concretizar os meus sonhos... Vejo essa pessoa refletida no meu espelho: eu mesmo!

Quando decidi, ainda na época da universidade, deixar de seguir a carreira esportiva, também tomei a decisão de ser o melhor que poderia ser, cada dia mais, investindo em minha carreira profissional. Essa oportunidade no banco, que abracei com muito amor e determinação, continua sendo o meu atual emprego. Faço carreira dentro da instituição; provoco-me diariamente a ser melhor. Busquei e busco sempre o aperfeiçoamento, aprendendo algo novo, que agregue valores diferenciados em minha vida – expandir a mente para abarcar novas possibilidades.

Resolvi dar continuidade aos estudos, ingressando no curso Master of Business Administration, MBA para Engenheiros na Mauá. A riqueza do curso foi incrível! Um dos aprendizados mais valiosos e transformacionais foi perceber que devemos estar em um lugar que realmente faça sentido para nós. Basicamente, não devemos encontrar motivação somente por conta de salário, *status* ou de um cargo; devemos sentir que estamos vivendo em um momento e espaço que façam sentido. São consequências vindas das nossas atitudes positivas – ou seja, ao buscar ser uma pessoa e um profissional melhores, ajudar as pessoas ao seu redor, fazer a diferença por onde se passa – as coisas ganham mais sentido, e as consequências de boas sementes plantadas se tornam infalivelmente saborosas. E eu estava no lugar certo.

É somente você

Buscando sempre incluir a alta *performance* e o contínuo aprendizado na minha vida, senti a necessidade de continuar investindo na minha formação acadêmica, o que mantenho como foco até hoje. Fiz dois cursos de especialização em outra escola de alto nível: Banking and Financial Support Services e Advanced Analysis of Financial Demonstration, ambos pela FGV.

Aprendi que, ao adentrar e conviver no mundo corporativo, precisamos alimentar a competitividade dentro de nós e sempre nos provocarmos a realizar algo que nos faça crescer, ser melhores. Uma coisa que sempre comento é sobre o "aquário de tubarões". Quando se está dentro desse aquário – podemos classificar esse cenário simplesmente de vida – devemos, por mais que sejamos um "peixe pequeno", fazer cara de tubarão, nadar como um tubarão, pois se não for dessa maneira, seremos "engolidos". A grande questão é: quem vai te fazer realmente ser um tubarão? Não é o aquário, não são os demais tubarões... É somente você. Entre no aquário com semblante de tubarão, pois a partir do momento em que você começar a nadar com eles, irá se transformar em um tubarão também! Essa ideia eu sempre compartilho com todas as pessoas, alunos, *coachees*, tutorados, times, amigos etc. Creio ser importante essa reflexão, e, acima disso, praticá-la.

Um dos melhores investimentos para qualquer pessoa

Durante minha carreira até o presente momento, exerci algumas posições importantes na instituição como especialista, executivo de negócios, gestor e superintendente.

Assumi o cargo de superintendente comercial do banco em dezembro de 2007. Nesse momento, entendi ser a hora de realizar um novo MBA, focado para executivos e, assim, adquirir mais aprendizado, capacidade de realizar *networking*, senioridade na gestão e liderança. Cheguei a ser contestado pela escola – me diziam que eu não estava preparado. Talvez eu não estivesse do ponto de vista da experiência, mas com minha vontade e conjunto de valores, provei que estava pronto para essa etapa e, entre 2007 e 2009, realizei o MBA for Executive, no Insper.

Em 2012, comecei a ministrar aulas de Banking nas turmas de MBA na Business School São Paulo – BSP. O que é oportuno de comentar sobre isso é o fato de poder não só levar aos alunos o conteúdo técnico de minha matéria, mas a visão e experiência de quem vive o assunto, de quem "respira" intensamente o mundo corporativo – lembro-me de ter sentido falta desse detalhe durante minha formação acadêmica –, esse olhar, esse *feeling* de quando se pode transmitir riquezas e informações sobre um assunto de maneira viva e prática.

A energia do bom pensamento e de nossas ações, independentemente de crenças, nos conduz sempre a uma direção boa e provavelmente melhor do que a atual. Assim, surgiu a oportunidade para realizar um programa executivo no exterior, em Babson College, nos Estados Unidos, o Entrepreneurship Program. Hesitei por um momento, pois o curso era focado em empreendedorismo, mas concluí que todo profissional deve ter o sangue de empreendedor – quero afirmar que devemos ter a postura de dono do negócio, trabalhar duro na posição ocupada, como se fôssemos o próprio dono, e assim, buscar as melhores relações. Portanto, com uma oportunidade incrível de estudar no exterior e na escola eleita nos últimos 20 anos como a melhor de Empreendedorismo do Mundo pelo US News & World Report, realizei o curso.

Continuando os estudos, em 2013, resolvi me desafiar novamente e me inscrevi no International Management Program na Harvard Business School. Aproveitando a viagem de estudos em Boston, iniciei o ACE – Advanced Certificate for Executives no MIT – Massachusetts Institute of Technology – Sloan School of Management, um programa mais profundo e de duração de três anos. Mesmo com uma agenda com compromissos familiares, pessoais e profissionais, me desafiei, ocupei férias, perseverei e o conclui. A mudança do idioma, o frio na barriga nos primeiros dias, a emoção de pisar em Harvard e no MIT, interagir com executivos de todo o mundo, enfim, me fizeram crescer demais, transformei o meu *mindset*. O espírito de buscar novos desafios e superá-los somente contribuiu para a minha carreira. Nadar com os tubarões nos desafia, nos faz crescer.

Também busquei novas experiências e *skills*, a mais valorosa foi a formação como Personal & Professional Coach, a qual me qualificou para utilizar ferramentas para benefícios de empresas ou pessoas por meio de habilidades neles existentes, algo que me traz (trouxe) enorme satisfação.

Não vou dizer que foi fácil, mas com esforço e força de vontade podemos realizar o que quer que seja. Estudando, trabalhando, praticando esportes e, com uma agenda cheia, sempre priorizei a minha família – meu maior patrimônio. Assim me dedico aos meus filhos, esposa, pais, irmã... Sim, e ainda levo meus filhos Felipe, oito anos, e Arthur, um ano, ao colégio.

A importância e aprendizado que o esporte pode trazer

Os estímulos dos meus pais pelos esportes sempre estiveram presentes – o futebol foi o meu primeiro esporte. Pratiquei, mesmo na universidade, como eu disse anteriormente. E, quando parei por um ano, não consegui ficar sem praticar, voltei e busquei outras modalidades. A corrida é o esporte que continuo praticando; corro todos os dias. Às vezes, acordo às quatro horas da manhã para correr, outras vezes treino conforme a jornada de trabalho, viagens etc. Nas horas em que eu corro, este é o meu momento de organizar, trabalhar as minhas ideias, realizar reflexões, enfim, trabalhar a minha mente. Buscando melhorar o meu desempenho no esporte, treinos intensos e doloridos acontecem, assim participei de diversas competições, como maratonas, corridas de rua, provas de revezamento em times, corridas de aventura, entre outras. Quanto às maratonas, foram sete até hoje, sendo que em três delas obtive a admirada marca sub três horas, em Nova Iorque, Porto Alegre e São Paulo, respectivamente. Um momento marcante foi a conclusão da Maratona de São Paulo de 2016, a qual eu corri os últimos metros ao lado do meu filho Felipe, uma emoção incrível!

No esporte, a superação faz parte para quem quer alcançar um desempenho melhor. Praticar a corrida significa lidar com conquistas, frustações, superações e também com a dor – não por estar machucado, pois nunca me machuquei na prática esportiva – mas a dor da superação. E essa situação nos faz crescer, ir além.

Outro esporte que comecei a praticar e me ensina muito é o golfe. Trata-se de uma atividade que me ensina a ser melhor, equilibrado, competitivo e, sobretudo, a acreditar em mim. Esses ensinamentos eu trago para o mundo corporativo. Se não acreditarmos em nós mesmos para vencer, superar obstáculo, simplesmente não conseguiremos fazê-lo. Acreditem, podemos muito mais do que acreditamos!

Também aprendi que a relação de confiança existente em um time esportivo é tão importante quanto no mundo corporativo. Somente entregamos bons resultados com pessoas felizes, um time feliz, satisfeito, e com confiança atingimos os objetivos almejados. Essa é a essência que o esporte traz – não apenas para alguma competição esportiva, mas para a competição da vida.

O esporte, independentemente da modalidade, nos permite aprender, aprender que a superação é possível, desde que acreditemos, nos preparando para jamais desistir.

Acredito que quando chega o momento da ação, a hora da preparação já passou, assim como está escrito na piscina da Universidade de Michigan, onde o incrível Michael Phelps se preparou.

Insistir, persistir e nunca desistir

Sempre acredite que você está preparado. Apesar de saber que nunca estamos preparados o suficiente, a partir do momento que podemos sonhar, o sonho deve ser grande. E se você confia em você e em tudo o que você tem de treinamento, de bagagem, de conhecimento e se valoriza, a realização de um sonho grande e a determinação para encarar o desafio surge. Desta forma, você passa a acreditar em você e a trabalhar na realização do sonho. Uma coisa que sempre falo é sobre insistir, persistir e nunca desistir. Esse pensamento sempre me moveu e me ajuda em cada etapa da minha carreira, da minha vida.

Eu não consigo cumprir somente um papel, em qualquer função que seja, pois necessito ser transparente, com todos; eu necessito ser, sentir, viver, ou seja, estar 100% de 100%. Disciplina é fundamental, pois fortalece o foco e permite não se desviar dos objetivos traçados.

Quanto à minha liderança, a verdadeira liderança – não a imposta, mas sim a conquistada, esta é a liderança pelo exemplo, pelas minhas ações. Para mim, isso substitui palavras.

A minha essência, as minhas conquistas, as minhas verdades, eu devo a toda minha família: a meu pai, Luiz Antônio Ribeiro, que me orientou no momento de decidir sobre o meu futuro e sempre me apoiou; a minha mãe, Pia Ribeiro, um exemplo de fidelidade; a minha irmã Luciana Ribeiro, verdadeira e alegre; a minha esposa Renata Ribeiro, sempre companheira e cúmplice, e a meus amados filhos Felipe Luiz e Arthur Luiz, razões de minha existência e, com certeza, o meu maior legado.

LUIS REZENDE
EXPERIENCE: CHIEF EXECUTIVE OFFICER AT VOLVO CARS BRAZIL

Mais 36 pela Frente

Eu acredito que não exista uma fórmula pronta do sucesso que possa ser encontrada somente por meio do meio acadêmico ou por teoria. A história de minha carreira eu descreveria como um misto de intuição, a minha escolha por decisões difíceis e o foco obsessivo pelos meus objetivos. Hoje, com meus 36 anos e como atual presidente da Volvo Car no Brasil – cargo assumido há pouco mais de dois anos –, muitos ainda me questionam sobre como cheguei onde estou com tão pouca idade. De fato, é algo que causa muita curiosidade. Quando indagado sobre uma possível fórmula para alcançar tal sucesso, simplesmente respondo que ainda não a encontrei, seja no meio acadêmico ou tampouco me ensinaram de forma prática. Acredito que existam ingredientes que possam ajudar de alguma forma a fazê-lo se diferenciar dos demais no mercado de trabalho.

O ponto inicial de minha carreira remete aos meus primeiros estudos como bolsista, em São Bernardo do Campo, no Grande ABC, cidade onde nasci e cresci ao lado dos meus dois irmãos e da minha mãe – perdi meu pai cedo, quando tinha apenas um ano de idade. Meu irmão mais velho era o responsável por ajudar nas despesas de casa, e quem muito me influenciou na escolha da minha carreira – cursar Economia. Lembro-me de que não tínhamos dinheiro para pagar um curso na Universidade Mackenzie, dessa forma, acabei indo para a Fundação Santo André, e minha família foi bastante importante nessa fase, já que eles "investiram" em minha formação. Depois de estar mais estabilizado financeiramente, ainda fiz um MBA na Fundação Getúlio Vargas.

Adaptação e crescimento

Apesar de a minha cidade natal ser conhecida como um dos principais polos automobilísticos do continente, o primeiro contato com este setor ocorreu somente na etapa final da faculdade de Economia, quando ingressei como estagiário na Peugeot Citroën, em 2000. Lá permaneci por quase dois anos, mas não vislumbrei um futuro de sucesso àquela época. Portanto, a minha carreira começou definitivamente quando assumi a cadeira de analista financeiro da Maxxium, empresa holandesa de vinhos e destilados. Aprendi muito lá e sou grato por tudo que passei, com apenas 21 anos.

Lembro-me até hoje da conversa que tive com um diretor da empresa, e que hoje é COO da Lacoste. Logo na entrevista de admissão, ele deixou claro que não iria existir salário alto, apesar de me dedicar intensamente 12, 14 horas por dia ao trabalho. Porém, o "lucro" viria em forma de experiência e aprendizados e que, em aproximadamente dois anos, eu teria o retorno adequado. Realmente, trabalhei bastante ali ao lado de um grande time, que me propiciou algo que o dinheiro não consegue pagar: uma bagagem de aprendizados incríveis de carreira naqueles dois anos em que me dediquei à companhia.

Era uma equipe muito alinhada, com profissionais que podiam expor suas ideias. Com a experiência adquirida na Maxxium, depois de muitas horas extras, da intensidade, o resultado pôde ser observado com o que conquistei posteriormente. Infelizmente, com a alta do dólar, a companhia fechou as operações no Brasil, mas saí de lá com uma bagagem bastante positiva, especialmente com as habilidades desenvolvidas na área contábil.

Superando obstáculos

Já mais bem preparado, passei a receber alguns convites de empresas interessantes e passei a procurar por uma companhia compatível com o meu perfil. Entretanto, antes de seguir para a holandesa Philips, onde viria a ocupar um cargo de Business Controller para a América Latina, embarquei para a Inglaterra para aprimorar o meu inglês, após perceber que precisava desenvolver essa habilidade. Foi uma experiência diferenciada, pois precisei realizar trabalhos curtos para me manter, atuando como *barman*, limpando o chão de restaurantes, lavando louça... São fatos que serviram para me tornar um indivíduo mais consciente e adquiri outra visão sobre o que é cidadania.

Quando assumi o cargo na Philips, em 2004, eu já tinha um conhecimento muito bom em contabilidade, finanças e implementação de produtos. A empresa havia passado por uma fase complexa, mas o time era formidável e permaneci na função por três anos, antes de ser transferido para o setor de auditoria interna. Logo percebi que é um segmento imprescindível para qualquer empresa... Essa questão de investigar o andamento dos processos... Enfim, foi outra etapa de aprendizado, ganhei notoriedade e fui treinado em Hong Kong. Ali eu entendi o que é certo, mas também sofri com as atribuições do cargo – deveras cansativo. Como Business Controller, eu era responsável pela América Latina, mas como auditor, passei a ter uma atuação global. A questão cultural também foi importante nesse aspecto, pois na China e na Rússia – para citar somente dois padrões diferentes de realizar negócios –, tudo é tratado de outra forma, o executivo precisa se adaptar.

Viver com desafios é sempre muito inspirador. A auditoria foi o ponto mais alto deles, trabalhar temas pesados, como lidar com suspeitas de fraudes e ter uma responsabilidade em suas mãos como nunca havia tido. Tudo isso somado a uma agenda totalmente maluca de viagens; foi uma experiência única a que vivi na Philips durante um ano e alguns meses. Interrompi o ciclo ali por achar que existiam pessoas mais capacitadas e destinadas a assumir melhor aquele *job*, algo que tinha planejado pelos três anos futuros, e um assunto que abordarei mais adiante. Na época, também acabei me casando, ou seja, não era o melhor momento para investir em algo que talvez rendesse poucos dividendos sobre minhas expectativas.

Volvo e a cultura sueca da horizontalidade

Em outubro de 2008, resolvi mudar de ares e a sueca Volvo entrou em meu currículo. Assumi como Diretor Geral Financeiro, responsável pelas contas da América Latina. Comecei com o processo de saída da Ford, já que éramos uma divisão de negócios da outra montadora, e fiquei incumbido de trabalhar essa separação. Permaneci por cinco anos ocupando o cargo de CFO, com somente 28 anos. Claro que passei por muitas dificuldades, medo mesmo, afinal de contas, sou um ser humano como qualquer outro. Mesmo assim, soube pedir ajuda quando precisei, além de ter me amparado em experiências do passado para saber lidar com as adversidades. Sempre vou expressar a minha gratidão de encontrar um time alinhado por onde passei e, além disso, ter sido aceito pelas equipes que comandei. Gosto de trabalhar dessa forma, com bom relacionamento entre as pessoas envolvidas nos projetos.

O jovem presidente

Posteriormente, por conta dos bons resultados alcançados, acabei sendo promovido à presidência da Volvo Car no Brasil, em 2014. Apesar de ocupar o cargo mais alto de uma empresa, na cultura sueca a hierarquia não é tão sagrada como em outras culturas. Ser presidente na Volvo é dividir as responsabilidades e saber que não existe um líder para momentos bons ou ruins. É algo que me agrada na empresa, a cultura que promove debates, que trata funcionários do modo mais horizontal possível, em que todos estão inseridos no mesmo propósito e de forma igualitária.

Os suecos me ensinaram muito sobre isso – é necessário ter muita consciência sobre aonde você quer chegar. Meus chefes me mostraram isso na prática. O que é o processo de urgência, quando me deparo com esse cenário? O senso de urgência do brasileiro passa longe da concepção do mundo corporativo sueco, bem mais baseado na divisão de tarefas e com a dissolução de problemas na base do diálogo e nas propostas criativas que surgem.

Dentro da Volvo, aprendi como funciona essa cultura corporativa da horizontalidade, baseada no diálogo, questionamentos... Trata-se de uma empresa que estimula os profissionais a terem os seus *insights*, agregar novos conceitos. O que encontrei na Volvo está diretamente relacionado com os meus planos de carreira – se tivesse a oportunidade de mudar de lugar, seria dentro da própria Volvo mesmo. É muito legal trabalhar em um ambiente propício para o desenvolvimento de novos projetos, existe essa liberdade. Se você está certo ou errado somente o tempo irá julgar. Franklin Roosevelt costumava dizer isso.

Quando desenvolvemos um projeto, não existe essa questão de herói e bandido. Se alguém se sobressaiu, ótimo... Parabéns! Mas o conjunto é fundamental para atingir o sucesso. O projeto é da marca, é da Volvo, isso precisa ser perene, só assim o caminho será construído. Se a pessoa que desenvolveu o projeto se movimentar no mercado, o produto continua com o "selo" da Volvo. Outra coisa que trabalho bastante é a sucessão, um assunto bem delicado, gerador de discussões e conflitos. A engrenagem não pode parar. E aprendi isso inclusive por meio de terapia, muito bem aconselhado.

As etapas da minha carreira, que evoluíram rapidamente, e questionamentos que surgem em meio às frustrações foram acompanhados por alguém que considero como um mentor, *coach* e terapeuta em minha vida: Roque Perrone. Outra referência que tenho é a minha mãe... Saber a noção de certo e errado, conversar e, inclusive, sanar dúvidas. Essa posição que ocupo, de gerir responsabilidades, é algo bastante exigente, e à medida que eu fui conquistando cargos mais altos, as sensações de insegurança, noções de capacidade, precisaram ser trabalhadas para não haver a perda do foco nos âmbitos pessoal e profissional. Afinal de contas, estou com somente 36 anos e creio que inúmeros desafios ainda surgirão em minha trajetória.

Projetos inovadores: criatividade e estratégia

O *case* de sucesso mais marcante dentro da Volvo foi o de ter desenvolvido um projeto em equipe, no qual chegamos à conclusão de que a Volvo poderia ser uma organização comercial dentro do mercado brasileiro, ou seja, ser independente de importadoras. Até o momento, tem funcionado desde o início, há cerca de sete anos. O segundo aspecto desse *case* foi o de começar praticamente tudo do zero, ao parar de depender das dependências da Ford, retirar as operações feitas na Bahia, e trazer nosso material para o Espírito Santo, por meio de uma *trading company*. Colocar isso em funcionamento é motivo de orgulho.

Já um *case* mais pessoal diz respeito a colocar a implementação de padrão, algo que tem muita ligação com o fato de eu ter sido auditor. Em 2016 eu consegui fechar com 60% do padrão sueco inserido nas lojas, com todos os elementos encontrados na matriz, como móveis. É algo que nasceu de um sonho e se tornou 100% realidade em 2017, pois os projetos das concessionárias já estão em andamento. Portanto, 100% da minha rede está no meu padrão, o padrão da marca Volvo. Não adianta ter tudo fantástico, mas deixar o cliente decepcionado ao visitar uma loja sem o padrão. O consumidor precisa reconhecer o ambiente da Volvo, não somente os carros, que são excelentes. Eu e meu time nos orgulhamos bastante dessa iniciativa, já que estamos realizando algo grandioso dentro de uma fase de crise.

Outro projeto interessante cuja repercussão rendeu inúmeros dividendos para a marca foi a iniciativa de ser a pioneira em trazer os primeiros veículos autônomos para o País. A ideia de colocar carros "sem motoristas", desenvolvida pelas equipes de engenharia da companhia, repercutiu na imprensa em todos os veículos de comunicação de forma intensa, quando obtivemos sucesso com essa ousadia, ao implementar as operações em 2014. Fomos os primeiros a trazer esses automóveis "inteligentes" para o Brasil e continuamos líderes nesta categoria. Eu me sinto confortável em meu carro, ter essa tecnologia ajuda, inclusive, a lidar com o estresse causado pelo trânsito.

Orientando a nova geração

Recentemente toquei um projeto com estagiários no World Trade Center. Ficamos com uma exposição de um mês, inclusive para a realização de *test-drive*. A intenção foi fazer com que eles assumissem posições sem patentes ou agir como diretores. E eles precisaram criar um projeto inteiro, com reuniões nas quais necessitavam entregar os resultados para os diretores e lidar com as adversidades pertinentes à falta de experiência. Nesse projeto realizado com os mais jovens, e que vão ingressar no mercado de trabalho para valer em algum momento, vejo que muitos não gostam de se expor, seja pela falta de confiança ou mesmo por vergonha de se comportarem como gestores em uma reunião de negócios. No meu caso, eu só direcionava o grupo, por meio de dicas e do meu conhecimento. Sou uma pessoa que gosta de interagir com esse tipo de ação, ainda mais pelo fato de ser o presidente do grupo aqui no Brasil com 36 anos de idade. O mais interessante é que foram realizados 150 *test-drives*, o que é muita coisa para os nossos padrões. E os estagiários também ficaram satisfeitos com os resultados alcançados. Fizemos até um almoço de celebração. Mas nem tudo foi sucesso. Foi possível observar que poucos puderam ter a percepção de que se tratava de um trabalho sério. Muitos ficaram acanhados, o ambiente não ficou tão aberto quanto eu gostaria. Entretanto, em termos de comprometimento, não há ressalvas, é tudo uma questão de lapidar os talentos. Eu mesmo era meio "travado" até começar na Maxxium; acredito que seja uma combinação de perfil e ambiente.

Na Philips, era um projeto em que eu ficaria três anos, e chega uma hora que tudo isso fica muito pesado, são muitas viagens... Foi quando comecei a questionar e percebi que aquilo não era para mim. Em outros momentos da minha vida, lidei com frustrações por conta de projetos não realizados – às vezes, penso em colocar oito deles em prática, mas só emplaco dois. É quando percebo que o cargo e o poder não são nada se a ideia não atende aos interesses da empresa. Creio que preciso ser inspirador, sonhar o meu sonho, e outro fator é o facilitador. Caso esteja esperando um resultado "X" com determinados recursos, e não consigo com o que possuo naquele determinado momento, preciso equilibrar essa equação. A cobrança fica muito mais simples. A essência tem de estar lá, para cumprir minha meta.

Conselhos para a nova geração

Com a bagagem adquirida até então, sinto que posso contribuir com conselhos pontuais para quem está começando no mundo corporativo. A intuição é importante nos momentos mais complicados, são coisas que a faculdade não ensina. Não ceder para o caminho mais fácil, já que isso é apenas uma forma de protelar futuras dificuldades. O "jeitinho brasileiro" não faz parte do meu estilo, do meu diálogo, e quando se é jovem é preciso ter a consciência de que se a maioria age dessa forma, e é a hora de promover uma mudança, não se deve seguir a maioria.

Oportunidades surgem a todo instante e não vale a pena se iludir com os caminhos mais fáceis, porque outros aparecerão. É preciso ter coragem, se impor frente aos obstáculos, se fazer ouvir, demonstrar determinação. A clareza de traçar estratégias para atingir os seus objetos, sem nunca perder o seu foco. Eu me considero um profissional que gosta de pessoas, de ajudar no desenvolvimento delas dentro da companhia – sempre me preocupo muito com os meus times, na base da motivação. Também me vejo como uma pessoa criativa, dentro de um segmento que pode ser tachado de conservador, o que é uma coisa interessante. Resumindo: sou uma pessoa e um profissional idôneo e focado. Estou só no começo e basta fazer as coisas certas para vislumbrar um futuro excelente para todos. Afinal de contas, estamos vivendo a geração que alcança os 100 anos de idade!

Gosto muito de frases inspiradoras, e a que me veio à mente para este texto é de autoria do Nelson Mandela. Trata-se da passagem de um livro cujo significado retrata bem a importância de valorizar as suas origens. Costumo utilizar essas frases de pessoas com papel histórico de grande relevância em minhas palestras. E essa é uma de minhas citações favoritas:

Nós temos de ter uma propriedade ou algo que nos vincule à terra onde nascemos para nunca nos esquecermos de onde viemos.

LUIZ CLAUDIO MENEZES
Experience: General Manager at Lexmark International do Brasil

Conexão com o Time: o Segredo do Sucesso

Nasci no Rio de Janeiro, em uma família de classe média da Zona Sul, e sou o mais velho de cinco irmãos. Devido ao trabalho do meu pai, que era um executivo do Banco do Brasil, e que por conta de sua experiência, ajudava a estruturar as operações do banco em diferentes localidades, tive a oportunidade de morar em vários lugares no Brasil e no exterior, o que durou dos meus cinco ou seis anos até os doze. Eu não gostava muito desse estilo de vida, pois estava sempre mudando de escola, e ficava longe dos amigos e da família, mas ajudou muito na minha formação e fez com que eu aprendesse a ter jogo de cintura e adaptação rápida a situações novas.

Quando estava com 17 anos, já morando novamente no Rio, meu pai me perguntou para que curso eu faria vestibular e, como eu gostava e praticava muitos esportes, disse que queria fazer Educação Física. Porém, ele me disse que me financiaria durante os estudos, mas apenas se eu decidisse fazer Engenharia, Medicina ou Direito. Caso contrário, ele me apoiaria, mas eu precisaria trabalhar para me manter. Como era bom em matemática, não podia ver sangue, e meu pai era advogado, entrei em Engenharia na Universidade Federal Fluminense (UFF).

No penúltimo ano, ingressei na General Electric (GE) por um programa de *trainee*, que tinha um processo de admissão bem difícil, mas que me fez entender um pouco da dinâmica da vida corporativa.

Comecei a trabalhar no departamento de sistemas industriais e, sendo estagiário, sempre recebia as "piores" atribuições. Me colocaram em engenharia de campo, então ia para dentro de siderúrgica que, apesar de difícil, foi um aprendizado na prática poderoso.

Ao fim do estágio, fui efetivado e me tornei engenheiro. A companhia dava formação paralela e havia um curso chamado FMP, de formação financeira, que durava dois anos e funcionava como um MBA interno. Assim, fui começando a crescer e a entrar nos programas de *high potential*.

Mas, em um ano e meio, já me interessava mais pela área de vendas. Ainda assim, me mantive quatro anos na empresa, mas minha veia comercial começou a aparecer, já que toda vez que visitava uma obra, acabava convencendo o cliente a contratar mais um aditivo. Depois deste tempo, migrei para a área comercial da GE. Em pouco tempo, fui indicado por um colega da faculdade para a vaga de engenheiro de vendas na ABB Asea Brown Boveri, uma empresa sueca/suíça de produtos e sistemas nas áreas de energia e automação. Em três anos na posição, aconteceu uma reestruturação e acabei sendo indicado para a vaga de diretor regional de vendas da filial do Rio de Janeiro, o que foi uma grande surpresa, afinal eu era novo, tinha apenas 28 anos e não tinha a pretensão de conseguir tal posto antes dos 30. Além disso, havia outras pessoas lá dentro que tinham anos a mais de experiência e idade do que eu.

Mesmo assim, aceitei o posto e logo percebi que se tornar chefe não significa ser melhor do que os outros, mas apenas que se tem um dom de motivar e liderar uma equipe para alcançar um desafio ou meta. Fiquei um tempo trabalhando três vezes mais até que um gestor me disse que eu tinha de exercer minha liderança e convencer os outros a trabalharem no que eu precisava. Foi ali que comecei a criar meu estilo de gestão, sendo muito transparente e sem frescura.

Foram três anos na direção até que surgiu um novo desafio: assumir a gerência geral de vendas em uma das unidades de São Paulo. Parecia um cargo de menos importância que o anterior, mas eu atenderia o setor siderúrgico, com *budget*, número de funcionários e responsabilidade muito maiores, pois foi logo após as privatizações, em uma época em que todas as siderúrgicas queriam se modernizar.

Em oito anos de empresa, surgiu uma vaga na diretoria e eu decidi tentar o processo interno para o cargo, porém outra pessoa foi escolhida e acabaram me direcionando para uma área na qual eu não via como poderia contribuir. Isso foi na mesma época em que a área de *software* começava a crescer no Brasil e fui convidado por um *headhunter* a participar de uma entrevista na Infomix Software, uma empresa americana que estava iniciando no mercado brasileiro. No começo, achei que tinha feito besteira em trocar a venda de equipamento de automação pela de softwares que eram entregues em CDs, mas logo percebi que o negócio estava em alta e que a demanda por soluções de gestão informatizadas crescia muito. Foi um projeto muito legal, que começou com 12 funcionários e que, em três anos, chegou a 70 pessoas que faturavam 50 milhões de dólares para a companhia. Nessa época, a divisão de banco de dados, responsável por 90% do faturamento, foi vendida para a IBM, o que fez com que os acionistas da Informix criassem uma nova empresa, a Ascential Software, para seguir vendendo seus produtos de *business intelligence*.

Passei a comandar a operação latino-americana da Ascential, que recebia diversas premiações no exterior. Porém, em 2004, a IBM também a comprou. Havia a possibilidade de continuar, com a IBM, mas eu estava acostumado a ter liberdade e poder de decisão, foi quando cheguei à conclusão de que não me encaixaria no novo modelo.

Decidi passar um período sabático, mas em menos de três meses recebi uma nova proposta, dessa vez vinda de uma concorrente da minha antiga empregadora, a Progress Software, que estava procurando alguém para a posição de Country Manager, que no Brasil seria o cargo de Presidente. Lá, criei uma equipe fantástica com espírito vencedor. Acabei ficando por seis anos, período em que a subsidiária brasileira ganhou cinco vezes como a operação de maior crescimento no mundo e eu fui reconhecido como o "Country Manager of the Year" por três.

Mas, em 2010, houve uma mudança na direção estratégica dentro da companhia com a qual eu não concordava. A empresa era tocada desde a criação por Joseph Alsop, o fundador, que era uma pessoa fantástica, e muito acessível, mas que decidiu se aposentar e, no lugar dele, entrou um executivo que havia sido vice-presidente da SAP Americas, e tinha uma visão diferente do negócio. A Progress era uma empresa de US$ 500 milhões, bem menor que a SAP, o que a tornava bem diferente de se gerir.

Cheguei a dizer a ele que não acreditava no projeto, porém ele foi educado e disse que respeitava minha opinião, mas que estava certo do sucesso.

Comecei a questionar o meu futuro dentro da companhia, pois pensava que já tinha feito meu trabalho, com um crescimento de quase quatro vezes o faturamento da subsidiária no Brasil, e pensava em buscar um desafio de maior complexidade em uma empresa maior. Coincidentemente, um ou dois meses depois, fui contatado por um *headhunter* para uma oportunidade como diretor-geral para a América do Sul da GD Burti, uma *joint venture* da empresa alemã Giesecke & Devrient e da Gráficos Burti. Eu teria a chance de liderar uma equipe de 700 funcionários e me desenvolver em áreas que eu não tinha muita experiência, como logística, *supply chain* e produção. A G&D era a segunda maior companhia de *smart cards* do mundo e estava passando por um momento desafiador no Brasil, em que precisava fazer diversos ajustes. Foram nove meses de negociação até a parte alemã comprar a participação que estava com os brasileiros. Este foi o meu primeiro projeto de aquisição e um aprendizado incrível, em que construí uma relação com o antigo sócio a fim de continuar fazendo negócios. Mas minha maior contribuição foi a mudança no modelo de gestão.

Trabalhar com alemães foi muito bom, pois eles me davam muita autonomia, o que não acontece muito em multinacionais. Acabei mudando muita coisa, atualizamos as linhas de produção, automatizamos processos e adaptamos coisas que não existiam em nenhum outro país. Me envolvi muito. Comecei a frequentar a fábrica da empresa, que ficava em Itaquaquecetuba, pois queria mostrar uma liderança mais participativa, criar uma ligação mais forte entre a diretoria (que ficava em um escritório em São Paulo) e a maioria dos funcionários que ficavam na fábrica. Além disso, passei a ir aos churrascos e celebrações da fábrica e mostrar a minha filosofia de que não sou melhor do que ninguém. Todos dentro da empresa têm papel fundamental.

Tudo vinha bem, mas em 2013 surgiu outro desafio na minha vida, em uma empresa que sempre admirei: a Lexmark. Quando o *headhunter* me sondou, ele não disse qual empresa era e eu logo falei que salário dificilmente me faria sair da G&D, porque estava lá há apenas dois anos e meio, tinha excelente ambiente e ainda muita coisa para melhorar e deixar a empresa "redondinha". Quando ele me disse que era a Lexmark, decidi participar do processo, que me deixou com uma impressão muito boa após as conversas com executivos da empresa, e com ainda mais vontade de trabalhar com eles.

Em um mês e meio, tudo estava resolvido, mas foi difícil sair da outra empresa. Meu chefe era uma pessoa muito legal e veio falar comigo, mas entendeu que a questão não era dinheiro, e sim uma vontade pessoal minha de aproveitar essa nova oportunidade. A Lexmark combina muito com meu perfil, é grande e com ambiente fantástico. Um lugar gostoso de se trabalhar, com poucos níveis hierárquicos e decisões, geralmente, rápidas. Além disso, o Brasil é muito relevante e está entre as maiores subsidiárias do mundo.

A decisão de mudar de empresa é difícil para todos, imagine para o presidente. Há sempre o medo de estar tomando a decisão errada, porque mesmo fazendo muitas entrevistas antes da contratação, dificilmente recebemos todas as informações do que acontece dentro da companhia e só se consegue entender o que está acontecendo de fato depois de um tempo no cargo. Na verdade a maior dificuldade do executivo é se adaptar rapidamente a cultura da empresa. Uma empresa com equipe desmotivada é algo muito difícil de reverter. Os números são consequência do que o time pode produzir, em crise ou não.

HISTÓRIAS DE SUCESSO 2

Aproveitando o momento do cliente

O *case* que gostaria de compartilhar é da Progress. Na época, a empresa precisava ter uma exposição de marca mais forte e se tornar mais conhecida, além de diversificar a receita, pois cerca de 75% vinha de apenas um parceiro.

Primeiramente, foi necessário entender o perfil do time. Fizemos alguns ajustes, identificamos talentos e criamos uma estrutura de venda direta, que, até então, era muito pequena e sem liderança. Com a estratégia definida, selecionamos o mercado-alvo a ser atacado diretamente e começamos a trabalhar com muita metodologia. Todos foram treinados no *solution selling* e, com o tempo, a companhia adotou uma ferramenta poderosa de CRM para gestão de clientes. Além disso, passamos a diversificar os produtos e foi aí que surgiu o *case*.

Tínhamos uma solução de *disaster recovery* que nunca havia sido ofertada e um dos nossos clientes teve um grande problema em consequência de uma enchente, que parou todos os servidores. Não tinha *backup* e foi quando uma luz se acendeu e tivemos a ideia de estruturar e oferecer a solução de *disaster recovery*. A partir dali, essa solução passou a vender muito, era algo que apenas a Progress oferecia naquele momento e que nos trouxe muito sucesso.

Em paralelo, a Datasul, que era o maior parceiro da Progress na América Latina e usava o banco de dados da empresa como *engine* do ERP, começou a crescer, o que nos ajudava também a crescer na venda direta, oferecendo serviços e soluções complementares para clientes captados por eles. Foi um ótimo momento em que começamos a crescer muito e montamos uma área de *professional services*, que também não tínhamos. Começamos a criar "combos" de serviços, como a venda do software com a instalação e a solução de *backup*, o que gerava receita adicional. Em algum tempo, a companhia comprou uma plataforma de ESB (*Enterprise Service Bus*), que faz a integração de *softwares* e, na época, era novidade. A Progress era uma empresa focada em SMB (Small and Medium Business, pequenas e médias empresas), enquanto companhias como IBM e Oracle eram focadas em negócios maiores. Por este motivo, não tínhamos tanta concorrência desses grupos nesse mercado que, na época, era pouco explorado, pois acreditava-se que não havia muito dinheiro envolvido.

Começamos a ter sucesso, recebemos prêmios, tínhamos atendimento personalizado, éramos mais flexíveis que os "caras grandes" e tínhamos muito apoio do pessoal de desenvolvimento de produtos da matriz com apoio e suporte para nossas novas ofertas. Praticamente quadruplicamos o tamanho da empresa em cinco ano e meio. O Brasil era responsável por quase 70% da receita da América Latina. Foi um período muito bom para minha vida, tanto pessoal quanto profissionalmente, em uma empresa não muito grande, mas que cresceu e diversificou sua receita com sucesso, em um ambiente muito prazeroso e de companheirismo, apesar da grande competitividade e motivação de todos os membros da equipe.

A importância de administrar o tempo

Cheguei a ter um negócio próprio, mas nunca tive tempo para realmente me dedicar como sócio de algo. Uma pessoa que é o principal executivo de uma grande companhia acaba sendo muito demandada dentro do trabalho, então essa experiência, infelizmente, não foi boa, mas me fez buscar preparo. Em 2015, fiz um curso de conselheiro de administração, que é algo que acredito em que posso atuar no futuro, utilizando toda a minha experiência e *expertise* para ajudar os gestores em seus desafios diários.

O Brasil é um país cruel com os empreendedores, porque logo no primeiro dia você já está com despesa, mas sem receita. Isso faz com que eu não tenha planos de empreender novamente, porque sempre tive de me dedicar muito ao trabalho, com a pressão da posição e do desejo de entrega dos resultados, ou seja, é algo que te faz, de certa forma, ter de abrir mão de muita coisa, então eu penso em ter um tempo mais para mim e minha família e não a pressão de capital investido, de precisar fazer o impossível para proteger o que se conquistou na vida. Eu gosto muito do mundo corporativo, mas eu não penso em ficar tocando uma operação para sempre. Ser o principal executivo é, também, um fardo pesado, pois você tem de dar o exemplo, independentemente de como foi o seu dia ou dos seus problemas pessoais. É chegar e botar a mão na massa, mas saber dividir o tempo é importante. Já fui muito *workaholic* e hoje tento sempre sair no horário, ir para a academia, levar meus filhos para fazer algo... Não dá para trabalhar 12 ou 13 horas todos os dias.

Este conceito é algo que pratico, inclusive, com a minha equipe. Sempre questiono por que as pessoas estão no escritório até tarde da noite. Obviamente, a produção e os resultados são muito importantes, mas os encorajo a cuidar da saúde e praticar algum esporte. É um "tripé": o trabalho, sua família e você mesmo. Todos têm sua importância e é preciso que você busque um equilíbrio, e faça o que *você* gosta, senão a vida fica muito chata. Não é fácil, mas com o tempo amadureci e passei a conseguir equilibrar melhor todas as áreas da vida. Claro que gostaria de ter mais tempo com a minha família ou para mim mesmo, mas às vezes não tem como, pois viajo com muita frequência. Mesmo assim, nos momentos que temos, busco a qualidade, já que a quantidade não é a ideal. Tenho agenda com meus filhos, minha esposa e meus amigos, e disso não abro mão.

LUIZ FERNANDO GUERRA
EXPERIENCE: HEAD DIRECTOR AT FIT – FLEXTRONICS INSTITUTO DE TECNOLOGIA

Desafios: o Caminho do Crescimento Profissional e da Realização Pessoal

Sou o primogênito de quatro filhos de um casal de professores. Meu pai se chama Fernando de Campos Guerra e é graduado e pós-graduado em Matemática, Física e Desenho pela Universidade de São Paulo (USP). Já minha mãe, Alice Guerra, é professora formada pelo Curso Normal, nas décadas de 1950 e 1960, respectivamente.

Nasci em Brotas, no interior paulista, onde moramos até 1971, quando meus pais decidiram mudar-se para Campinas, também no interior do Estado de São Paulo, com objetivo de formar os quatro filhos.

Meus pais não tinham nenhum pendor para o empreendedorismo, pois acreditavam que as carreiras profissionais tinham de ser seguras, sem riscos e, por isso, ambos fizeram concurso público e tornaram-se professores da rede estadual de ensino, o que, nas décadas de 1950 a 1970, representava *status* importante na sociedade, sendo respeitados e valorizados adequadamente para uma boa vida de classe média. Sempre me incentivaram a estudar e a desenvolver uma carreira em empregos que me trouxessem segurança e, dessa maneira, não apoiavam riscos. Tanto que, até meus 15 anos, acreditei que acabaria sendo professor ou advogado, espelhando-me em meu pai. Porém, eu percebia neles a frustração de terem estudado muito, passado em concursos públicos e, mesmo assim, enfrentarem muita dificuldade financeira e, consequentemente, dificuldade na criação dos filhos no início dos anos 1970. Isso me inspirou a não seguir o mesmo caminho – o do emprego dito seguro, mas limitado – e a buscar formação técnica o mais cedo possível.

Eletrônica: de *hobby* à carreira

Na década de 1970, a eletrônica passava pelo início de uma revolução com a transição das válvulas para os semicondutores, o que me chamou a atenção e fez com que eu me apaixonasse pela área. Em 1974, um amigo, Flávio Magalhães Filho, foi quem me apresentou a esse mundo e foi uma influência na escolha. Ele gostava muito de eletrônica como *hobby* e foi assim que ele me apresentou a ela, quando eu tinha 13 anos. E continuo até hoje na área, tendo começado quando escolhi pelo Ensino Médio Técnico em Eletrônica.

Concluí o Ensino Médio Técnico em 1979. Comecei minha carreira como professor de Eletrônica e Desenho Técnico dentro do colégio em que me formei entre 1979 e 1980. Isso aconteceu porque eu tinha boas notas e a escola tinha um programa que dava a oportunidade aos melhores alunos para lecionarem como professor estagiário, e fui um dos escolhidos. Foi meu primeiro desafio: aprender a dar aula e como lidar com a didática para alunos do segundo grau, aprender o que era ser professor. Recebi um treinamento em didática e fiz alguns cursos de especialização para poder me qualificar.

Com essa experiência, consegui meu segundo trabalho, como técnico em eletrônica, em uma multinacional americana, na fábrica em Campinas, onde se produziam calculadoras eletrônicas. Fiquei 13 anos na empresa, alcançando o posto de gerente.

Em 1979, iniciei a faculdade e optei pelo curso de Engenharia Civil, na Pontifícia Universidade Católica de Campinas. Fiz a escolha por ser a única opção de Engenharia à noite na cidade e a qual não atrapalharia o meu trabalho. Apesar de ter cursado Engenharia Civil, nunca trabalhei nessa área, sempre com eletrônica, então me considero, muito mais, um engenheiro eletrônico, em vez de civil. Tenho 37 anos de trabalho nessa indústria.

Apesar de ter oferta para continuar no quadro de funcionários da empresa em São Paulo, decidi deixar a companhia e, em abril de 1993, aceitei uma oferta de emprego como Gerente da Qualidade em uma empresa familiar nacional e líder no mercado brasileiro na fabricação de placas de circuito impresso, que tinha acordos de transferência de tecnologia com parceiros na Itália.

Foi desafiador lidar com o estilo gerencial dos donos da empresa. Eram pessoas muito exigentes, porém com uma disciplina muito variada, algo não muito comum em multinacionais cujas disciplinas são dadas por procedimentos formais e escritos. Na familiar, ela é dada de acordo com o humor do dono, então foi difícil me adaptar a essa mudança no início. Por outro lado, eles visualizaram na minha experiência a possibilidade de profissionalizar a empresa, então meu objetivo era implantar um sistema da qualidade baseado na ISO 9001. Fomos a primeira empresa de placas de circuito impresso do sistema Telebras a ser certificada pela norma. O desafio de implantar o sistema em uma empresa familiar me atraiu muito, além de visualizar uma oportunidade de aprendizado enorme devido ao estilo gerencial da empresa. A organização tinha, na época, cerca de 800 funcionários, um presidente, que era o dono, um superintendente, que era um grande executivo de sucesso em multinacional americana, Antonio

Junqueira, a quem eu me reportava e em quem me inspirei muito, e um diretor financeiro.

Em setembro de 1999, a empresa foi adquirida por uma multinacional americana com sede na Califórnia. De 1996 a 1999, fui diretor comercial e, de 2002 a 2005, fui vice-presidente de vendas e marketing.

Em 2006, tornei-me diretor-presidente da operação Brasil, cargo que exerci até setembro de 2013, ano em que a corporação decidiu encerrar suas atividades de fabricação de placas de circuito impresso no Brasil e na Alemanha. A partir de setembro de 2013, assumi a direção geral do Instituto de Tecnologia no Brasil, reportando-me ao vice-presidente de operações, Flavio Magalhães. Considerando-se o início na empresa familiar, depois na multinacional americana e agora no Instituto de Tecnologia, são 23 anos de carreira na mesma empresa no Brasil.

O Brasil levou desde a década de 1970 até os anos 2000 para ganhar credibilidade no mundo e eu assisti ao sucesso que o País tinha no exterior e à facilidade que tínhamos de falar sobre o futuro e ver as multinacionais vindo para cá. Tive oportunidade de viajar pelo mundo representando as empresas e, em vários lugares, quando dizia que era brasileiro, as pessoas me olhavam com respeito e simpatia. Eu vivi intensamente a década de 1990 ajudando a construir um país decente, do ponto de vista global, e vivi o benefício disso.

Infelizmente, estive nos Estados Unidos recentemente e a única mensagem que recebi foi "coitado de vocês com esses políticos! O que aconteceu com o Brasil?". É uma situação que me deixa muito triste. Tenho duas filhas muito bem formadas que estão procurando emprego e não querem mais ficar no Brasil, e eu entendo a posição delas: vamos demorar mais 30 anos para, possivelmente, voltar para onde estávamos em 2010.

Maior desafio

Dentro da HP, então com 19 anos, meu maior desafio foi aprender o que era uma multinacional e como trabalhar em uma empresa de grande porte, seguir procedimentos, entregar projetos em prazos apertados, restrições de *budget*, além de me desenvolver tecnicamente.

Em determinada época, tivemos uma linha de produtos que precisavam ser desenvolvidos num prazo extremamente curto e isso envolvia transferir tecnologia dos Estados Unidos para o Brasil. Fui, então, passar seis meses em uma planta da empresa em Colorado Springs para aprender a parte de testes e manufatura dos produtos e, também, fazer a transferência em seis meses, o que, na época, era muito desafiador. Nós conseguimos atingir 100% dos prazos que Vendas havia determinado para lançamento dos produtos. O projeto todo foi um grande sucesso.

Desde 1989, entendi que deveria desenvolver um plano B para a minha carreira, baseando-me nas mudanças contínuas na organização da empresa no mundo e no Brasil e na instabilidade econômica do País, devido à falta de uma política industrial séria. Nas diversas viagens internacionais que fiz a serviço da empresa entre os anos de 1988 e 1993, aprendi que a fábrica no Brasil representava muito pouco na estratégia global da empresa, razão pela qual geravam-se necessidades constantes de mudanças na organização da fábrica em território nacional. Tal fato foi comprovado em janeiro de 1993, quando a corporação decidiu fechar a fábrica de calculadoras, impressoras e instrumentação eletrônica de Campinas. Essa foi a minha primeira grande experiência com insegurança profissional numa grande multinacional.

Mesmo assim, recebi a proposta para me mudar para os Estados Unidos e continuar com a empresa, mas não aceitei, pois, no mesmo ano, minha mãe foi diagnosticada com câncer e eu, como filho mais velho, não poderia deixá-la e me mudar do País. Foi um dos maiores desafios que enfrentei.

Plano B

Entre 1993 e 1997, concluí meus estudos para empreender e decidi que deveria investir em uma pousada em Brotas, SP, cidade que estava iniciando-se em turismo ecológico de aventura.

Dividi essa decisão com meu pai e minha esposa, ambos disseram que não achavam uma boa ideia, pois precisaria de muito capital, que eu não tinha, além da experiência no ramo, que eu também não tinha. Infelizmente, eles não demonstraram levar-me muito a sério.

Mesmo contrariando pessoas que eu amava e respeitava muito, contratei o projeto imediatamente. Enquanto isso, a cidade de Brotas despontava e "bombava" com o turismo de aventura.

Mesmo sem capital suficiente para todo o projeto, decidi iniciar as obras da pousada com previsão de término em cinco anos. Em outubro de 2000, a obra da pousada com 16 apartamentos já estava 90% pronta, porém sem nenhum capital para conclusão e para equipar os apartamentos. Foi quando, conversando com um grande amigo, Ellison KT, tive a ideia de fazer a inauguração com 50% das UH e, assim, começar a faturar. A inauguração se deu em 29 de dezembro de 2000 e, rapidamente, vendemos todos os apartamentos prontos.

A demanda estava tão grande que acabamos vendendo alguns apartamentos sem mobília. Foram dois anos de ocupação média maior que 80% e o lucro gerado foi suficiente para pagar as dívidas que vieram na construção, bem como para concluir os outros quartos não concluídos anteriormente.

Hoje, a pousada tem 16 anos e é um grande sucesso. Não tem dívidas de médio ou longo prazo e cresceu em 50% em número de UHs em 2014, além de ter aumentado em quatro vezes a área de lazer para seus hóspedes. O sucesso financeiro da pousada, após dois anos de vida, me deu muita segurança na minha vida profissional como executivo de empresa multinacional.

Nesses 37 anos, sou extremamente realizado como profissional, pai de família, como empresário de médio porte. Atribuo este sucesso a dois fatores principais, sendo que o primeiro foi a incansável dedicação ao trabalho, algumas vezes sete dias por semana e ausência de férias por três anos. O segundo, as pessoas que me acompanharam desde o início, que mudaram suas vidas profissionais dispostas a fazer algo diferente, voltado para um potencial sucesso: falo aqui da minha amada esposa e da minha irmã mais nova, que desde o início aceitou o desafio de gerenciar a pousada.

De forma geral, classifico minha atitude como agressiva e conservadora. Agressivo em buscar inovações nas minhas atividades profissionais como executivo de multinacional e na forma de planejar e fazer negócios na pousada, terceirizando atividades não vitais e com baixo valor agregado.

Sou conservador nas questões financeiras e criei uma regra que me norteia sempre: nunca ter dívidas bancárias maiores que o equivalente a um ano de salário como executivo e reinvestir 100% dos lucros da pousada no crescimento e desenvolvimento do próprio negócio.

Nunca abri mão de um bom planejamento. Tive muitos acertos e alguns erros, e tenho total consciência dos fatos. Minha pousada foi a primeira da cidade a ter características próprias para o turismo de negócios, internet discada no início, depois *wi-fi* grátis em todas as suas dependências.

Na minha carreira como executivo, considero que o fato de sempre me sentir fora da zona de conforto foi decisivo. Comecei a trabalhar com 18 anos, logo após a conclusão do curso técnico, e tracei a meta de trabalhar e estudar conjuntamente. As crises no Brasil sempre foram e voltaram, e minha constante sensação de "fora da zona de conforto" me motivou a sempre olhar para a frente e para onde houvesse desafios contínuos. Aprendi, empiricamente, a importância do espírito de equipe no sucesso das empresas quando ainda tinha 21 anos. De lá para cá, sempre procurei me cercar dos melhores profissionais e das melhores pessoas. Estar onde as coisas e os fatos acontecem, conceito chamado de Gemba, na filosofia Kaizen, sempre me ajudou a tomar as melhores decisões.

Venci inúmeros desafios por meio de muito estudo de situações antes de tomar decisões precipitadas. Nunca acreditei em vida fácil para executivos da indústria brasileira. Saber ser humilde na hora certa foi também minha característica profissional e nunca me apeguei a títulos e cargos somente pelos nomes, sempre procurei entender a responsabilidade de cada um e, assim, entender os desafios específicos.

Grandes desafios

A maioria das coisas que deram certo na minha vida começaram com dificuldade. Tive frustrações ao longo da carreira e na empresa familiar fabricante de placas de circuito impresso, no primeiro ano, fiquei frustrado quando meu chefe me questionou se eles haviam feito a coisa certa: levar uma pessoa de multinacional para trabalhar com eles. Minha resposta foi que estava à disposição e que, se eles não estavam contentes com meu trabalho, me avisassem que eu sabia para onde ir. Daquela discussão em diante, eles mudaram e eu também. Nos adaptamos e dali para frente vencemos aquele problema. Acredito que o sucesso para vencer a frustração é acreditar em algo, seja certo ou errado, e isso só o tempo poderá dizer. Para sair da frustração, é importante acreditar muito. Somos questionados pelas organizações o tempo todo e, consequentemente, dá muita vontade de desistir, porque tudo parece sempre muito difícil.

Já na multinacional fabricante de placas de circuito impresso tive o desprazer de ter um presidente global, um alemão, com o qual houve dois problemas. Eu era responsável pela operação do Brasil e ele tinha dificuldade em entender as contínuas mudanças no cenário econômico brasileiro e nós brigávamos muito por problemas de comunicação. Ele não tolerava surpresas, enquanto o Brasil, do ponto de vista de negócios, é um país por natureza instável, e tive muita dificuldade de manter um negócio rentável num país com essa instabilidade econômica e de mercado. Quando consegui fazer o negócio ficar rentável, a corporação decidiu fechar a operação no Brasil e na Alemanha, e meu chefe não apoiou em nada. Foi a maior frustração da minha vida profissional e foram 600 famílias que perderam o emprego nos três meses de prazo que tive para fechar a empresa, sem contar que algumas pessoas haviam trabalhado comigo por 23 anos. Foi o pior processo profissional que passei na minha vida, pois aquele time havia me ajudado a tornar a empresa rentável. Por outro lado, ter recebido o convite da corporação para continuar no grupo assumindo uma posição de liderança no Instituto de Tecnologia foi extremamente gratificante. E então, aos 52 anos, iniciei meu mais recente desafio, aplicando o conhecimento de mais de 35 anos em operações de manufatura eletrônica em um instituto que pesquisa e desenvolve novas tecnologias.

MARCIO MARTINELLI
Experience: Managing Partner and Co-Founder at Bluebox Comunicação

A Incansável Busca pelo Novo

Comecei a trabalhar muito cedo, aos 14 anos. Fiz isso por uma razão muito simples: venho de uma família muito humilde e sem recursos e quando apareceu essa oportunidade, vi uma outra que era, via o emprego, dar continuidade aos estudos, o que eu na verdade queria. Então, aceitei e fui ser *office boy* na Brastemp, que na época era uma empresa independente e hoje é parte do grupo Whirlpool.

Acredito que a primeira sorte que tive foi este emprego, porque foi onde aprendi que existia o marketing. Comecei a estudar à noite e trabalhava durante o dia. Oportunidades começaram a surgir na própria empresa, até o momento em que me ofereceram o cargo de *trainee* de marketing. Posso dizer que minha carreira, de fato, começou naquele momento.

Nessa mesma época, eu já estava cursando Administração de Empresas. Escolhi o curso em função do trabalho. Foram quase dez anos de Brastemp e, quando saí, já era gerente de produto. Então, surgiu a oportunidade de ir para a Unilever.

Havia uma pessoa que tinha sido meu chefe na Brastemp e que estava na Unilever e me convidou para participar de um projeto. Quando cheguei, tive um choque porque percebi que tinham me contratado como alguém que tinha potencial, que já estava fazendo pós-graduação na Fundação Getúlio Vargas, mas descobri que não sabia tanto quanto achava que sabia. Minha experiência anterior era rasa e insuficiente para uma gigante de bens de consumo, rápida, internacional etc. Mais do que isso, era um ambiente mais sofisticado e competitivo. Nos primeiros seis meses, pensei que seria mandado embora. Tive de aprender muito. Houve até um momento em que pensei em desistir da pós--graduação porque não estava aguentando a pressão, mas as coisas foram se ajeitando e eu fui aprendendo de fato a cultura de uma empresa bem mais estruturada, sofisticada e com tradição em marketing. Diria que a Unilever foi a grande escola de marketing e negócios para mim. Isso porque havia muitos recursos e práticas de negócio que eu ainda não tinha tido.

Fiquei pouco mais de seis anos na empresa. Trabalhei com muitas marcas de uso pessoal, participei de diversos treinamentos e de cursos. Foi bacana e percebi depois disso tudo que a empresa era muito estável, mas que a carreira era muito lenta. Foi quando surgiu a oportunidade de mudar de companhia e entrar em uma posição superior comandando uma área com vários subordinados no laboratório farmacêutico Merrell Lepetit. Meu primeiro grande desafio enquanto profissional e gestor de pessoas foi nesta companhia.

Meu grande aprendizado no Lepetit foi o de gerir pessoas e de motivá-las em torno de um projeto com objetivos bem definidos. Lá descobri também que o que mais me motivava era o desafio de fazer o novo, de empreender. O Lepetit tinha duas áreas de negócios: produtos éticos (medicamentos vendidos com prescrição médica) e os produtos de consumo, divisão na qual entrei e na qual passei a comandar o departamento de marketing. O desafio era que grande parte dos produtos eram comercializados sob licença da Procter & Gamble, que não tinha interesse em renovar o contrato de licenciamento. Portanto, eu e minha equipe deveríamos prover um novo portfólio de marcas de consumo a partir do fortalecimento de marcas próprias e da aquisição de novas. Uma das marcas em que podíamos trabalhar era a do enxaguante bucal Cepacol, relançado com novos sabores, embalagem e campanha de propaganda novas. Foi um projeto incrível.

Outra decisão acertada no Lepetit foi a compra de um laxativo chamado Naturetti que pertencia a um pequeno laboratório. Reformulamos totalmente o *mix* de produto, que respondeu de forma muito positiva nos pontos de vendas, chegando à liderança de mercado.

Depois veio o Swatch. O grupo suíço SMH (atualmente grupo Swatch) pretendia fazer o lançamento dos famosos relógios de plástico aqui no Brasil. O processo para a escolha do dirigente da "Swatch Business Unit" foi conduzido por uma importante consultoria de executive searching e envolveu até entrevistas na matriz da empresa em Biel, na Suíça.

A Swatch Brasil começou com minha contratação. Após cerca de dois meses de treinamento entre Biel e Milão, na Itália, retornei a São Paulo para cuidar da contratação da equipe e da montagem do *business plan*. Estava muito entusiasmado achando que a Swatch, com o colorido de suas coleções, seu forte apelo de moda, preços acessíveis, qualidade e reputação de relógio suíço, tinha tudo para dar certo no mercado brasileiro. Não estava errado, mas o desafio revelou-se mais complexo que minha estimativa. Isso porque, anos atrás, um posicionamento mercadológico similar havia sido utilizado no Brasil por outra marca, que se tornara, por sua baixa qualidade, sinônimo de relógio descartável.

Assim, tivemos de vencer a barreira: posicionamos Swatch como *hit* da moda internacional; verdadeiro objeto de desejo, de qualidade insuperável. O posicionamento foi muito bem recebido, a tal ponto que, em apenas um ano, as vendas permitiram à filial brasileira da empresa dobrar o faturamento. Minha veia empreendedora e a aptidão para a construção de novos negócios novamente se confirmaram.

Meus grandes *cases*

Então chegou a IBM, onde tive meu primeiro grande *case*. Com a compra de 40% de uma empresa chamada MC&A, do grupo Sharp, e a nomeação de Carlos Lohmann como gerente geral, a IBM iniciou uma nova divisão no Brasil chamada de IBM PC Company. O dilema de Lohmann era que ele não encontrava, entre os executivos da IBM, os recursos-chave de que precisava. Desse modo fui contratado como diretor de marketing, além de Elaine Van der Put, que vinha da Coca-Cola, para cuidar da parte financeira.

Foi uma experiência incrível, porque, na Swatch, comandei um negócio que faturava quatro milhões de dólares, e com a IBM PC Company, em apenas três anos, chegamos a 500 milhões.

Comecei com zero de equipe e o mesmo ocorreu com as outras áreas da divisão. Então começamos a montar os times. Cheguei a ter 33 subordinados em uma equipe de alta *performance*. Era uma estrutura híbrida, que tinha tanto gente de fora, quanto da própria IBM. Os requisitos básicos eram energia e *mindset* voltado ao consumidor final e não ao cliente corporativo típico da IBM.

Ninguém faz nada sozinho, a equipe é primordial, e na minha só havia gente de ponta, com vontade de fazer o negócio acontecer. Isso tudo em um ambiente de concorrência muito rápida, guerrilheira. Precisávamos acompanhar muito de perto o movimento dos grandes *players*, como Compaq e HP, porque o segmento era muito sensível a preço e obviamente não queríamos perder vendas. Ao longo do tempo fomos conquistando a liderança no segmento de PCs, nosso grande objetivo.

Nesta posição, recebi dois prêmios. Um deles interno, chamado de prêmio IBM de Liderança, como o "executivo que mudou a cara da IBM no mercado" – referência com a qual o presidente da companhia anunciou minha premiação. O outro veio pouco tempo depois, quando atingimos a liderança de mercado no Brasil e recebemos o Marketing Best, como a empresa mais inovadora do setor.

Depois da IBM fui para a Editora Abril, convidado pelo Orlando Marques, superintendente da unidade operacional que reunia a revista Veja e as "Vejinhas" (Veja Rio e Veja S. Paulo). A Abril buscava um executivo com forte visão de anunciante para comandar as vendas de publicidade. Proposta irrecusável que possibilitaria complementar minha experiência em vendas, em um dos maiores veículos de comunicação do País. E, assim, aceitei o desafio que consistia em colocar Veja e Vejinhas novamente na trilha do crescimento em vendas.

Tinha um grande trunfo a meu favor: como sentara na cadeira de anunciante de grandes empresas durante muitos anos, sabia como elas pensavam, o que valorizavam e como tomavam decisões de investimento em publicidade. Herdei uma equipe grande, mas desmotivada e sem direção. Rapidamente eliminei as gorduras da equipe, defini uma nova metodologia de trabalho e de identificação de oportunidades de mercado. E, bingo, as vendas começaram a crescer de novo; no segundo ano de minha gestão, atingiu 100 milhões de dólares de faturamento; recorde histórico em vendas de publicidade.

Nem tudo são flores

Sim, também há espinhos na vida corporativa, mas, até então, eu não sabia disso. Eu estava muito feliz com minha carreira na Abril e achava que ia me aposentar por lá, mas as coisas mudaram de repente. Após o recorde de vendas em Veja, fui promovido a diretor-geral de marketing da Editora como um todo, responsável pela coordenação de vendas de publicidade do grupo inteiro, *business intelligence* e desenvolvimento de novos projetos.

Depois de um ano na função fui surpreendido com um fato completamente inesperado: eu e mais uns 20 diretores fomos demitidos. A empresa passava por um período difícil com alto nível de endividamento e teve de reestruturar-se cortando alguns dos peixes graúdos. Foi um baque para mim, que achava que nunca seria demitido de lugar algum. Com 40 anos – 26 anos dos quais trabalhados – e uma carreira em ascensão não conseguia explicar para minha esposa, meus dois filhos pequenos, amigos e para mim mesmo por que raios estava desempregado. Quase adoeci, pois acreditava que minhas competências seriam suficientes para me manter nos cargos nas empresas. A duras penas percebi que competência não é tudo, e que existem muitos outros fatores que podem influenciar o sucesso na vida corporativa.

Após um forçado período sabático de quatro meses, o Daniel Arantes, que havia trabalhado comigo na IBM, me falou de uma oportunidade na agência

Creata Promotion, parceira internacional de marketing do McDonald's, que precisava de uma pessoa para dirigir e desenvolver mais negócios para a rede de *fast food*. Apesar de já estar no Brasil há alguns anos, os negócios com o McDonald's não decolavam de jeito nenhum. O desafio era bem específico: planejar e coordenar a implantação do calendário promocional voltado para o segmento "crianças e famílias" cujo principal produto era o McLanche Feliz.

Embora McLanche Feliz fosse uma marca consolidada e de importância estratégica para a empresa, suas vendas permaneciam estagnadas, enquanto as receitas totais do McDonald's apresentavam expressivos crescimentos ano a ano. Mas, por que McLanche Feliz não crescia? Na verdade, era (e continua sendo) um programa composto por dez a doze promoções por ano, cada uma delas oferecendo brindes exclusivos dentro de uma caixinha com o lanche, as batatas fritas e a bebida. Com o passar do tempo, a inflação foi corroendo a capacidade criativa do time da Creata, e a qualidade e o valor percebido dos brinquedos foi caindo chegando ao ponto de serem usados brinquedos de papel por serem mais baratos. No exterior, por outro lado, haviam grandes promoções em parceria com propriedades conhecidas pertencentes a companhias como Disney, Marvel e Mattel. Só que lá, o McDonald's pagava bem mais pelos brinquedos.

Depois de assumir o cargo e interagir de forma intensa com minha equipe, chegamos à conclusão de que a solução estava nos "brinquedos classe-mundial", mas o problema era que o McDonald's não tinha verba para isso. O que fazer, então? Como a necessidade é mãe da criatividade, tivemos o seguinte *insight*: fazer um "Disney Festival" com sobras de brinquedos usados em promoções McLanche/Disney do mundo inteiro.

O McDonald's vibrou com nossa recomendação, e, assim, em poucos meses colocamos a promoção Disney Festival no ar. O sucesso foi retumbante e rapidamente os brinquedos estavam esgotados nos restaurantes. Com os resultados positivos desse grande teste, o McDonald's não teve grande dificuldade de viabilizar uma verba maior para os brinquedos e nós da Creata passamos a criar e desenvolver promoções cada vez mais atrativas, com alto valor percebido. Não posso revelar os números, mas o cenário de McLanche mudou completamente em curto espaço de tempo, atingindo até quatro vezes mais vendas.

Empreendedorismo

Sou movido pelo novo. Dinheiro também é importante, mas não é o que me motiva, e, sim, a criação do novo. Criar o novo é empreender. Portanto, considero-me um empreendedor.

Depois de tantos anos no mundo corporativo, decidi abrir o meu próprio negócio vendendo serviços de consultoria, nas competências que eu acreditava serem meus pontos mais fortes: marketing, estratégia, liderança, comunicação e resultados de impacto.

Logo nas primeiras andanças com o chapéu de consultor-fundador percebi que vender consultoria não era fácil, principalmente pelo fato de não contar com uma estrutura que me apoiasse e por não ter experiência como consultor. Por outro lado, um outro tipo de oportunidade foi se materializando: ocupar a posição de CEO ou na alta direção, com meu próprio CNPJ, e pelo período que a organização precisasse. Fiz isso por cerca de cinco anos, passando por três organizações. O primeiro projeto foi para o Governo do Estado de São Paulo, depois vieram o Instituto de Registro Imobiliário do Brasil e a Net Call Center especializada em *software* para gestão de *call centers*. No fim de 2009, com alguns amigos como sócios montamos a Bluebox Comunicação – agência de serviços de marketing e comunicação. Minhas principais atribuições são a ampliação dos negócios, a conquista de novos clientes, o planejamento das contas e o desenvolvimento de nossa marca. Nossos serviços incluem digital, *branding, endomarketing,* ativação/eventos, mídia/propaganda, pontos de vendas, *public relations* e promoção. Entre nossos clientes estão: McDonald's, Forever 21, Allergan, Botox, Cereser, Ajinomoto, Sáfilo, Abigraf, Eastman e Concentrix.

Talento, carreira e família

Tenho dois filhos e sou casado. Minha esposa, Jaqueline, é procuradora de justiça. Meu filho mais velho, de 21 anos, se chama Caio, faz Física na USP e estagia no Itaú. Já o mais novo, Fabrizio, tem 18, vai concluir o colegial e talvez faça Economia.

Meus filhos estão perto de iniciar suas carreiras profissionais. Minha esposa não força a barra dos meninos, mas por ter carreira pública acha que eles deveriam pensar em prestar concursos. Eu procuro não dar conselhos sobre as futuras carreiras deles, pois acredito que é uma decisão individual e que cada pessoa tem uma trajetória independente.

Quando o Caio iniciou na Física pensava em seguir uma carreira acadêmica. Hoje em dia ele tem a ambição de entrar no mercado financeiro e ganhar dinheiro. O que meus filhos vão ser e fazer eu não sei. O que sei é que qualquer que seja a escolha deles, eles devem desempenhar os papéis escolhidos com paixão, com sentido de autorrealização, pois o dinheiro é o que menos importa. Eles devem saber também que independente da escolha que façam estarão, quase com toda a certeza, inseridos em um sistema corporativo, com colegas, superiores e subordinados, além de inúmeros tipos de *stakeholders* com os quais será necessário se relacionarem. Eles terão de desenvolver não só competências, mas também cuidar de aspectos políticos complicados e outros tantos fatores externos à organização sobre os quais não terão controle.

MARCO ANTONIO DESIATO
Experience: Industrial Director & Financial Superintendent
at DuPont and JV. DuPont&Cipatex

Dedicação Que Transforma Vidas

Venho de uma origem humilde. Meus pais, italianos, foram camponeses imigrantes que trouxeram consigo para o Brasil uma vivência muito difícil. Tive uma "catequese" constante sobre como lidar com dificuldades quando não se possui uma melhor especialização. Meu avô, aos 34 anos, motivado pela guerra em seu país, precisou trocar a passividade da enxada na lavoura por uma arma, na base do "ou mata ou morre". Foram sete anos na Segunda Guerra Mundial. Ele passou fome, sobreviveu comendo grama e bebendo água suja, foi gravemente ferido e resgatado, acabou sendo prisioneiro dos aliados por dois anos. Com este histórico familiar, muitas características foram incorporadas ao meu perfil; aprendi desde pequeno que seria possível superar adversidades, mesmo em condições extremas, na base da dedicação, da técnica e do respeito às pessoas. O professor Brandão foi o meu primeiro mentor. Nas aulas de ciências ele trazia novidades e despertava a imaginação para o desconhecido, conseguia aglutinar pessoas e se destacar entre os docentes, era um líder nato, encantava os jovens, era amigo, paciente, disponível e sábio. Assisti com orgulho e admiração à sua ascensão técnica e financeira, despertando ainda mais o meu sonho de fazer o mesmo na carreira e pela família, quando ele resolveu deixar as aulas e empreender na industrialização de uma fórmula que desenvolveu em laboratório. Sempre fui muito curioso, desejava saber como eram feitas as coisas. Na hora da escolha pela formação, a Química me saltou aos olhos, porque alimentava o entendimento de "como são e acontecem as coisas" e, por outro lado, abria a possibilidade de repetir os feitos do professor Brandão. Assim, optei pelo curso de técnico em Química.

Meu encanto pela área aumentava, porque tratava de conhecimentos que poucos tinham, proporcionando uma relativa importância social e a expectativa positiva nos olhos dos familiares, ratificando a possibilidade de ser um agente de mudança para a família. Após o técnico, cursei Filosofia, bacharelado e atribuições tecnológicas em Química. Como técnico, fui contratado para estagiar em uma multinacional americana fabricante de pneus, no laboratório na cidade de Sumaré (SP). As impressões presentes em meu perfil foram interagindo e eu buscava saber mais, pesquisava além do requerido, com muita dedicação e garra, fatos que me proporcionaram notoriedade, uma perspectiva muito boa entre o prático requerido e o "extra" acadêmico que regularmente buscava acrescentar. Começaram, então, as boas experiências: em três meses de estágio, fui surpreendido pela superintendência, que, por problemas técnicos e administrativos, demitiu todo o time do laboratório. Disseram que dariam apoio para manter a operação até a contratação da nova equipe. A primeira e mais valiosa lição profissional veio daí: os técnicos que ali trabalhavam falsificavam resultados em vez de fazerem análises. Ação esta de grande impacto, junto a todos os fatores éticos e morais, pois muitos produtos começaram a apresentar problemas e reclamações no mercado, gerando prejuízo e afetando severamente a imagem da empresa.

Em pouco tempo, fui efetivado e comecei a ter contato com outros requisitos, tais como a necessidade de saber liderar pessoas, pois aos 19 anos me vi na condição de líder da equipe. Aos seis meses de estágio, já liderava os três laboratórios da fábrica. Precisava convencer ensinando à nova equipe práticas que eu mesmo acabara de aprender. É evidente que sentia insegurança, pois muitas coisas que eu falava não eram com domínio total, mas o cenário evidenciava a necessidade de ouvir, julgar a viabilidade e decidir com precisão. Além disso, seria muito constrangedor reportar qualquer insuficiência profissional para a família logo no primeiro grande desafio. Foi um ótimo começo, pois amadureci muito rápido e pude lapidar valores importantes que me norteiam até hoje. Interagindo com as melhores técnicas da universidade e as práticas laboratoriais da empresa, pude revisar e atualizar os procedimentos que foram incorporados aos da empresa italiana que comprou a nossa. Essa experiência ratificou a validade e os ganhos exponenciais possíveis quando buscamos aplicar em nossas soluções forte parceria entre o acadêmico e a técnica/tecnologia presente muitas vezes no próprio time.

Quando ocorreu a aquisição da empresa, tive receio se continuaria ou não, mas acredito que a idade, a boa formação e a sede de conhecimento demonstrada desde o início foram determinantes na recomendação de contratação pela nova empresa, que precisava desenvolver um projeto do pneu *allsteel* qualitativamente competitivo na fábrica de Santo André, e buscava formar uma equipe com engenheiros *trainee* de destaque, que seriam os responsáveis por construir uma "nova fábrica dentro da antiga". Como segunda missão, o grupo seria responsável por compartilhar e implementar as novas práticas nas demais fábricas. Fui um dos escolhidos, e cada *trainee* recebeu uma área do processo para validar e produzir resultados superiores, consolidar as práticas, documentar a evolução e treinar as equipes na nova cultura do projeto. Tivemos êxito nessa missão, conseguimos trazer conhecimentos para a fábrica-piloto e gerar um produto competitivo capaz de ganhar mercado. Posteriormente, fui alocado na fábrica de Campinas, com um novo projeto de disseminar as práticas de sucesso vivenciadas nos quatro anos anteriores. Trabalhei com um novo mentor, um estrategista extremamente técnico, que acompanhava o processo de forma sistêmica próximo ao chão de fábrica e que integrava todas as áreas, buscava sempre respostas técnicas, nada de "eu acho" ou sem apresentar dados/fatos. Aprendi como fazer um bom *follow-up* e suas consequências, como lidar com pessoas que se perdiam nos momentos de forte pressão – entre outras coisas, a verificar se o que era reportado realmente acontecia na prática. Vi novamente muita gente se dando mal por não reportar verdades. Para reforçar a mudança cultural necessária, a liderança mundial contratou uma consultoria externa, *expert* em promover e consolidar as *best practices* pelo mundo. Consultores nos acompanharam desde a elaboração do diagnóstico global, até a implementação completa das técnicas de sucesso nos sete pilares do TPM nas fábricas Pirelli. Liderei a implementação de vários pilares de melhorias, em todas as áreas da operação. Foi gratificante porque com resultados conquistei conhecimento, destaque e novas posições de liderança, chegando a assumir um cargo gerencial.

O resultado dessa implementação foi um sucesso para toda a equipe. Conquistamos na época maior pontuação (*team scores*) para a América do Sul. Evidenciamos que as técnicas estavam sendo bem entendidas, aplicadas e produziam resultados expressivos para a organização. A vivência em projetos como esse me proporcionou oportunidade de participar de um fórum dos líderes mundiais do grupo, na Inglaterra, para compartilhar os modelos de sucesso desenvolvidos no Brasil.

Foram mais de vinte anos no segmento de pneus, onde atuei em quase todas as áreas da operação, me caracterizei como um agente de mudanças, permanecendo em média dois anos em cada missão, conquistei mais conhecimento, responsabilidades e progresso. Já em 1999, tive a oportunidade de trabalhar na Fibra DuPont, uma *joint venture* entre a DuPont e o grupo Vicunha. A DuPont investiu em uma FCA automatizada de alta tecnologia para náilon têxtil; em contrapartida, a Vicunha tinha uma operação com tecnologia de geração anterior menos automatizada no mesmo site. Um processo muito interessante, pois partíamos da polimerização do náilon até a entrega do produto pronto para confecções. Um novo presidente da *joint venture* acabava de assumir a com a missão de definir a viabilidade real do investimento e qual seria a continuidade da operação. Era a oportunidade de marcar a história com a minha técnica. Influenciado ainda mais pela leitura do livro *A meta*, decidi níveis de autonomia e aceitei o desafio de liderar mais de 500 funcionários para gerar resultados superiores. A operação tinha muito insucesso, mesmo assim era a planta que possuía o carinho dos sócios do Grupo Vicunha. Fizemos um diagnóstico transparente dos problemas e riscos, definimos os impactos e priorizamos o plano estratégico integrando as fases da operação, melhorias e recursos necessários. No começo foi turbulento, porque descobrimos que os resultados normalmente reportados não eram verdadeiros, mas ainda piores. Trabalhamos com vários grupos-piloto focados em melhorias e em trazer tudo à tona, causando até certa desconfiança, fato que mexeu ainda mais com o meu orgulho. Chegamos a ouvir coisas do tipo "você veio trazer soluções ou levantar mais problemas?". Mas construímos um ambiente positivo e uma história de sucesso. Criamos uma universidade corporativa com propósito de compartilhar acertos e novos conhecimentos, desenvolvemos uma série de atividades que enobreciam as funções dos colaboradores. Chegamos a índices de produtividade e lucratividade que a fábrica nova jamais atingiu.

Porém, é necessário citar um insucesso. A DuPont decidiu sair estrategicamente do segmento têxtil global, e com isso a *joint venture* tinha um problema, pois a Koch, que adquiriu o segmento, não via valor na compra de maquinários de geração anterior, por melhores que fossem os resultados. Depois de muitas análises foi decidido fechar a fábrica. Foi quando surgiu o desconforto de precisar reportar à equipe que lutou ao meu lado por quatro anos que nossa operação não faria parte dos planos futuros, mas que ainda precisaríamos trabalhar por mais 30 dias para abastecer o mercado, desafio que encararam batendo recorde de *performance*.

Nós sabíamos do valor do capital humano e o despreparo de muitos para uma entrevista no mercado, por isso decidimos investir na capacitação deles. Além de todo o treinamento com profissionais para entrevista, preparamos um *book* com referências e competências que foram entregues e apresentadas ao RH das empresas da região. Tivemos um grupo triste, mas consciente, entendendo a intangibilidade da decisão. Quando assumi a liderança de uma outra operação, acabamos ranqueando *performance* e 30% da força acabou sendo reposicionada.

No ano seguinte, surgiu uma oportunidade na planta recém-adquirida da DuPont, na Bahia, para liderar um projeto de alto risco em Camaçari e produzir uma nova molécula de defensivo agrícola inteligente. Aceitei o desafio e logo no primeiro dia da chegada tomei conhecimento das particularidades, demais projetos e melhorias recentes e importantes que a antiga proprietária havia implementado. Após rápida visita na fábrica, participei de uma reunião, onde os severos planos de melhorias em segurança que seriam implementados foram apresentados. No retorno para o hotel, recebi uma ligação mudando os planos: informaram que havia ocorrido uma explosão que atingiu um funcionário. A liderança toda se mobilizava para prestar apoio aos funcionários e familiares. As pessoas estavam revoltadas, e responsabilizavam as lideranças da planta presentes no hospital pelo ferimento ao companheiro de trabalho. Infelizmente, minutos depois, o jovem de 23 anos ferido no acidente veio a óbito. Decidi, então, efetivamente contribuir retirando as lideranças diretas do fronte de atuação, pois estavam abatidos, cansados e temendo qualquer ação mais acentuada contra eles, coordenei as atividades possíveis até que chegasse ajuda especializada da matriz de Alphaville. Lógico que essa cena não é fácil deixar de lado, mas também trouxe outras reflexões ao papel do líder, como cuidar do sofrimento envolvido de familiares, companheiros e líderes. A difícil missão de reportar um insucesso desta magnitude, como tomar decisões evitando ao extremo riscos para a vida. A operação ficou inativa por seis meses para total reconstrução.

Foi aí que começou outro *case* de sucesso, pois apesar da tristeza do ocorrido, sem conhecer direito a operação, tive o prazer de receber nas mãos um projeto mundial com pouco orçamento, mas com a necessidade de implantar todas as melhores práticas na fábrica, que é a mais perigosa do mundo, porque trabalha com amônia, ácido nítrico e o gás fosgênio, o mesmo usado nas câmaras de gás, do qual poucos miligramas são suficientes para matar. Tudo em uma mesma planta; qualquer insucesso da operação nos mataria. Além disso, se houvesse uma explosão, aniquilaria a cidade, Camaçari. Era um enorme exercício diário de atenção e gerenciamento de riscos. Junto a todo este cenário, tínhamos de voltar a produzir e lançar a nova molécula, deveríamos ter um reinício da operação exemplar e concorrer com o forte risco de fechar completamente, caso não conseguíssemos sintetizar a molécula e ainda a tempo certo para a lavoura. Havia um complexo emocional envolvido muito forte, um desafio técnico de primeira grandeza, demandando competência, convergência, otimização e equilíbrio. A nossa felicidade é que conseguimos sintetizar a molécula a tempo, sem desvios com sucesso, no capital planejado, com profissionais devidamente capacitados e operações mais automatizadas e seguras. Em 2008, assumi um novo desafio, como diretor industrial e superintendente financeiro em outra *joint venture* da Dupont. Acredito que a missão de um agente de mudanças e multiplicador de *best practices* não se acaba. Minha reflexão sugere que as empresas possuem bons influenciadores, assim como na família e na sociedade cabe apenas ter sabedoria para ouvir e filtrar. Fico triste ao perceber que não exercemos na cadeia produtiva a maior contribuição, porque não lapidamos adequadamente o capital humano e a tecnologia que temos disponível. Sinto que a maioria desses influenciadores muitas vezes passa desapercebida, não é ouvida com a sinceridade necessária. Precisamos com competência reverter o sucateamento industrial deste país. Os sucessores vão se orgulhar e agradecer a contribuição.

MARTHA KRAWCZYK
EXPERIENCE: VICE PRESIDENT OF MARKETING AT VISA

Foco, Determinação e a Força Feminina

Comecei minha vida profissional aos 15 anos embrulhando presentes em uma loja. Estudava até o meio-dia e depois trabalhava até às sete da noite. Naquela época, recebia 88 centavos de dólar por hora. Era um emprego temporário, mas com muito contato com o público, que costumava dar gorjetas, que eram maiores conforme a beleza e a rapidez com que os pacotes eram feitos. Às vezes, chegavam a um dólar. Isso era muito para alguém que ganha apenas 88 centavos por hora. Sou muito orgulhosa dessa experiência.

Sempre tive a capacidade de me mover rápido. Eu tenho orgulho de todos os trabalhos que tive na minha vida. Minha mãe diz "se seu trabalho for limpar o chão, tenha orgulho disso e faça bem-feito, porque, algum dia, alguém irá notar que você pode fazer outras coisas também e, assim, poderá crescer".

Minha família é simples, mas muito focada em educação. Minha mãe era dona de casa, fazendo os trabalhos domésticos e ficando com os filhos, enquanto meu pai tinha dois empregos, de mecânico e motorista. Tanto trabalho se dava para que eu, minha irmã e meus dois irmãos pudéssemos estudar. Fui criada em um ambiente onde ir para a escola não era visto como perda de tempo. Meus pais tiveram quatro filhos, sendo que meu irmão mais velho é médico. Eu sou a segunda mais velha, minha irmã é psicóloga e mora na Califórnia e meu irmão caçula é engenheiro na Flórida.

Eu sempre quis fazer faculdade e minha meta era estudar na melhor escola do Panamá, país onde nasci, mas minha família não tinha condições de pagar a universidade além do primeiro ano. Eu deveria pagar o resto por conta própria.

Além disso, quando comecei a buscar emprego, vi que era muito importante saber inglês, coisa que eu não sabia, então comecei a usar parte do meu salário para estudar a língua. Fui chamada para uma entrevista na Sony e, chegando lá, percebi que não era tão boa no idioma quanto os outros candidatos, mas acredito que era tão focada e esforçada que me deram o emprego temporário de secretária substituta na área de vendas, cobrindo uma licença-maternidade. Isso foi em setembro de 1990 e eu trabalhava duro e respondia diretamente ao vice-presidente da companhia. Todo documento que chegava nas minhas mãos eu lia para entender o negócio.

Quando o período da licença-maternidade terminou, me chamaram para cobrir outra e, depois, disseram que havia uma posição efetiva na área, caso eu quisesse. Tão logo assumi o emprego, passei a ser responsável por um mercado. Nessa época, trabalhava de dia e estudava das seis da tarde às dez da noite. Chegava em casa meia-noite, pois utilizava o transporte público, e acordava às cinco todos os dias. O curso era muito caro, tanto que lembro até hoje de um dia, próximo ao Natal, em que minhas amigas estavam fazendo compras e eu não podia, pois precisava guardar para pagar a faculdade.

Naquela época, a área de marketing não existia como a conhecemos agora e quando os japoneses da Sony abriram o setor, eles disseram que, se alguém queria fazer parte daquele meio, precisava saber vender e ter um *background* em vendas, porque ninguém deveria promover um produto se não fosse capaz de vendê-lo.

Eu era muito jovem e sempre me davam novas responsabilidades. Rapidamente comecei a viajar a trabalho pela América Latina. Quando o setor abriu e eu me candidatei, tive um ponto de escolha na minha carreira, pois inicialmente havia começado estudando Finanças, mas percebi, após dois anos de curso, que meu lugar era no marketing. Obviamente, meus pais não ficaram felizes, pois o dinheiro investido nos dois anos não retornaria, mesmo assim, segui meu sonho e mudei de curso, me formando como uma das *top students* de toda a universidade.

Após sete anos de carreira, conheci meu marido. Naquela época, a internet ainda estava começando, mas nos conhecemos *on-line*. Ele é dos Estados Unidos e nosso relacionamento evoluiu rápido, então ele foi me visitar no Panamá e, quando nos casamos, eu já sabia que eu tinha de me mudar para lá. Eu queria continuar minha carreira, mas acabei indo morar em Houston, no Texas, onde não havia um escritório da Sony. Fiquei um ano praticamente estudando inglês o dia todo e ajudando no escritório do meu marido, até que fomos para Miami, onde havia um *headquarter* da companhia e consegui continuar com a Sony. Cheguei a ser a *head* de marketing da região.

Fiquei quinze anos na empresa. Neste tempo, fiquei muito próxima da cultura japonesa e da maneira de trabalhar, que até hoje é muito estruturada. Se não há disciplina, não se chega aonde quer, é preciso trabalhar duro.

Mudanças: difíceis, mas necessárias

Tornei-me a *spokesperson* da empresa e, em certo ponto, aconteceu uma conferência em Miami com as maiores marcas da América Latina na qual eu dei uma palestra. No evento, havia uma pessoa da Visa, que gostou muito do que falei. Lembro-me de que, em certa altura do evento, fui ao banheiro e ela foi atrás. Resumindo: ela praticamente me entrevistou dentro do banheiro.

Naquele momento, eu não queria, de fato, deixar a Sony. Eu tinha acabado de concluir meu MBA, que havia sido pago pela empresa e eu realmente amava a companhia. Não era questão de dinheiro, e sim de amar o que se faz, de levantar todas as manhãs e não pensar de maneira pesarosa em encontrar as pessoas ou trabalhar. Eu amava o mercado, o ramo de eletrônicos, ia para o Japão várias vezes por ano e estava muito feliz. Quando fui convidada pela Visa, levei alguns meses para começar a pensar na possibilidade de mudar de emprego. Comecei a me perguntar se eu queria mudar e a analisar a questão do mercado no futuro. A indústria de eletrônicos estava se tornando muito difícil, os coreanos estavam começando a se fortalecer e eu já estava na mesma empresa há quinze anos. Eu precisava diversificar e fazer algo diferente.

No dia em que deixei a Sony, algumas pessoas do time choraram, eu também. Foi difícil porque eu me sentia parte daquela família, não era apenas um emprego.

Chegando na Visa, assumi o cargo de *Vice-President of Brand* e por um ano tive certa dificuldade, pois foi uma mudança enorme entrar na área de finanças. Porém, rapidamente me apaixonei pela empresa e aprendi muito sobre a indústria, o que me ajudou a aprender novas habilidades.

Em certo momento, a Visa começou a se tornar uma empresa pública. A gestão de uma companhia privada é muito diferente, então estava entrando em um processo de IPO (*Initial Public Offering*), coisa que eu nunca tinha enfrentado.

Já no primeiro ano, fui apontada pelo *senior manager* para sair de Miami e ficar em São Francisco por um ano trabalhando em um projeto que ajudaria a organizar os times de marketing em uma única grande equipe. Não tinha nada a ver com campanhas ou mídia, era puramente organizacional e totalmente diferente de tudo o que eu já havia feito, mas amei. Comecei a ler muitos livros para entender o processo, eu precisava compreender realmente como juntar todas aquelas pessoas, processos e regiões que por anos trabalharam separados e transformá-los em um time global.

Aprendi muito, trabalhei com gente do mundo todo e comecei a perceber que a companhia ia mudar e que seria ótimo fazer parte disso. Quando voltei para Miami, fazia alguns trabalhos de marketing similares aos que fazia na Sony, mas com a diferença de que, na Visa, as coisas estavam sendo criadas do início. Era como uma nova empresa e um dos meus desafios foi ajudar a abrir escritórios na Colômbia e em outros países e colocar pessoal de marketing. Eu gerenciava 42 países, o que me fazia passar um bom tempo dentro de aviões.

Vida pessoal e trabalho

Nessa época, eu já era casada, mas sem filhos, porque seria muito difícil ser mãe e ainda lidar com todas as responsabilidades do trabalho. Eu sempre dizia para mim mesma que eu ainda estava nos trinta e poucos e que poderia esperar. Até que cheguei aos 38 anos e decidi que era a hora, mas tive de confrontar a dura realidade de não poder ter filhos. Foi um choque porque, no dia em que resolvi ser mãe, descubro que não posso porque *não tenho o controle da minha própria vida*.

Tive de passar por um processo de fertilização *in vitro*, que é algo muito difícil quando se precisa trabalhar tanto. Eu sempre respeitei as mulheres que passam por este tipo de processo enquanto estão no mundo corporativo, porque existe muito a questão dos hormônios, as emoções e tudo o mais que é preciso fazer. É um momento muito difícil e foi quando eu olhei para a minha vida e vi que passei tanto tempo focada na minha carreira que cresci muito, mas que eu não imaginava que chegaria neste ponto e estaria triste e me sentindo vazia. Engravidar se tornou um grande objetivo. E tive muita sorte, pois minha primeira *in vitro* foi um sucesso, apesar de já ter perdido um bebê antes disso.

Apesar de ter engravidado, era uma gravidez de alto risco, então eu não podia viajar e tive de parar um pouco. Comecei a ver as pessoas com outros olhos e até entendê-las melhor. Isso fez com que eu desenvolvesse o meu lado mais humano.

Tive meu filho, John, que tem o mesmo nome do meu marido. Essa experiência me fez procurar por equilíbrio na vida e perceber que podemos ser profissionais e ao mesmo tempo mães, filhas, irmãs e esposas.

Quando voltei da licença-maternidade, continuei liderando uma área regional e tudo estava ótimo. Então chegou o dia que me perguntaram se eu mudaria para o Brasil com a minha família, porque ele iria sediar a Copa do Mundo e as Olimpíadas, eventos que a Visa patrocina. Naquela época, meu filho tinha quatro anos, então chamei meu marido para jantar e disse que precisava conversar seriamente. Ele, claro, pensou que eu ia pedir o divórcio. Depois que expliquei a proposta da empresa, ele achou muito legal e disse que seria uma aventura, então deveríamos topar. Como eu disse, meu filho tinha quatro anos – hoje tem sete – e, basicamente, três meses depois que decidimos nos mudar, ele já estava falando português quase que fluentemente. Decidimos de última hora que ele iria para uma escola brasileira e não para uma internacional. Tomamos esta decisão porque queremos que ele realmente vivencie a cultura, as pessoas e a língua locais.

Sou a única que não é brasileira no escritório da Visa em São Paulo, mas me tornei muito comprometida em ajudar o meu time daqui a crescer, porque cheguei em um ponto da carreira em que meu objetivo não é mais ganhar prêmios ou alcançar posições mais altas, mas sim ajudar as pessoas a subirem na vida e ensiná-las a melhorar suas carreiras. Eu gosto de tê-los próximos do meu conhecimento e experiência, então passo algum tempo sendo *coach* do meu time. Você pode ser uma estrela por si só, mas chegamos a um ponto em que a coisa mais importante é ser capaz de impactar a vida das pessoas. E ao mesmo tempo em que fazemos isso, também impactamos nossas próprias famílias, porque ficamos realizados. Minha carreira evoluiu muito.

Todos os trabalhos que a Visa me deu sempre foram recheados de desafios. Quando vim para o Brasil, vim com o objetivo de aprender a cultura e não como "aquela que veio de fora e quer fazer as coisas serem como nos Estados Unidos" e isso é muito importante.

Tenho muitas paixões na vida. Eu sempre quis ser *chef* de cozinha e estou realizando isso aqui. Alguns dias na semana, depois das seis da tarde, coloco meu uniforme de *chef* e cozinho até às onze da noite. E posso dizer que aprendi muito da cultura brasileira por meio da comida. É importante saber que, quando se vai para um país diferente, a maneira de se conectar com as pessoas do lugar não é forçar sua própria cultura, mesmo que a companhia em si seja de outro país, mas sim entender as pessoas, pois dessa maneira pode-se engajá-las melhor. As pessoas irão te seguir e serão grandes contribuidores se souberem que você é *parceira*. Essa noção é uma das chaves que tenho para o sucesso: *entender* as pessoas, e não tentar mudá-las. É o mesmo com os clientes: não os faça mudar, faça-os *se apaixonar*! Mas não os force a te amar.

Influências

Meus pais são minhas maiores influências. Hoje meu pai está aposentado, mas conserta cadeiras de rodas para as pessoas e já fez isso centenas de vezes. Ele é tão focado e é minha inspiração para continuar e fazer o meu melhor. Minha mãe sempre nos encorajou a fazer grandes coisas e sempre teve a visão de que devíamos buscar crescer.

Profissionalmente, tive uma professora de marketing na universidade que me fez querer ser como ela, saber tanto quanto. Ela se chama Priscilla Vasquez e hoje é minha melhor amiga no Panamá.

Também tive um chefe na Sony, um japonês chamado Noriaki Satoh, que acreditou em mim mesmo quando eu não tinha muita experiência. Quando me casei, ele estava no Japão e voou até o Panamá somente para o casamento. Ele foi uma grande inspiração. Na Visa, o CMO anterior, Antonio Lúcio, era muito inspirador. Todos foram chaves para a minha profissão, mas ultimamente tenho me inspirado muito na nova geração de *marketers*, tão energéticos, que querem aprender, fazer as coisas. Eu me sinto inspirada pela vontade de quererem conquistar o mundo tão rápido.

Women to Watch

Tanto tempo na Sony me ensinou como é difícil para as mulheres trabalharem no mundo corporativo. Isso me fez mais forte. Eu passei a não ficar tão sensibilizada com as coisas e desenvolvi um grande senso de sobrevivência. Eu queria ser uma das pessoas que tomavam as decisões, então lembro-me de que, nos meus últimos anos na companhia, eu era uma das poucas mulheres na área sênior de gestão. Vinda de uma companhia japonesa percebi que, às vezes, precisamos nos esforçar um pouco mais do que os outros e, nos negócios, ser menos *emocionais*, dessa maneira, não nos verão necessariamente com base no gênero, mas sim nas nossas capacidades, valor e resultados.

Em 2015 fui homenageada pelo *Women to Watch*. Quando entraram em contato comigo, fiquei preocupada porque achei que haviam cometido um erro, afinal, não sou brasileira e achava que o prêmio era apenas para brasileiras. Contatei-os e eles disseram que não havia nenhum engano, pois todos sabiam que eu era panamenha.

Fiquei muito honrada, foi muito legal e também uma grande oportunidade de contar minha história e dizer "não me vejam apenas como a vice-presidente de marketing da Visa!" e, também, para empoderar mulheres, porque, infelizmente, ainda vemos que, em muitas companhias, a maioria das *top positions* ainda é ocupada por homens. Na Visa Brasil é diferente: somos 50% de mulheres nas posições mais altas e a companhia é bastante comprometida em mudar essa disparidade.

Ao longo dos anos, aprendi que não podemos ter medo de pedir o que acreditamos que merecemos. Se a companhia não concorda, então talvez seja hora de mudar de emprego. Muitas vezes acontece de fazermos um trabalho bem executado, até melhor que o de outras pessoas, e não sermos reconhecidas apenas pela questão de gênero.

Não é fácil, mas eu digo para todas as mulheres: não desistam! Se não for em uma empresa, será em outra. Acredito que as pessoas, muitas vezes, entregam apenas metade do que podem e isso fará com que sempre estejam na mediocridade. Se você não se esforçar, nunca será notado. A única pessoa que pode nos parar somos nós mesmos.

RENATO HALT
EXPERIENCE: VICE PRESIDENT AND CO-FOUNDER AT B2FINANCE

O Diferencial e o Autocontrole para Alcançar o Sucesso

Antes de me decidir sobre qual profissão seguir, fiz diversos testes vocacionais. Fiquei na dúvida entre Economia, Administração e Ciências Contábeis e optei pela última ao me inscrever para o vestibular. Com seis meses de faculdade, comecei a trabalhar no Bradesco Previdência, na área de contabilidade. Naquela época, a PWC era quem auditava o banco e eu me identifiquei muito com a área. Fiz alguns testes para empresas de auditoria e a EY foi a primeira a me convidar para participar do programa de *trainee*. Eu havia trabalhado por cerca de um ano no Bradesco quando saí e fui para a EY.

A área de auditoria funciona da seguinte forma: as promoções são anuais; para seguir na carreira, é esperada uma promoção ano a ano. Caso contrário, você é congelado na mesma posição por mais um ano, ou é desligado da empresa. Em todos os anos, fui promovido e, geralmente, com destaques, como quando virei gerente na EY. Existe também a questão da sorte. Se você trabalha com uma boa equipe, bons gerentes e bons sócios, a probabilidade de crescer e aprender mais é maior. Eu tive muita sorte de trabalhar com boas pessoas nesse período, tanto profissionais acima quanto abaixo de mim.

A importância de se moldar

É necessário ter pessoas com vontade de crescer e aprender. Conseguimos lapidar os outros desde que eles queiram ser lapidados. As equipes que formei na EY sempre foram boas e destaques na empresa. Procuro pessoas comprometidas com o trabalho, que queiram crescer e que demonstrem ser flexíveis, trabalhando de acordo com a necessidade. Se a pessoa não se encaixar, deve ser substituída. Talvez ela se adapte em outra equipe e consiga crescer e demonstrar suas qualidades em outro grupo de trabalho. Mas se a questão for falta de vontade e empenho, pouco resultado será obtido, uma vez que ela mesma não tem vontade. É difícil investir em alguém que não quer receber investimento.

Além de competência, é necessário ter experiência. Um sem o outro desequilibra. A pessoa tem de estudar e formar uma base de conhecimento para ter condições de fazer o que tem de ser feito. Mas também é necessário ralar para crescer. Só com teoria ou só com a prática uma carreira não se sustenta em longo prazo. Os dois aspectos precisam se juntar de forma equilibrada.

Também é preciso inventar um novo jeito de trabalhar, uma nova metodologia e deixar de fazer mais do mesmo. Os jovens de hoje trabalham diferentemente de mim, e eu trabalho diferentemente dos que começaram antes de mim. Mas faz parte do desenvolvimento aprender com os outros. Hoje em dia, o uso da tecnologia é um caminho sem volta, e os jovens estão à nossa frente neste quesito.

Um outro ponto que destaco são empresas e trabalhos sustentáveis. Temos de cada vez mais procurar um equilíbrio, a sustentabilidade assim como a diversidade. Somente assim iremos crescer com base sólida.

Consultoria e crise

Na crise, as pessoas querem enxergar o que está dando lucro ou prejuízo para saber para onde ir. É por isso que a consultoria sempre terá espaço, pois, muitas vezes, as pessoas não conseguem enxergar o caminho, e a consultoria mostra onde minimizar custos e aumentar os lucros.

Na b2finance temos alguns diferenciais, especialmente em tecnologia. Tentamos fugir da tendência de todas as empresas de integrar processos de uma forma mais arcaica, mais manual. Hoje existem ferramentas de Gestão de Processos de Negócio (BPM, na sigla em inglês) para controlar processos e auditar cada documento. Utilizamos ferramentas de captura de notas fiscais eletrônicas (.xml) diretamente das prefeituras para integrar no Planejamento de Recurso Corporativo (ERP, na sigla em inglês), além de sistema de Business Intelligence (BI), como o QlikView, para gerar relatórios gerenciais para empresas. Dessa forma, estamos fazendo um processo automatizado que minimiza custos e erros. Quanto mais eletrônico e integrado o processo, menor o custo com mão de obra e menor a chance de erros para o processamento, deixando o contador fazer um papel realmente mais nobre, que é o de analisador da informação, em vez de desempenhar a função manualmente. Hoje, o processo de Business Process Outsourcing (BPO) está em declínio, e o que está surgindo é o Business Service, que é algo integrado, e não apenas uma perna do processo.

Trabalhei muitos anos na EY e também como CFO (diretor financeiro) em um grupo alemão com faturamento anual acima de 2 bilhões de euros.

Nesta última, implantamos um Enterprise Resource Planning (ERP) que hoje roda adequadamente, diferentemente de outras empresas que implantaram o mesmo sistema, pois aliamos o conhecimento de IT ao conhecimento de finanças. Se não houver um executivo de finanças demonstrando que caminho seguir, gasta-se muito mais tempo com implantação e o custo será muito maior, além de não se obter um resultado de alta qualidade.

Em 2012, meu atual sócio e eu decidimos reestruturar a empresa de contabilidade que ele tinha. Até então, a empresa fazia o *outsourcing* contábil da Altana, empresa em que eu trabalhava. Nessa época, com o conhecimento e a experiência acumulados nesses anos de EY e Altana, percebi o quanto o mercado era carente de bons prestadores de serviços, e mais, prestadores de serviços que conseguissem aliar o conhecimento de negócio ao conhecimento financeiro, traduzindo tudo isso em um sistema integrado de informações. Foi nesse momento que pedi demissão para me dedicar a este novo negócio, e permaneci na empresa somente até fazerem a transição para o meu substituto.

Durante a fase inicial da b2finance, algumas contas grandes apareceram. Quando mostramos com mais força a nossa proposta de trabalho para o mercado, muitas empresas, nacionais e internacionais, compraram a ideia. Em muitos casos, nosso contato estava sendo com CEOs e CFOs mundiais. Com essa resposta positiva do mercado, decidimos arriscar e montamos o nosso escritório físico na cobertura de um prédio em Alphaville.

O que propusemos foi um diferencial. Mostramos uma forma de as empresas poderem focar o seu negócio, deixando a parte burocrática, o *backoffice*, conosco e pagando um valor viável. Ou seja, elas não teriam um aumento no custo, mas a qualidade seria superior, além de tudo ser integrado. Por conta disso, acredito que estamos à frente da concorrência.

Outro aprendizado é que, para crescer de forma sustentável, precisamos ter os melhores profissionais, por isso durante a nossa trajetória trouxemos os melhores de cada segmento para integrar o quadro de sócios da b2finance.

Concorrência e *Big Four*

Hoje, a b2finance carrega a bandeira Kreston, atualmente a 12ª maior empresa de contabilidade e auditoria do mundo. Possuímos três torres de negócios, todas elas interligadas: a primeira engloba Auditoria, Adviser & Tax; outra, Outsourcing; e a terceira é a Torre de TI. Atualmente as *Big Four* venderam suas operações de *outsourcing*, com exceção de uma, ou seja, não concorremos diretamente com elas nessa torre específica. Elas também são empresas muito maiores que nós e com nicho de mercado diferente, possuem grandes contas globais, enquanto nosso foco são pequenas e médias empresas. Na b2finance nós conseguimos oferecer uma qualidade de *Big Four*, uma vez que a maioria dos sócios veio desse mundo, mas com um valor justo para o pequeno e médio empresário.

Hoje concorremos mais com empresas que estão ranqueadas entre a 5ª e 10ª posições nas maiores empresas de contabilidade e auditoria do mundo, uma vez que eles focam o mesmo mercado que nós, principalmente em nossas Torres de Auditoria e Outsourcing.

Para a área de Tax, focamos também as grandes empresas, além de pequenas e médias, uma vez que estes serviços não são necessariamente contratos globais, podendo haver uma decisão local de contratação. Neste caso, somos capazes de competir em condições de igualdade com as *Big Four*, pois temos ferramentas tecnológicas que nos auxiliam em nosso processo de revisão.

Liderança

Como líder, minha postura é a de definir a meta para os profissionais e cobrar o resultado, sem fazer microgerenciamento das atividades e revisando como farão para cumprir o que foi definido. Estabeleço prazos e tarefas que quero que sejam entregues em datas estipuladas, dando autonomia para que a equipe trabalhe da forma que lhe for mais adequada. Mas peço que atrasos ou eventuais mudanças sejam avisados e discutidos com antecedência. Acredito que o planejamento é um dos meus pontos fortes, assim como um dos fatores de sucesso nos negócios.

Um ponto crítico é controlar a ansiedade por resultados imediatos. Mas isso é necessário. A busca pela excelência é um trabalho diário e é preciso manter a tranquilidade, sem perder o foco, para poder ver os resultados esperados.

ROCÉLIO TENÓRIO MANSO
Experience: Chief Financial Officer Brazil at Aprile SpA

De Office boy a CEO

Sorte é algo engraçado de se pensar. Tínhamos uma vida simples no Nordeste, onde nasci, e depois que meu pai faleceu minha mãe sempre dizia que não queria criar os filhos ali, então, alguns meses depois do falecimento dele, viemos para São Paulo.

Em São Paulo, começamos morando em um quartinho de pensão, na região da Santa Cecília. Era um lugar razoável, um quartinho confortável, mas acabamos indo depois para outra pensão, num porão, na Rua Imaculada Conceição, no mesmo bairro. Quando chovia muito forte, o esgoto subia e entrava em nosso quarto.

Quando tinha 10 anos, nos mudamos para uma comunidade chamada Vila Imprensa, próxima ao Jabaquara, e essa foi uma das melhores coisas que me aconteceu. Morávamos em uma casa muito simples, inacabada e ao lado de um córrego. A situação em casa era muito difícil, meu padrasto estava desempregado e fazia alguns "bicos" para sustentar a casa. Quando se tem uma família estruturada e respaldo dos pais, nessa idade só é preciso estudar, mas quando não se tem nada disso é preciso um empurrão.

Morando em uma comunidade dominada pelo tráfico de drogas e a violência, para melhorar de vida ou você vai para o mundo do crime, ou se escora nos seus pais ou vai à luta. Eu optei por este último caminho.

Com 13 anos, meu irmão Rogério me perguntou se eu queria entrar no lugar dele na empresa MEC Mão de Obra Temporária, onde ele trabalhava, no Centro de São Paulo. Ele estava indo para um banco e eu aceitei de primeira, indo trabalhar como *office boy*. Quando você passa fome e resolve trabalhar ainda tão jovem, não é sorte, é necessidade, este é o empurrão. Foi ali que comecei a trabalhar na minha primeira empresa, onde fiquei até os 16 anos, em 1998, momento em que a empresa começou a ter dificuldades financeiras. Naquele ano, fui atrás de um novo emprego. Procurava todos os dias, desde cedinho até o fim da tarde, e consegui uma oportunidade na primeira empresa multinacional em que trabalharia, aos 16 anos, a J.H. Bachmann, também na função de *office boy*. Eu ficava fascinado com o mundo corporativo e queria ficar lá dentro, e não ir para a rua fazer serviço externo; queria ajudar, e foi o que passei a fazer. Fiquei no departamento de Fotocopiadora e Fax e depois fui para o departamento administrativo. Eu ajudava todo mundo. Fazia arquivo, conferência de notas e documentos, cobria a recepcionista no horário de almoço, fazia trabalhos externos, e se um computador quebrava eu já queria ajudar a consertar.

Ajudar pessoas faz com que a gente cresça. Se você fizer mais do que a média faz, também terá um grande salto em sua vida. Eu sempre ajudei muita gente e continuo ajudando. Infelizmente, algumas pessoas não têm gratidão, mas isso é normal. Faço por gosto; não podemos fazer nada esperando algo em troca.

Comprei meu primeiro carro, financiado (sem entrada e com 48 parcelas para pagar, uma loucura!), aos 17 anos. Para pagar as prestações, eu tinha de trabalhar também nos finais de semana entregando folhetos no farol, e foi ali que conheci meu primeiro sócio.

Na J.H. Bachmann, eu era do setor administrativo, mas ajudava o pessoal do financeiro, onde o pessoal trabalhava muito. Eu gostava de ficar por lá e me propunha a fazer algo que os ajudasse. Comecei separando notas fiscais, depois organizava arquivos, aí comecei a emitir notas e a aprender muito. Foi quando o Valdir Folli, que era gestor do financeiro, me chamou para trabalhar no departamento dele. Foi ali que minha carreira realmente começou. Eu tinha 17 anos e foi muito intenso o tempo que passei ali, muito trabalho, horas extras intermináveis e muito aprendizado.

Naquela época, eu ajudava um vizinho chamado Márcio, o Cabeça, que era dono da empresa AM Express, dando uns toques de organização na empresa dele. Depois de um tempo, ele me convidou para ser sócio e ajudar a organizar a empresa. Mesmo trabalhando na J.H. Bachmann, aceitei o convite, parei de trabalhar aos finais de semana entregando folhetos no farol e passei a trabalhar à noite e aos sábados na AM Express.

Depois de quase cinco anos na JHB, eu já não conseguia crescer e ganhava pouco, então resolvi deixar a empresa e buscar novos rumos. Isso foi em 2003, e no mesmo ano a sociedade na AM Express não ia bem, então resolvi sair e fundei a empresa TransTrafic Logística, com sede próxima ao aeroporto de Congonhas, em São Paulo.

Ajudei muita gente naquela época, muitos amigos. Boa parte continua comigo, vários abriram suas empresas depois, outros ajudei recentemente a empreender também. Foi quando começou meu lado empreendedor de verdade, pois sempre trabalhei e empreendi ao mesmo tempo. Ainda em 2003, aos 21 anos, fui convidado pela DHL para ingressar no departamento financeiro internacional, no cargo de analista.

Paralelamente ao trabalho na DHL e na TransTrafic, fiz um curso de DJ e voltei a trabalhar nos finais de semana como ajudante de DJ em algumas festas. Depois de alguns meses, comecei a comprar minha própria aparelhagem e montei a **Equipe DJ Roc**. Passei a tocar em festas e também a organizar os eventos, o que era muito mais lucrativo. Foi um período muito intenso, administrava a TransTrafic, trabalhava na DHL até às 17h, duas vezes por semana fazia aulas de inglês entre o horário de saída da DHL e início das aulas na faculdade, sábado pela manhã fazia curso de espanhol, e nas noites de sábado e domingo trabalhava como DJ.

Dois anos depois, em 2005, fui convidado a trabalhar no departamento administrativo e financeiro da Fracht AG, uma multinacional suíça. E aí entra a questão de assumir riscos. Assumi o risco de sair da DHL e entrar em uma empresa menor, ganhar um pouco menos, mas aceitei porque vi uma oportunidade de crescer e entrar em áreas em que não havia trabalhado até então, como contabilidade, recursos humanos, fiscal, suporte ao departamento operacional, entre outras.

Em 2006, vendi minha empresa e fundei o RMGROUP Participações e Consultoria. Naquele mesmo ano, lançamos o Portal NewsComex, o maior portal de informações sobre comércio exterior e logística da América Latina.

Em dois anos e meio na Fracht, me tornei gerente administrativo e financeiro Jr. Cumprimos as metas traçadas, otimizamos processos, implantamos novos procedimentos, novos sistemas, tudo o que eu havia aprendido nas duas multinacionais em que trabalhei antes da Fracht. Minha equipe e eu deixamos a empresa no ponto de receber sua primeira auditoria externa, que foi um sucesso.

Já em 2007, fui convidado a abrir uma filial da multinacional alemã Bertling Logistics. Novamente, resolvi assumir o risco e encarar mais este desafio. Começamos do zero e hoje a Bertling Logistics é uma das mais importantes empresas de logística do Brasil, especializada em cargas de projetos.

Fundei, em 2008, a DiCreare Comunicação Digital, uma completa agência digital, especializada no desenvolvimento de sites, intranet, extranet, logotipos, sistemas web, e outros. Em 2011, vendi a empresa para um grupo que atua no ramo de comunicação, operação que me rendeu um bom dinheiro.

Mais um desafio marcou o ano de 2011 em minha vida: fui convidado pela multinacional italiana Aprile SpA a reestruturar os departamentos financeiro, administrativo e contábil. Eu vi ali uma grande oportunidade de crescimento pessoal e profissional, então deixei a Bertling e viajei até a matriz da Aprile, que fica em Gênova, e aceitei o desafio. Mais tarde, em 2015, assumi a diretoria geral no Brasil.

Minha vida sempre foi assim, marcada por grandes desafios, muito trabalho e estudo, riscos que assumi e oportunidades que não deixei passar. Oportunidade é fazer as coisas bem-feitas, assumir riscos, "ter pegada" e amor no que se faz. Perdi as contas de quantas vezes trabalhei 14, 16 horas por dia e até virei muitas noites trabalhando. Sou apaixonado pelo que faço!

Projetos sociais: o mesmo objetivo traz o sucesso

Formar boas pessoas com o mesmo objetivo é fundamental. Quando começamos um projeto social, todos querem ajudar, mas quando as responsabilidades surgem, começa o desgaste, o tempo de convívio com a família e os amigos diminui e as pessoas pulam fora. Então, é necessário que todos tenham o mesmo objetivo de ajudar e querer construir dentro daquilo.

Quando tinha 14 anos, em 1996, fundei o Manos Futsal, um time de amigos para a prática do futebol de salão, jogos amistosos e em ligas amadoras. Com o tempo, o time se tornou uma associação esportiva, o Manos F.C., e cultural e conta com projetos sociais que atendem mais de 300 crianças na região do Jabaquara, zona sul da capital paulista, além de contar com mais de 130 jogadores nas várias categorias do clube e mais de 500 pessoas diretamente impactadas pelos projetos sociais, no clube e no projeto cultural Manos Social. Este trabalho não tem envolvimento com as empresas em que trabalhei, é uma iniciativa pessoal, mas isso só foi possível porque houve um esforço coletivo de várias pessoas.

No lado empreendedor, o que funciona é também buscar as pessoas e ajudá-las. A fórmula é a mesma: dar oportunidade, juntar boas pessoas e ter os mesmos objetivos e princípios.

Dar o primeiro passo e aproveitar as oportunidades

Eu recomendaria para quem quer abrir seu próprio negócio estar ligado nas oportunidades e ter cautela. Estar seguro acerca do negócio que quer abrir e ter boas pessoas envolvidas fará uma grande diferença. Para cada empreendedor que deu certo, há cinco mil que não deram. Não dá para largar tudo, deixar emprego e empreender de qualquer maneira, é necessário um cuidado enorme e também é fundamental ter um plano B. O consumidor mudou, as necessidades de cada um estão mudando muito rápido, então as propostas precisam ser novas, coisas que o consumidor não tinha dentro do seu negócio. É esse tipo de coisa que vai gerar novas oportunidades de negócios. Mas se você está seguro, vá com tudo!

Sobre a economia atual

A economia está complicada. As empresas tiveram perdas que levarão anos para serem reparadas, mas, apesar disso, é um bom momento para fazer toda uma revisão no seu negócio e planejamento. Quando se fatura bastante e está tudo bem, a companhia acaba, às vezes, criando novos departamentos ou aumentando as equipes, onde às vezes nem era necessário, sem uma análise mais fina, sem conversar com todos os colaboradores e escutá-los para entender melhor onde está o gargalo, deixando isso na mão do gerente ou de um supervisor. Então, quando acontece uma crise e o dinheiro começa a diminuir, acaba sendo necessário revisar todo o planejamento e tudo muda. A empresa começa a encontrar oportunidades de economia e direcionamento, o que acaba mostrando que o *business* funciona. Por outro lado, algumas empresas estão fechando, negócios minguando e é quando vemos a oportunidade de investir em certos negócios, propor coisas novas, induzir diferenças e, então, ajudar pessoas que não fazem isso, que estão deixando departamentos e terceirizando. Muitas oportunidades estão surgindo nessa retomada, porque é uma época em que o consumidor vai atrás do que realmente necessita e não vai esbanjar tanto. Essa é a hora de agarrar e fidelizar o cliente, e quem fizer isso vai sair na frente na retomada da economia.

Eu diria o seguinte para as pessoas, seja para quem está começando ou quem passa por dificuldades: *siga firme, estude muito, trabalhe duro, procure estar com boas pessoas e vá atrás dos seus sonhos!*

RODRIGO KEDE LIMA
EXPERIENCE: GENERAL MANAGER LATIN AMERICA AT IBM

Empreendendo em uma Corporação Centenária

A inspiração para alcançar uma posição de sucesso pode surgir a partir de diversas situações. Quando analiso as minhas escolhas, percebo que obtive êxito ao fugir da "zona de conforto" e me colocar em situações nas quais não sabia o suficiente – e tive de procurar uma nova forma de entregar o que era esperado de mim. Acredito que arriscar e fazer coisas que você não sabe sequer por onde começar ensinam muita coisa e nos deixam mais resilientes, tanto pessoal quanto profissionalmente. Eu sou uma pessoa muito competitiva – menos com os outros e mais comigo mesmo. Sempre acho que consigo fazer melhor.

Constantemente faço referência a um livro que ganhei chamado *A eterna busca da infelicidade*, que fala sobre a procura incansável pelo melhor. Segundo o livro, ser muito bom não basta; é preciso ser muito, muito, muito bom. Talvez essa fase traduza de forma simples como penso e levo o meu dia a dia. Não acredito que você possa ter resultados acima da média sem sacrifício pessoal, seja no mundo corporativo, nos esportes ou em qualquer outra atividade.

Outra característica que sempre tive foi nunca gostar da palavra inevitável. Desde muito pequeno, aprendi que você deve acreditar de forma visceral que tudo tem uma solução, que todo sonho é possível e que tudo tem uma saída ou uma forma de se resolver - isso sempre fez diferença para mim. Gosto de usar uma frase do Walt Disney com os meus times: "Gosto do impossível, porque lá a concorrência é menor".

A conjunção de todos esses fatores contribuiu para que eu chegasse à presidência da IBM bastante jovem; primeiro no Brasil e, depois, na América Latina. Para mim, vencer na vida não significa ter dinheiro. Faço um paralelo com a medicina, que, na minha opinião, é a profissão mais bonita que existe: você decide ser médico porque gosta de salvar, curar e ajudar as pessoas. Ganhar dinheiro é importante, mas é consequência. Você precisa gostar e acreditar no que faz, dedicar-se muito e ser resiliente para aguentar os momentos difíceis.

Entrei na IBM em 1993 como estagiário, enquanto cursava a faculdade de Engenharia Mecânica. Porém, poucos sabem que quase fui médico. Mudei o curso do vestibular no último momento. Por quê? Não sei. Apesar de realmente achar a medicina a mais bonita das profissões, segui minha intuição. No fundo, meu trabalho hoje tem um pouco da essência que me levou a pensar seriamente em ser médico – quanto mais alta a sua posição, mais importante é o seu dever de ajudar as pessoas a resolver problemas, crescer e construir um legado que possa trazer orgulho um dia. Além disso, sou muito curioso e apaixonado por tecnologia.

Desbravando o seu potencial

Assim que entrei para o programa de estágio da IBM em agosto de 1993, percebi que a companhia era diferente da maioria: muito focada no desenvolvimento das pessoas e em inventar produtos e soluções voltados ao progresso da sociedade. Desde que entrei na IBM, a empresa aparece em primeiro lugar no número de registro de patentes (invenções como o código de barra, a tarja magnética do cartão ou a tecnologia de cirurgia ocular a laser saíram dos nossos laboratórios). Eu me apaixonei pelo propósito da IBM, e, mesmo tendo recebido diversas propostas para ingressar em programas de *trainee* em empresas interessantes, recusei todas.

Apesar de estar em uma empresa de tecnologia, meu estágio começou na área financeira. Grande parte do meu crescimento aconteceu lá, onde cheguei a me tornar diretor financeiro (CFO) para o Brasil e, em seguida, para a América Latina. Foi em finanças que tive a chance de, antes dos 30 anos de idade, ter a oportunidade de morar e trabalhar três vezes no exterior.

Ser um engenheiro e aprender finanças não foi simples. Logo que me formei, a IBM investiu em um MBA para acelerar o meu desenvolvimento. Fiz o MBA em Finanças e Mercado de Capitais do Insper, que foi fundamental para a minha carreira. Comecei o MBA ainda no Rio de Janeiro e terminei em São Paulo. Aliás, esse é outro evento que considero importante. A matriz da IBM estava mudando para São Paulo, e sair do Rio era bastante doloroso para muita gente. Eu vi que existia uma oportunidade e simplesmente aceitei sem questionar. Estava focando o longo prazo.

As experiências no exterior foram tão fundamentais para o meu desenvolvimento quanto a minha formação acadêmica. Sempre achei que ser um engenheiro com MBA em finanças me permitiu ter uma visão diferente das coisas e uma facilidade maior com números e lógica. Morar no exterior desenvolveu não somente meu lado profissional, criando *networking*, aprendendo mais sobre a cultura da empresa e aprofundando meus conhecimentos sobre a companhia, mas também foram experiências de vida fantásticas. Como tinha menos de 30 anos em três das quatro vezes em que fui morar fora, sentia que minha vida era uma locomotiva de aprendizado, crescimento e muito trabalho. Nunca reclamei. Adorava essa vida acelerada e inesperada.

A promoção precoce para CFO

Com apenas 33 anos me tornei diretor financeiro da IBM Brasil. Isso surpreendeu muita gente fora, mas não dentro da empresa. Mesmo sendo jovem e com menos experiência que algumas pessoas, consegui mostrar maturidade para assumir posições pesadas como essa.

Sempre lidei bem com a pressão, apesar da idade. Maturidade sempre tive e a falta de experiência, que somente se adquire com tempo de trabalho, compensei trabalhando mais horas e me cercando de profissionais de todos os tipos e idades, os quais me ajudaram muito.

Com o tempo fui me conhecendo mais e me interessando pelas áreas estratégicas e de negócios da companhia. Ainda como CFO me envolvia em absolutamente tudo que podia. Gastava bastante tempo ajudando a definir a estratégia da IBM no Brasil, estando muito junto a clientes e ajudando o time de negócios a vender.

Almejando novos rumos

A IBM é uma empresa que foca o desenvolvimento das pessoas e oferece a oportunidade para você fazer o que gosta, mesmo que seja em uma área totalmente diferente – se você mostrar que tem algum talento e paixão por aquilo.

Foi o que aconteceu comigo. Após um ano como CFO da América Latina, comecei a discutir com alguns mentores o que eu queria para o meu futuro profissional.

Chegamos à conclusão de que ir para uma área de negócios poderia ser muito interessante do ponto de vista pessoal e profissional, apesar de ser um movimento de carreira arriscado. Acho que a combinação de engenheiro e financeiro, a paixão por clientes e tecnologia, a pouca idade e o perfil de gostar de se arriscar me fizeram aceitar o desafio de assumir a divisão de serviços da IBM no Brasil.

Mais uma vez, fui exposto à pressão de alterar o foco da minha carreira, saindo da minha zona de conforto.

Fidelidade e paixão pela empresa

Depois de liderar a área de serviços, em 2012 assumi a presidência da IBM Brasil. Nos dias de hoje, passar tanto tempo em uma mesma empresa não é comum, mas sinto que a IBM me proporcionou experiências e oportunidades tão diferentes que, no fundo, sempre me senti desafiado, com frio na barriga pelo desconhecido e sempre aprendendo muito.

Em 1917 a IBM veio para o Brasil. Na época, vendíamos máquinas tabuladoras e a empresa se chamava Computing and Tabulating Recording Company (CTR). A IBM do Brasil foi a primeira filial da companhia fora dos Estados Unidos (a primeira fábrica fora dos Estados Unidos também foi aqui). Existe um vínculo enorme entre a instituição e o País. Estamos completando 100 anos de Brasil e isso comprova a capacidade inovadora da IBM para se manter relevante por tantos anos, comprometida com o País e com os clientes.

A IBM já transformou bastante o seu portfólio. Chegamos a vender cortadores de frios, balanças, relógios (produzimos e instalamos o relógio da Central do Brasil em 1943) e máquinas de escrever, até finalmente entrar na era dos computadores com os famosos *mainframes* (críticos para o mercado financeiro, varejo e outras indústrias) e os computadores pessoais (PCs), que inventamos por volta de 1980.

Estamos hoje entrando em uma nova era: a dos sistemas inteligentes e da computação cognitiva, na qual os sistemas não são mais programáveis como no passado e têm a capacidade de processar, entender e aprender a partir de quantidades de dados estruturados e desestruturados. Máquinas que aprendem Inteligência Artificial já são realidade atualmente. Em 2011, lançamos nossa plataforma de Inteligência Artificial em um jogo de TV americano chamado Jeorpardy!, a qual demos o nome de Watson, e hoje estamos usando a tecnologia em quase todos os setores – de medicina/saúde a bancos.

Em 2014 consegui trazer uma filial do centro de desenvolvimento do Watson para o Brasil. Não descansei até conseguir fazer com que Watson "falasse português".

O projeto: Inteligência Artificial e seus benefícios

Citar que obtivemos excelentes resultados no Brasil e ajudamos nossos clientes a crescer e se diferenciar é legal, mas existem algumas coisas que me marcaram mais. Sem dúvida, conseguir o aval da empresa para investir no Brasil, trazendo o Watson para cá, montar uma equipe, traduzir os algoritmos e o sistema para português e dar início ao projeto no País antes de qualquer outro lugar foi emocionante. Hoje, a IBM é uma referência no campo da Computação Cognitiva no mundo todo e, daqui a dez anos, quando olhar para trás, acredito que ficarei orgulhoso de ter conseguido isso.

Em 2013, o líder mundial de IBM Watson veio ao Brasil para falar sobre o projeto em um evento e o levei para visitar alguns clientes. Neste ponto, eu já havia apresentado nosso trabalho para praticamente todos os envolvidos. Ele se surpreendeu com o nível de conhecimento do tema no País. Após um ano, inauguramos o centro de IBM Watson no Brasil e já contamos com diversos clientes, tanto de grande quanto de pequeno porte.

Valores acima de realizações

Tenho bastante orgulho da minha carreira. Tive momentos bons e ruins. Muita gente olha e acha que foi simples, que foi fácil e tudo sempre deu certo, mas não foi assim. Normalmente falamos mais do que deu certo, mas já passei muito aperto, errei e me enganei. Porém, consegui achar uma forma de dar a volta e seguir adiante. Quando me perguntam o que me fez ser bem-sucedido, respondo: "Você tem de ter o coração de um empreendedor e o estômago de uma corporação". Essa frase me retrata bem.

Também sei que um dia o sucesso passa. Você muda, o mercado se transforma e outros concorrentes surgem. Como diria um amigo: a fila anda. O mais importante para mim é construir uma história que sirva de exemplo para as pessoas que trabalharam comigo dentro e fora da IBM. É importante poder dizer que você deixou algo melhor do que encontrou quando chegou e que ajudou a mudar a vida de alguém ou ensinou muita gente.

Isso me leva a mencionar talvez o que seja meu papel mais importante – ser pai. Não adianta ter sucesso e dinheiro se você não pode estar com seus filhos, participar, educar, ser um exemplo para eles e ser capaz de transmitir os valores nos quais acredita. O tempo é escasso, mas não abro mão de passar a eles o que acredito: que o amor é o sentimento mais forte do mundo, que humildade e simplicidade são caraterísticas fundamentais em qualquer líder, que a honestidade é a base de qualquer relacionamento e que, por último, não existe sucesso sem esforço pessoal e muito trabalho. De que vale chegar aos 70 anos e ter filhos que não possuem os mesmos valores que você?

O empreendedor *versus* o *status quo*

Apesar de trabalhar em uma empresa centenária, sinto-me como um empreendedor. Sempre tive a oportunidade de criar, mudar e arriscar. Nunca gostei do *status quo* e, por isso, sempre aceitei desafios complicados, tentei quebrar paradigmas e mudar as coisas, por mais que a grande maioria fosse contra.

Sempre fui valorizado por ter esse tipo de comportamento, mas, ao mesmo tempo, mantive os meus valores totalmente alinhados aos da companhia.

Claro que errei. Muitas vezes. Não existe sucesso sem erro. Hoje está na moda "errar" no Vale do Silício, mas a verdade é que isso já acontece na IBM há muito tempo. Errar significa uma oportunidade de aprender (e não cometer o mesmo erro, claro).

Por último, tenho certeza de que meu sucesso não seria possível sem as pessoas que trabalharam comigo. Se você se cerca de pessoas melhores e mais corajosas que você, pessoas diferentes e que tenham opiniões diferentes, o sucesso será muito mais fácil.

Acredito que um pouco daquele DNA de médico que quase me levou a outra profissão sempre existiu em mim. Gosto de estar com pessoas, ajudá-las, ensiná-las e aprender com elas. Sou curioso sobre o seu comportamento e procuro sempre extrair o melhor delas.

Você pode ter os melhores produtos e processos do mundo e ainda assim não ser bem-sucedido. As pessoas foram e sempre serão a diferença entre o sucesso e o fracasso.

SERGIO AUGUSTO
Experience: Chief Executive Officer at Sponsor Biz

Empreendedorismo e Inovação

Neste texto, quero falar sobre uma disciplina do marketing que estuda a relação com o estímulo ao consumidor de diversos canais: *Customer Experience*. Mas, para iniciar, falarei da minha carreira.

Escolhi o marketing porque sempre gostei da área e, também, de comunicação. Estudei Propaganda e Marketing e isso me estimulou ainda mais a buscar uma posição no mercado, o que fez com que sempre trabalhasse na área, tendo começado como *trainee* na C&A.

Outra paixão minha são os esportes. Sendo um esportista e alguém que gosta de marketing, comecei a entender um pouco como eram as relações das marcas com os clubes ou com os atletas. Meu sonho era ser um atleta profissional, o que acabou não acontecendo, então fui para o caminho do marketing. Há 12 anos, fundei a Sponsor Biz, que é uma empresa de *customer experience* que visa trazer resultados satisfatórios para nossos clientes e da qual falarei mais adiante. A palavra *sponsor* vem de *sponsorship*, que significam "patrocinador" e "patrocínio", respectivamente. "Biz" vem de *business*. É um nome que saiu do esporte. Eu praticava futebol e cheguei a ser jogador amador. Agora que "pendurei as chuteiras", comecei a jogar tênis. Hoje, é o meu esporte predileto, tanto que sou competidor nas federações paulistas e em campeonatos. O esporte tem, de certa maneira, uma ligação com o marketing no que tange à competição, principalmente quando se fala de patrocínio. O marketing esportivo é muito forte.

Eu tive duas fases de carreira, sendo que a primeira durou 18 anos, até eu abrir minha Sponsor. Eu era executivo e, nos últimos anos, fui diretor de marketing em empresas de telecom, como Vivo, Claro e Sky. Então, tive de aprender a lidar com as transformações de relacionamento empresa-consumidor. Isso fez com que eu entendesse melhor essa mudança de comportamento, que começou no início dos anos 2000.

Na década de 1990, o importante era o *branding*. Ao longo do tempo, surgiram novos elementos, como o *e-commerce*, que modificou bastante o perfil dos clientes, bem como o *mobile*. Antes, o celular era apenas para ligações e, hoje, possui dados, internet e aplicativos que permitem que todo o relacionamento do cliente com a empresa seja feito diretamente pelo dispositivo. O consumidor passou a mandar. Nos anos 80 e 90, as empresas acreditavam ter o controle sobre o consumidor. Mas, de 2000 para cá, o jogo mudou, então as companhias precisaram estar muito mais preparadas em todos os seus canais de relacionamento. Hoje, quem escolhe é o cliente e as marcas precisam se preparar muito bem para atender em qualquer canal.

Com a Sponsor, já trabalhei com mais de 50 companhias de diversos segmentos e, nos últimos cinco anos, já geramos cerca de cinco bilhões em receita para os nossos clientes. Isso faz com que aprendamos e tenhamos de lidar com o relacionamento delas com o consumidor. Em 2011, por exemplo, fui chamado pela Natura para conversarmos sobre uma transformação do modelo, que era totalmente presencial, para um modelo digital. Então, desenhamos toda uma forma de prestigiar as consultoras. Até então, elas compravam o produto e revendiam, então precisavam de capital de giro, de CRM para buscar os clientes, flexibilidade de pagamento, entre uma série de outras coisas. Fizemos um projeto chamado Rede Natura, no qual abrimos franquias digitais e a consultora passou a vender, também, por meio dos canais *on-line* da empresa, o que permite que ela tenha mais diversidade de produtos. Antes, elas tinham uma limitação de fluxo de caixa, e agora não têm mais, ou seja, podem vender qualquer produto, pois o estoque fica na própria empresa e a consultora só recebe o lucro quando vende. Esse modelo transformou bastante as consultoras, que eram totalmente *off-line*, em *on-line*, o que permitiu que elas tivessem acesso a todos os produtos e não precisassem de estoque, nem investimento no canal digital – pois elas podem usar gratuitamente a partir do momento em que se tornam franqueadas. Quando o consumidor faz a compra no *e-commerce*, o pagamento é feito por um sistema que já separa o que fica para a empresa e o que fica para a vendedora, então ela não tem mais nenhum tipo de problema de recebimento. Também começamos a desenhar uma forma de as consultoras poderem divulgar suas lojas nas redes sociais, de forma que gerasse tráfego para elas, de Facebook a e-mail marketing. É uma transformação total, porque saiu daquele sistema de vender porta a porta para uma plataforma de *e-commerce* da pessoa que faz a venda.

Com a inclusão digital, o consumidor passou a estar na internet. Estudos recentes divulgados pela *Webshopper* dizem que 26% das compras feitas pelos consumidores de um *e-commerce* foram feitas pelo celular, seja por um *app* ou por um site responsivo. Então, a mudança ocorre todos os dias e temos de estudar, testar e resolver o problema tanto das marcas quanto do consumidor, que está mudando. E é isso que é chamado de *customer experience*, ou seja, entender como é a jornada do consumidor nas escolhas, como ele é impactado, como ele reage. Existe uma técnica que identifica diferentes tipos de pessoa com base no comportamento, o que chamamos de "personas", que é uma maneira de aglutinar quem tem comportamentos similares em grupos e, a partir daí, fazer uma jornada para cada grupo individualmente. Desenvolvemos jornadas de experiência para marcas que têm, pelo menos, dez ou quinze jornadas diferentes. O consumidor reage em cada canal e momento, então a ideia é fazer com que as marcas consigam dar a melhor experiência em qualquer contato, seja em loja física, telemarketing ou *on-line*.

Empreendedorismo

Eu sempre tive uma veia empreendedora, mesmo trabalhando como executivo. Isso ficou mais forte no final dos anos 1990, início dos 2000. Então, em 2004, decidi fundar minha consultoria, para compartilhar meu conhecimento e ajudar empresas de vários segmentos. Como havia trabalhado dez anos em telecom, eu tinha aspiração de trabalhar com varejo, serviços financeiros, companhias aéreas, enfim, todos os segmentos de serviços e produtos. Tudo o que aprendi nos anos trabalhando com telecom poderia ser replicado para outros segmentos. Isso me motivou a fundar um negócio. Trabalho com educação, seguros, *e-commerce* e outras.

Existem três elementos importantes quando se trabalha com marketing, e o primeiro é a reputação. Ou seja, o quanto sou respeitado no mercado. As pessoas que me conhecem, conhecem minha reputação; aquelas que não conhecem, tornam-se um desafio.

O segundo é entrar nessas empresas como parceiro ou consultor de forma a agregar negócios. Muitas vezes nos deparamos com alguns obstáculos, como falta de orçamento ou estrutura, então são fatores de decisão importantes e que devem ser quebrados ao longo do tempo.

Já o terceiro e último elemento é o fato de que algumas empresas ainda têm resistência à inovação e pensam muito no curto prazo. Até temos soluções para isso, mas costumamos pensar em projetos que geram resultados em 12 meses ou mais, então as empresas precisam ter essa visão de inovação e de segurar a ansiedade para conseguir ter essa transformação. Eu diria que são três elementos importantes para o sucesso. Essas barreiras sempre aparecem, mas ao longo do tempo conseguimos provar qual o caminho certo.

O conceito de *customer experience* é uma inovação. Ele trabalha com muitas disciplinas que já não são novidade. Por exemplo, trabalha com *big data* e com todos os ambientes digitais, mas trabalha, também, com canais tradicionais, como lojas físicas e *telemarketing*. Então, quando se fala de experiência e jornada do consumidor, deve-se levar em conta todos os canais, digitais e presenciais. É um *mix* de coisas. Em uma loja física, consegue-se, por exemplo, saber quando o consumidor entra na loja e quando ele comprou ou não. A partir do momento em que ele entra, consegue-se disparar uma oferta do produto ao qual ele está procurando ou que ele já comprou, para que repita a compra. São necessárias tecnologias inovadoras que permitam isso. Então, apesar de estar trabalhando com loja física, que é um conceito antigo, consegue-se fazer uma série de coisas que permitem que você se relacione com o cliente que está dentro da loja, considerando o *big data*, ou seja, todas as informações desse consumidor que se tem. Isso é fantástico, porque faz a mistura do canal tradicional com as tecnologias inovadoras.

O desafio principal do *customer experience* é fazer com que haja a melhor interação e a melhor experiência do consumidor em qualquer canal e que isso gere negócios para as empresas. É necessário tratar bem e ter uma relação positiva de experiência em todos os canais, com o objetivo principal de gerar receita para as marcas, quer seja para um cliente novo, quer seja para um que já comprou, para que este consuma novamente, quer seja para aquele que já tem uma frequência de compra para que eu consiga vender outro tipo de produto ou serviço, quer seja para reter o cliente para que ele não vá embora ou trazer de volta um cliente perdido. O *customer experience* é importante em qualquer momento do ciclo do consumidor com a marca, e cada uma tem seus pontos fracos. Para combatê-los, é necessário um foco diferente. Tentamos entender qual o problema do cliente e, a partir disso, desenhamos uma solução, que pode partir dos canais que ele já possui ou com a criação, e a ponte para se ter a melhor experiência com o consumidor.

Um *case* legal que tivemos é de educação, com as Faculdades Anhanguera. Como toda universidade, eles precisavam aumentar o número de alunos. Percebemos que existia, do início da inscrição até a matrícula dos alunos, várias quebras, em vários momentos, sendo que o primeiro era se inscrever no vestibular e não agendar a prova. O segundo, as pessoas que agendavam, mas não faziam a prova. E o terceiro, aqueles que eram aprovados no vestibular, mas não se matriculavam. Olhando para esse ciclo completo, começamos a entender o comportamento dessas pessoas para saber o porquê de não irem para o próximo passo. Criamos um calendário para mostrar que, se o candidato perdeu a chance de fazer a prova em um fim de semana, teria a chance de fazer no outro. E se não fizesse, faríamos uma repescagem para que realizasse no seguinte, e assim por diante. Fizemos isso de forma sequencial por doze semanas. Foram mais de 50 contatos por diversos canais. Conseguimos converter mais de 42% dos alunos que haviam se inscrito e não realizado a matrícula.

A gameficação e o resultado

Dentro da Sponsor Biz temos a iWiin, uma empresa digital que surgiu em 2007 com o objetivo de fazer social games, ou seja, todas as formas que conseguimos interagir com consumidores e marcas dentro das redes sociais por meio de *gamefication*. A iWiin surgiu no momento em que identificamos que havia um movimento muito grande das empresas de estarem presentes nas *social media*.

Temos um *case* da SOS Mata Atlântica que utiliza um game que diz "Nos ajude a formar a maior raíz do mundo. Assine por esta causa". É uma árvore na qual há vários nomes. No momento em que a pessoa assina, o nome dela fica em destaque na raíz da árvore e é viralizado na linha do tempo. Existem alguns games mais sofisticados, este é um muito simples, mas muito legal. Para se ter noção do poder desse tipo de ação, a página deles deveria ter cerca de um milhão de seguidores, mas eles não sabiam quem eram essas pessoas. O *game* trouxe a solução para que conseguíssemos identificar quem eram e, a partir disso, construir um *big data* de 300 mil pessoas.

Nos últimos 30 anos, o Brasil passou por questões de crise econômica e política. Naturalmente, também sofri com isso. Em 18 anos de carreira, fiquei desempregado duas vezes por causa de crise econômica, além de crises que impactaram os negócios. Para ser empresário no Brasil, é preciso muita resiliência e acreditar muito. Tive alguns solavancos durante esse processo e não foram fáceis. Passei por vários momentos de mudança de moeda, por exemplo. Teve o Plano Collor, quando todos os investimentos ficaram congelados, tiveram também momentos de inflação altíssima, quando o valor do dinheiro era mínimo.

Um dos primeiros cortes que as empresas fazem é na verba de marketing, então estamos sempre vulneráveis. Temos alguns modelos de remuneração por *performance*, que chamamos de *success fee*, que é em cima do sucesso do resultado do projeto. Esse modelo acaba equilibrando aqueles que, de alguma maneira, não têm um valor fixo de remuneração. Então, quando apresento meu projeto e o cliente diz que não tem verba de marketing, eu pergunto: "Se eu vender mais, gera verba?", se sim, então vamos trabalhar com a verba do comercial e não do marketing, porque sempre vende, mesmo que seja menos que o normal. Hoje, muitos projetos estão nessa pegada de aumentar as vendas e encontrar meios novos de vender, e isso acaba gerando receita para as empresas, que nos remuneram pelo resultado. Mas é sempre um desafio.

Esse tipo de remuneração é bom porque traz também um comprometimento maior da empresa e nosso. Normalmente, o que aprendemos na vida profissional é que a verba de marketing é um percentual da receita que vem de vendas. Se você vende menos, você tem menos marketing. Se conseguimos incrementar e gerar receita, então conseguimos aumentar a verba para a propaganda. Trabalhamos muito com essa equação.

Publicamos um *e-book* chamado *Guia de marketing direto*, que postamos para clientes e interessados. Essa ideia surgiu a partir dos vários clientes que pediam para que traduzíssemos os processos que desenhamos em um guia, para que conseguissem aplicar em todas as áreas da empresa.

Temos feito uma série de palestras com a ideia de compartilhar esse conteúdo. Sempre depois de eventos como o Shop.Org, faço um webinar para divulgar o conteúdo. Na edição de 2015, houve três destaques relacionados a *customer experience*, sendo que um deles era a questão do relacionamento móvel das empresas com consumidores e como melhorá-lo. Outra foi sobre a personalização do *customer experience* nas lojas físicas e, o terceiro, o efeito da Black Friday fora de época.

Foco e o plano B que deu certo

Sou *coach* de muitos executivos e ajudo as pessoas a direcionar suas carreiras, quer seja quem pensa em empreender, ou mesmo quem já empreende e quer ir para a vida executiva. Faço isso porque gosto de ajudar as pessoas.

Sempre fui muito focado e, quando comecei na minha carreira, olhava para a posição de CEO. Foram quase 15 anos até que eu criasse um plano B, que foi quando pensei: "será que não posso ser CEO da minha própria empresa e empreender?". Quando se tem um foco, principalmente um plano de carreira muito rígido, ter um segundo plano é importante. O mercado de hoje está extremamente restrito para a entrada de novos profissionais, então, empreender é, de fato, um caminho para as pessoas pensarem logo. no início da carreira e não esperar como eu, que levei quase 15 anos para tomar essa decisão.

PARCEIROS

ESPAÇO TRAFFÔ

O Espaço Traffô realiza eventos sociais e corporativos que atendem com rara capacidade à expectativa de seus clientes. Concebido por Marcelo Weber e mais quatro amigos, o Traffô se destaca pela arquitetura ousada e o atendimento diferenciado.

O Espaço aposta na transparência dos espaços, com pé-direito alto, salões amplos, valorizando a natureza viva. É um verdadeiro "oásis" na Vila Olímpia, zona nobre de São Paulo, com capacidade para até 900 pessoas. A filosofia do espaço é proporcionar aos seus frequentadores bem-estar, conforto, harmonia e elegância para a realização de eventos como festas sociais, beneficentes, encontros corporativos e culturais.

O Traffô é um espaço eclético e moderno. Através da natureza, você transforma o seu evento em uma obra de arte.

FERNANDO YOUNIS – BOOGIE DISCO

Fundador e DJ da conceituada casa noturna especializada em *flashback*, Boogie Disco, Fernando Younis é um dos nomes de maior destaque da *dance music* em São Paulo. Ao longo de sua carreira, trabalhou em diversas casas noturnas, nacionais e internacionais, e nas melhores rádios do Brasil. Além da experiência de tocar ao lado de grandes nomes da música, ele tem mais de 400 casamentos realizados em seu currículo, dominando os mais variados estilos musicais.

Atualmente, Fernando Younis é DJ/VJ residente do Espaço Traffô e da G2 Produções, administrando ainda a agência Flash DJs, a única no Brasil especializada em DJs para casamentos e eventos corporativos.

Eleito por duas vezes, em 2004 e 2006, o melhor DJ de São Paulo, Fernando é garantia de uma pista animada!

GLLÓRIA EVENTOS

Gllória Eventos é uma empresa especializada em decorações de eventos sociais. "Atuamos no setor de eventos na elaboração, criação e execução de projetos exclusivos", afirma Júlio Silveira, sócio ao lado de Fábio Vella.

Há seis anos, eles se uniram e as funções foram se desenhando: "O Júlio sempre foi a linha de frente com os clientes e os fornecedores, e assumi a parte administrativa e financeira", diz Fábio.

"Costumamos dizer que temos uma fábrica de sonhos, pois conseguimos produzir desde as velas, os lustres, os arranjos florais até o mobiliário, e é incrível ver tudo isso tomando forma", prossegue Vella.

Hoje, a empresa conta com dois galpões, marcenaria, *show room*, floristas, decoradores, transporte próprio e profissionais altamente qualificados.

MWEBER

Idealizada por Marcelo Weber, a MWEBER surgiu em 2009 e vem se consolidando no mercado desde então. A empresa é responsável pela organização, consultoria, assessoria e produção de eventos, sempre dando ênfase aos desígnios do cliente.

O intercâmbio cultural com a Itália é o destaque da companhia, com a promoção de atividades corporativas e culturais. A intenção é entregar ao cliente o que ele almeja, prestando-lhe a devida consultoria.

A MWEBER elabora serviços de *wedding destinations*, turismo e exposições de arte em um dos locais mais belos e exóticos da Europa, proporcionando ao seu público o poder de dar um "toque especial" dentro do próprio evento.